U0153883

從大中華到台灣國

台灣基督長老教會的國家認同及其論述轉換

鄭睦群　著

國史館
Academia Historica

國家圖書館出版品預行編目(CIP)資料

從大中華到台灣國：台灣基督長老教會的國家認同及其
論述轉換 / 鄭睦群著. -- 增修訂一版. -- 臺北市：國立政
治大學政大出版社出版：國立政治大學發行, 2022.12
　　面；　公分
　　ISBN　978-626-97015-4-4（平裝）

　　1.CST: 臺灣基督長老教會　2.CST: 宗教與政治

246.533　　　　　　　　　　　　　　　111022369

從大中華到台灣國：台灣基督長老教會的國家認同及其論述轉換

著　　　者｜鄭睦群

發 行 人　李蔡彥
發 行 所　國立政治大學政大出版社
出 版 者　國立政治大學政大出版社

總 編 輯　廖棟樑
執行編輯　林淑禎
地　　址　116011臺北市文山區指南路二段64號
電　　話　886-2-82375669
傳　　真　886-2-82375663
網　　址　http://nccupress.nccu.edu.tw

合作出版　國史館
地　　址　100006臺北市中正區長沙街一段2號
電　　話　886-2-23161000
網　　址　https://www.drnh.gov.tw/

經　　銷　元照出版公司
地　　址　100007 臺北市中正區館前路28號7樓
網　　址　http://www.angle.com.tw
電　　話　886-2-23756688
傳　　真　886-2-23318496
郵撥帳號　19246890
戶　　名　元照出版有限公司

法律顧問　黃旭田律師
電　　話　886-2-23913808

初版一刷　2017年10月
二版一刷　2022年12月
定　　價　300元
I S B N　9786269701544
G P N　1010601677

政府出版品展售處
• 國家書店松江門市：104472臺北市松江路209號1樓
　電話：886-2-25180207
• 五南文化廣場臺中總店：400002臺中市中山路6號
　電話：886-4-22260330

本書獲國史館國史研究獎勵出版

目　次

推薦序
驗證歷史、回歸歷史

在歷史著作中，常有作者會選取對自己有利的史料來「合理化」、「加強」自己的論點，同時又「輕忽」不同意見的材料，從而把歷史引導到作者自己希望達到的論述。但是這種有意、無意的作法，有時反而傷害了歷史的真實性與完整性，也誤導日後歷史的讀者。現今一代歷史研究者的重要使命之一，就是來驗證歷史、回歸歷史。

台灣基督長老教會在 1970 年代發表了三大宣言（分別為〈國是聲明〉、〈我們的呼籲〉、〈人權宣言〉），被當作該教會政治立場的代表作，也被日後許許多多學者認為係「獨立建國」的指標。但是，有許多實質問題卻被忽略，例如 1970 年代長老教會的政治與文化立場與其以前的立場是否相合？長老教會要提倡轉移國家認同，那是否已建立一套對於「制度」、「文化」、「族群」的完整論述？同時，教會內的人士是否都願意共襄盛舉？而當時的文字用語是否就是「獨立建國」的含意？

這些問題沉澱下來，就成為日後鄭睦群博士在閱讀長老教會史籍時的疑惑，進而成為他當作博士論文探討的對象。他在本書中，先討論長老教會台獨形象的形成與其國家認同立場的轉變，再就長老教會文獻中的「台獨意涵」、「孫文形象」與「中國文化論述」等幾個面向來切入討論。而他主要依據的史料，即是長老教會的機關報──《台灣教會公報》。而由於檢驗文獻的範圍是從 1970 年一直到公元 2000 年，可以說他的立論建築在相當堅實的基礎上。

這本專書有幾個有趣又重要的發現。第一，長老教會台獨的形象乃是起源於外界的批評，長老教會起先還在澄清這樣的「誤解」；而後

一些事件的發生，才使得長老教會開始建構台獨的意涵。第二，遲至
1970 年代中期，長老教會官方的立場仍是「反共愛國」，中間經過了將
近 20 年的演化，才有「獨立建國」的議案，可見其國家認同有一長期
的演化過程。第三，從 1970 與 1980 年代對「國父」孫文的稱呼與對
中國族群與文化的認同上，亦可看出當時長老教會的轉變還不大，要到
1990 年代才清楚的對於中國文化與外來政權予以批判。

　　本書這些重要的論點所顯示的，乃是闡述長老教會之所以主張獨立
建國，係為一個演化和發展的過程。而長老教會之演化，有內在與外在
因素所促成，並非過去學者或教會人士單單套用神學理論或是政治理論
來解釋。而 1970 年代或更早時期的長老教會，對「文化」、「族群」、
「國家」的立場上，並未創立新說，也不是採取兩面立場以謀生存。以
上這些論點相當大的修正了過去的歷史解釋，成為本書的重要貢獻，非
常值得為學界重視。

　　鄭睦群博士在研究台灣基督教史方面有著雙重的身分，一為他是接
受歷史學完整訓練的高材生，從大學、碩士班與博士班都在研修歷史，
以迄博士學位；另一是他與台灣基督長老教會的密切淵源，不但是第四
代的信徒，更因父親是長老教會的牧師，從小在教會裡長大，對於教會
有著特殊的感情與認識。所以他對台灣基督長老教會的了解與觀察遠勝
於一般人士。這本由博士論文修改完成的專著，就是他探究長老教會歷
史的一個重要成果。相信以他多才多藝的天分和專研精進的努力，將來
必會在他選擇的領域中大放光彩。

中央大學歷史所特聘教授

王成勉

2017.7.31

二版序

　　感謝國史館與政大出版社的等待與不嫌棄，讓拙作在絕版多年後還有再次問世的機會，特別是一本由博士論文修改且較為小眾的著作，這是 2013 年 6 月論文通過時完全不敢奢望的事。

　　博班畢業十年了，至今依舊無變當初撰寫博論的初衷，就是希望長老教會對於自我國家認同的論述路徑，能從過往的「本質論」微調至「建構論」，並且分享從「大中華」走向「台灣國」的過程。因為這樣的改變本身就是見證，完全無損長老教會對台灣本土化與民主化貢獻，反而更能凸顯作為台灣最大且歷史悠久的基督宗派，其戰後國家認同轉換的歷史意義。即長老教會曾被動接受國民黨政權帶來的「中華民國」與其各項價值觀，但隨著懷疑與追尋，最終覺醒更期盼獨立建國。此外，也希望這些研究的小小成果，可以獻給我至今依舊身處的長老教會，我對於本研究的史學方法與史料基礎也有一定的信心。《從大中華到台灣國》在 2018 年初開始流通，至今收到許多學界與教界的正反評論；出版後也有不少單位演講與稿件邀約，造訪了中原大學、輔仁大學、政治大學、台灣大學、台灣師範大學、香港中文大學、香港建道神學院等，有著深刻且愉悅的學術交流。

　　不過拙作的結論依然並不是當前長老教會的主流觀點，亦有論者認為長老教會在日治時期即有台獨思想，而戰後政府也在 1960 年代便恐嚇與防範該教派的台獨意圖，因為這樣的意圖已透過其信仰生活流露於外。只是威權時代只能隱藏其意識形態，以免讓長老教會與信徒面臨難以承擔的災難，儘管該教派的台獨意圖是不言而喻的事。只是以上論

述與其方法論，不僅對於歷史事實過於想當然耳，得出的結論自然不精準。不過我在撰寫博論的過程中，確實有不少長輩「溫馨提醒」是否思考換一個研究題目。他們擔心即便我對長老教會一片熱誠，但研究結果出爐後可能會被冷處理，甚至遭受批判或攻擊。因為我試圖挑戰的是幾乎成為常識，即 1977 年的〈人權宣言〉為長老教會公開台獨立場之肇始，如今已近乎苦路與十字架般的存在。

　　儘管我的觀點與論述已在拙作中完整呈現，但我仍願再次強調研究長老教會的國家認同，另一關鍵問題意識在於「什麼是台灣基督長老教會」？

　　《從大中華到台灣國》到緒論中明白表示，書中所指的長老教會並非僅只於官方文告，以及或若干領導者或意見領袖的言行舉措，而是將《台灣教會公報》中關於族群、文化與制度認同的文字進行歸納，進而分析該教派國家認同的轉換。這些文字的作者來自長老教會的不同年齡、性別、階層與職業等等；而內容包含新聞報導、公報社論、專題文章、讀者投書等等，許多書寫更無涉敏感的政治議題，一定程度上表露當下的族群、文化與制度認同，這是與過往研究最大的差異。因此拙作的「台灣基督長老教會」，是觀察與分析《台灣教會公報》所呈現的長老教會百態，而非只有教會代表與其所組織的中會、大會或是總會。因此我認為長老教會當時十六萬的普羅大眾，在三大宣言發表的 1970 年代，其意識形態離支持台灣獨立建國還有一段不小的差距。若是能理解這一點，會更明白我期望在書中要傳遞的概念。

　　〈人權宣言〉從起草到通過完全符合該教派的民主機制，因此王曉波稱〈人權宣言〉假設沒有得到長老教會「十六萬會友同意」，那就高俊明少數人「冒用」總會名義的決定，這是他個人對代議制度與其精神的錯誤認知。但王曉波確實點出了一個重點，即〈人權宣言〉的主導者，與總會投下贊成票正議員，以及廣大的十六萬會友，這三個層次對於〈人權宣言〉的內涵與其通過原因，在理解上可能是存在差異的。所以即便所有起草者都有台獨意圖，但總會與北大諸位議員接納的理由，

是該宣言是愛國愛鄉之「非台獨」宣言，無足夠證據顯示投下贊成票的議員完全明白起草者之苦心，那就更遑論長老教會所有的會友。

此外，不能以台灣政治環境的民意代表來想像長老教會的代議生態。民意代表通常有其認同理念的政黨，並且主動公開政見爭取選民支持。因此選民大致上了解民代的意識形態，與其在議事殿堂爭取與監督的方向。但長老教會在總會多數具投票權的正議員長老們，其主要的任務是領導與管理地方教會。每當教會進行長老選舉前後，罕見被選舉人以「積極參與總會事務」作為「政見」，因為這並非會友最關心的事情，更遑論會友是否皆支持獨立建國。因此正議員乘載廣大信眾之台獨共識到總會議事場域，最終以〈人權宣言〉宣示終結中華民國並獨立建國，這在歷史與邏輯上都非常值得商榷。事實上，多數長老教會的會友對於總會總委會與年會的議事內容是陌生的，因此就〈人權宣言〉的發表而言，推論大致上是「看了報才知道」。但隨時時代的演進與開放，〈人權宣言〉的意涵與論述亦不斷被豐富，最終方成為今日眾人所熟知的模樣。總而言之，《從大中華到台灣國》並非否定長老教會發表三大宣言的勇氣與承受的苦難，而是希望能以更細緻的角度來探究該教派國家認同的轉化過程，不僅無損其貢獻，更擴大與歷史及社會對話的空間。

文末，再次感謝國史館與政大出版社讓《從大中華到台灣國》得以再版，也感謝多位師長及好友願意聯名推薦拙作。我仍願將此一小小的研究成果，獻給台灣基督長老教會，以及創造天地萬物的主上帝。

自序

　　我出生於一個長老會的家庭，從小在淡水基督長老教會長大，國、高中亦就讀該教派所屬之淡江中學，成長過程滿是上帝的恩典。因此儘管自己的學業與課外表現皆不突出，卻也不斷思考著究竟能回饋什麼給天上的父，以及自幼栽培我的台灣基督長老教會。高中畢業後因興趣與地緣關係，我選擇進入淡江歷史系與其研究所就讀，接著負笈文大取得博士學位，研究這片土地的往昔成為我服事上帝的主要器皿。經過數個寒暑的祈禱與等待，如今博士論文總算是以出版之姿問世，而今年又是長老教會〈人權宣言〉發表四十週年，躬逢其盛無限感恩。

　　談起博士論文的誕生，首要感謝我的指導老師張瑞德教授。張老師不僅在課堂上給予我相當大的啟發，課後的對談與討論也使我能夠從諸多理論中釐清最適合自己的研究途徑，並且鼓勵我放手去做最想做的領域。我在張老師身上感受到最寬廣的心胸與最嚴謹的治學態度，這是我一生都應該追求與學習的典範，我有幸能在其門下成長與學習。而論文能夠通過審查要感謝擔任口試委員的薛化元、鄭仰恩、陳志榮與王成勉等四位教授，每位老師都有著專精淵博的學識，不論是初審或是最終的口試，皆給予中肯深切卻又讓我帶著前進動力的建議，讓我的論文能修正盲點不斷突破。其中要特別感謝王成勉教授，我曾在他主持的台灣基督教史學會中擔任秘書長，這個職位讓我認識許多研究基督教史的前輩與同好，增添許多請益、交流與切磋的機會，至今依然獲益匪淺。細數這些年來王老師對我的照顧，可說是我博班生涯的第二位指導教授，他願意為拙作賜序實在榮幸。此外也感謝國史館的接納與政大出版社的協助，國史館外審委員的意見讓我看見論文中許多再次調整的空間，而政

大出版社的專業讓本書比起原著有更好的呈現。

　　再來要向博論生產過程中相遇的夥伴們致敬。自 2008 年 9 月進入矗立於陽明山麓的文化大學開始，我認識了許多相互支持、砥礪的同窗、學長姊與學弟妹。除了一同分擔令人皺眉的原文文章外，我們共組讀書會、工作坊，甚至讓我有機會在史學系壘延續游擊手的棒壘生涯。其中不能不提到住宿大莊館時期的室友們，家顯、老田、天瀚學長，特別是目前服務於中央研究院胡適故居的岑丞丕博士。在我初進文大時，阿丕給予我許多生活上的幫助，讓我在最短的時間內適應山上的環境。我們都喜歡棒球、爵士樂、電影，以及每當是日的工作告個段落後，那愜意的宵夜與小酌時間。即便冬夜的文大有時溫度只有個位數，但咱們仍然挺住寒風外出補貨，為的就是苦讀後淋漓盡致的談天說地。後來阿丕介紹我進入中央研究院近代史研究所，除了擔任潘光哲老師的研究助理外，也讓我認識了許多同輩但卻遠比我傑出的學術同道。每次與其互動皆深覺自己的不足，返家後無不警惕與反省，成為鞭策精進的另類動力。阿丕與我至今依舊是兄弟，我們都懷念著當年大莊館 C317 的歲月，以及從窗外望去的無價夜景。

　　接著是感謝我的家人、長輩與好友們。感謝我的父親鄭宏輝牧師與母親蕭素蘭師母，他們除了將我拉拔到大之外，至今仍然無條件接納我所有的一切。即便台灣的博士有如過江之鯽，但當年我宣布投考博班時依舊全力支持，因為他們相信上帝會親自帶領我前面的道路。我的兩位弟弟睦迪、睦哲雖然與我從事不同領域的事工，但不時的問候仍然溫馨，睦哲還特地幫我規畫了專屬的畢業餐會。感謝我的表妹芮吟，我們不時交換著彼此的研究心得，也恭喜她在今年取得臺灣師範大學歷史研究所的碩士學位，家族裡有人一起研究歷史是開心的事情。感謝我的外婆蕭李乃女士與聖望教會吳西梅長老，就讀博班時期為了生活與學費四處兼課，而她們的幫助減輕了我當時的生活負擔；感謝八角塔男聲合唱團所有弟兄們，認份聽我這位學歷史的團長講古，一同拿到了傳統藝術金曲獎最佳宗教專輯的榮耀；感謝我在馬偕醫學院的學生昀容，她的細

心校對替我分攤了不少時間與心力；謝謝一路陪伴我的怡婷，但願未來的人生路繼續有妳的鼓勵與支持。

最後，感謝創造天地的至高上主，謹將本書獻給您，以及我摯愛的台灣基督長老教會。

第一章
緒論

Chapter 1

第一節 研究動機與目的

一、研究動機

筆者是第四代的台灣基督長老教會（以下簡稱長老教會）信徒，兩親先祖自清末便受洗入教，至今已走過百年歲月。除了前述的淵源，家父亦是長老教會的牧師，這讓我從小就在教會裡長大，培養出對該教派深厚的認同與情感。因此在進入碩士班後，便以長老教會作為研究對象，當時處理的題目是淡水長老教會對美援救濟物資的發放過程，以及經歷二二八事件的態度轉折。為了論文資料的蒐集，經常在淡江大學圖書館裡爬梳《台灣教會公報》，瀏覽這份全台灣歷史最悠久的報紙，卻也產生了與以往認知相衝突的疑惑。

這疑惑首先來自於 1975 年《台灣教會公報》對蔣介石逝世的報導，第 1206、1207 期的《台灣教會公報》以圖文並茂的方式訴說了這位「偉大領袖」的逝世，長老教會總會議長王南傑牧師更通令國內外全體會友一同追思這位偉人的逝去。[1] 同年雙連教會為蔣介石舉辦了追思禮拜，前來參加的信徒把寬敞的教堂擠得水洩不通。[2] 再將翻閱範圍

---

1 〈故總統 蔣公崩殂　議長通告教會追思〉，《台灣教會公報》，第 1206 期（1975 年 4 月 13 日），第 1 版。

2 〈總會追思蔣公安息禮拜〉，《台灣教會公報》，第 1207 期（1975 年 4 月 20 日），第 1 版。

擴大至整個 1970 年代，更發現許多認同自我為中國人的文章，並且對五千年的歷史與智慧引以為傲，令《台灣教會公報》瀰漫著一股濃濃的中國味。不管是對蔣介石的評價、中國身分認同，還是將擠滿雙連教會的信眾，那些畫面與文字似乎不應該出現在一向以台灣本土自居、並在 1977 年發表〈台灣基督長老教會人權宣言〉（以下簡稱〈人權宣言〉）昭告世界台獨立場的長老教會，更何況該宣言的問世離蔣介石往生不過也才兩年。

　　我將這些疑惑詢問師長與查閱書籍，得到的解答不外乎是「威權統治」與「戒嚴時期」的無奈，因此《台灣教會公報》的中國認同與哀悼蔣介石離去並不是完全發自內心，也可能是一種策略性的不得已。儘管這樣的答案不能完全釐清心中的疑惑，但當時論文的主要議題並不在此，所以也只能先把這疑惑暫時放下。因此在進入博士班之後，我並沒有選擇延續碩士論文關於長老教會與美援的研究，而是亟欲解決這些過去存留的疑惑，此為本研究最初的研究動機。

　　其次，在日常生活中與長老教會以外的基督徒或非基督徒互動時，經常會被問到一些問題，例如「你們長老教會為什麼這麼愛碰政治？」、「你們長老教會為什麼這麼支持台獨？」、「你們長老教會為什麼如此厭惡中華民國？」這些問題經常讓筆者在分享信仰時為之語塞，本來的熱情頓時被澆了冷水，因為並非三言兩語可以解釋清楚。

　　關於長老教會對現世政治的態度，事實上可以從該教派的改革宗神學內涵以及入台宣教的歷史淵源出發，學界亦有不少相關的研究。第2954 期《台灣教會公報》的頭版標題便是「長老教會為什麼要關心政治？」，當中刊登了不少牧師、學者的看法。例如牧師黃哲彥便表示政治與宗教無法分離，因為「政治政策會影響宗教的存立，宗教教義也會影響政策的推展。」[3] 這樣的說法放在政教關係的理論中確實有依據。

3　黃哲彥，〈定根本土、公義、愛是長老教會的責任〉，《台灣教會公報》，第 2954 期（2008 年 10 月 6 日 -12 日），第 12 版「封面主題」。

但是究竟長老教會何時開始支持台獨，以及何時揚棄了對中華民國的國家認同，一般的解釋就回到了1977年所發表的〈人權宣言〉，以及那一句充滿爭議的「新而獨立的國家」。但以〈人權宣言〉作為台獨起始的解釋，實際上與1970年代《台灣教會公報》濃厚的中國味有很大的衝突，也與為蔣介石哀哭的實況大相牴觸，這一切似乎不是簡單的「威權」、「戒嚴」就能解釋。簡言之，長老教會是否曾經存在著對中華民國與中國文化的認同，之後再逐漸轉移至現在的模樣，而轉移的分界點或許不應該被解釋為一刀兩斷的1977年。

　　長老教會對台灣的民主發展有顯著的貢獻，但是多數相關的研究或著作多半著眼於1970年代該教派發表三大宣言的影響與隨之而來的政教衝突、戒嚴時期黨外人士與長老教會之互動、解嚴後在各大社會運動所扮演的角色，以及政黨輪替後長老教會與新政府的關係，鮮少人注意到該教派國家認同轉向的過程，因此勢必有更多的問題尚待釐清。這個未被注意卻值得開發的議題，或許能在當前普遍認知的定論中找到另一條解釋的出路，這是本研究的第二個動機。

　　長老教會目前普遍被認為是一個積極參與政治，並且支持台灣獨立建國的教派，卻也因此受到許多批評與誤解，成為宣教與交流上的阻礙。長老教會對政治的關懷，許多人認為這是「政教不分」，更把追求台獨建國的理想視為該教派長久以來的本質。但是倘若長老教會確實有過一段從「大中華」走向「台灣國」的認同轉向，那麼長老教會可以將這段軌跡作為分享的經驗，作為往後與社會大眾互動的見證。身為第四代長老教會信徒，我誠心希望將博士班生涯所得的些許成果回饋給從小給予支持與安慰的信仰，以及這個至今仍舊讓我引以為傲的教派，這是本研究最重要的動機與關懷。

二、研究目的

　　本研究之研究目的在於探討1970年代之後，台灣基督長老教會對

於過去追求台灣獨立的後設歷史敘事，以及追蹤其國家認同與其相關論述的轉換軌跡，期望提出與過去不同的解釋，商榷該教派在 1977 年即宣告台獨立場的可能性。

　　國家認同是一個多面向的概念，名稱上亦可作「國族認同」，英文一般同樣書寫為 national identity，研究取向大致上可分為強調與生俱來特質的「本質論」（essentialism）或「原生論」（primordialism），以及認為是西方國家現代化過程產物的「現代論」（modernism），並且視之為特殊的「文化人造物」（cultural artifacts）。由於後兩者皆不認為國族是人類外在特性所自然形成的政治社會共同體，而是突顯國族建構過程中人為的、主觀的創造因素，因此被統稱為「建構論（constructivism）」。[4]除此之外，學者在研究方法上也多有差異，例如吳乃德在一份國家認同問卷調查中，將台灣的國家認同以「統一」與「台獨」作為區分，並且加入省籍之族群認同作為主要的觀察標的。[5] 因此國家認同除了在概念上有多面向之呈現外，觀察標的物也會根據研究者的角度而有所不同。

　　本研究對國家認同的研究途徑偏向後天的建構論，並且將其分為「族群血緣關係」、「歷史文化傳統」與「政治社會經濟制度」，最後化約為「族群認同」、「文化認同」與「制度認同」。族群認同為一個人由於客觀的血緣連帶或主觀認定其族裔身分而對特定族群產生的一體感；文化認同是指一群人由於分享了共同的歷史傳統、習俗規範以及無數的集體記憶，從而形成對某一共同體的歸屬感；制度認同則是基於對特定政治、經濟、社會制度有所肯定所產生的政治性認同。[6]

　　國家認同的塑造是一段漫長的動態過程，中華民國政府遷台後對

4　陳翠蓮，《台灣人的抵抗與認同（1920-1950）》（台北：遠流出版公司，2008 年），頁 20-22。

5　吳乃德，〈省籍意識、政治支持與國家認同〉，張茂桂等著，《族群關係與國家認同》（台北：業強出版社，1993 年），頁 27-51。

6　江宜樺，《自由主義、民族主義與國家認同》（台北：揚智文化，1998 年），頁 15-16。

台灣島內的人民進行單向的教化，使台灣人接受中國是自己的祖國，並且進行文化上的同化。[7] 1950 至 1960 年代的教育本質是黨化教育與狹隘的民族精神教育，儘管國民黨政府早已退出中國大陸，但是在國家認同上仍舊以其母土作為認同指標。[8] 由於政府的教化策略明確以及掌握了國家機器，因此其國家認同塑造成效相當全面，影響範圍不分老少，族群、制度、文化等三個層面皆是如此。僅以戰後世代作為觀察面向為例，1970 年代的台灣年輕知識分子把當時的外交挫敗理解於中國 19 世紀中後抵禦強權的國族歷史敘事，不僅不分省籍，也定位了自己這一代在當中的責任與使命。[9] 因此即便是在國民黨法統逐漸失靈的 1970 年代，依舊可以看到多年來政府的教化根基。

在政教關係的界定上，一般可分為「宗教與政府」、「政府與教會」、「宗教與政治」和「教會與政治」等四種，而政府可以廣義被解釋為國家（擁有主權的政府），或狹義理解為擁有主權的行政部門（如美國柯林頓政府）。即使是狹義的定義，宗教與政府的關係也會因為政權的統治方式而有不同的表現，如解嚴前的國民黨政府與實行三權分立民主政體的美國政府，在政府與宗教的關係上自然有所差異。其次是「政府與教會」，探討宗教團體與政府機構的互動模式。在民主政體中，「宗教自由」的原則較明顯；而在威權統治中，黨國主導宗教團體，扮演著支配與管理的角色，並且在不同程度上干預宗教團體內部的運作。[10] 美國學者 Bourg 也指出，宗教與政治之間的研究可分為「教會與國家」、「宗教與社會」以及「宗教取向與歷史行動模式」等三個取向。而「教

7　王甫昌，〈省籍融合的本質——一個理論與經驗的探討〉，張茂桂等著，《族群關係與國家認同》（台北：業強出版社，1993 年），頁 70-71。

8　李筱峰，《台灣全志‧卷首‧戰後台灣變遷史略》（南投：台灣文獻館，2004 年），頁 101-102。

9　蕭阿勤，《回歸現實：台灣 1970 年代的戰後世代與文化政治變遷》（台北：中研院社研所，2008 年），頁 3。

10　邢福增，《當代中國政教關係》（香港：建道神學院基督教與中國文化研究中心，2005 年），頁 2-7。

會與國家」的分析層次在於制度或組織層面，進而探討教會與國家在功能上之關係，還有彼此相互間之影響。[11]

因此台灣在威權時代，黨國體制的政教關係讓「政府」的廣義與狹義定義合而為一，也就是行政部門（國民黨政府）即政府（中華民國），而行政部門（國民黨政府）就等於擁有主權的政府同義詞（中華民國）。因此台灣基督長老教會在國家認同的轉換過程中，對於國民黨與中華民國的態度大致上同步且同調，因為國民黨背後所代表的就是中華民國入台後其所帶來的一切認同與價值觀。

現在的台灣基督長老教會被公認、也自認是長期支持台灣獨立的宗教團體，標榜因入台宣教甚久所形成的本土意識，獨立建國則是該教派至今仍努力不懈的目標。例如2013年5月，牧師黃哲彥在紀念「泰源事件」四十三週年時，表示大家要記取「泰源五義士」的精神，一同為了「新而獨立的台灣共和國來打拚、努力！」。[12]假設國家認同的形塑具有透過後天的教化成分，那麼在戒嚴時期國民黨政府掌握統治實權的情況下，長老教會是如何排除黨國教育體系與大眾媒體所建構的各項認同，並且在1977年就高喊台灣獨立？目前的解釋多半從長老教會入台後發展的本土經驗，以及加爾文改革宗的信仰原則出發。[13]例如強調長老教會在台灣的歷史比國民黨還要長久，因此重視台灣本土文化的價值；或者認為長老教會的代議制度具有民主的精神，因此成為反抗國民黨威權統治的重要依據。張格物（Murray Rubinstein）便認為長老教會是宗教團體中持續本土化的典型。[14]

這樣的解釋彷彿是長老教會以原生的本質與其特殊的本土經驗，成

11　林本炫，《台灣的政教衝突》（台北：稻鄉出版社，1990年），頁2。
12　林宜瑩，〈泰源事件 被槍決者：台灣獨立萬歲〉，《台灣教會公報》，第3196期（2013年5月27日-6月2日），第1版。
13　鄭仰恩，《定根本土的台灣基督教》（台南：人光出版社，2005年），頁228-244。
14　Murray A. Rubinstein, *The Protestant Community on Modern Taiwan.* (New York: M. E. Sharpe Inc., Press, 1991), p. 154.

功地排除了國民黨政府統治下所形塑出的國家認同,即便身處威權時代卻仍舊保持清晰且獨善其身的思路,得以在一片認同中華民國與中華文化的氛圍中依然主張建立台灣共和國,也塑造了根植人心的台獨形象。如此論述忽略了長老教會在一定程度上或許也是黨國教化的受容者,之後隨著歷史的不斷演進,才逐漸發展出該教派今日的國家認同。因為族群認同會隨著教化的進行逐漸改變,不會一夕之間由中國人認同一端跳到另一端的台灣人認同,當中必定存在著過渡階段。[15] 簡言之,假設長老教會並不是完全獨立於國民黨的教化之外,那麼就可能存在著一段國家認同的轉移過程,逐漸從「中華民族/中華民國/中華文化」走向「台灣民族/台灣國/台灣文化」,何況擁有眾多信徒與地方教會的「長老教會」並不是鐵板一塊。

就後現代歷史學的脈絡而言,歷史敘事存在著後設的敘述與建構,甚至是神話的成分。Peter Burke 引〈大憲章〉為例,說明許多歷史事件發生當下的實際情形與其影響,或許與後來大眾所接受的事實存在程度不一的出入。[16] 如同美國〈獨立宣言〉中也需要建構為何過去可以接受,但現在必須反對大英帝國統治的理論;[17] 而晚清的知識分子尋覓出「黃帝」這般迷離的神話人物奉之為中華民族的始祖,在其鼓吹之下「炎黃子孫」成為時人普遍接受的自我稱謂,成為一套創造或發明的歷史記憶。[18] 時至今日,儘管並不是沒有對黃帝歷史真實性的質疑,但是社會大眾對於黃帝的歷史敘事並不陌生;而義和拳亂雖然是真實的歷史事實,但事件、經歷和神話是人們了解歷史意義、探尋與最終認識歷史

15 劉文斌,《台灣國家認同變遷下的兩岸關係》(台北:問津堂,2005 年),頁 166-167。

16 Peter Burke 著,江政寬譯,《歷史學與社會理論》(台北:麥田出版,2002 年),頁 206-209。

17 Carl L. Becker 著,彭剛譯,《論獨立宣言:政治思想史的研究》(台北:左岸文化,2002 年),頁 48-77。

18 沈松僑,〈我以我血薦軒轅〉,盧建榮主編,《性別、政治與集體心態:中國新文化史》(台北:麥田出版,2001 年),頁 284-287。

真相的不同途徑。[19] 顯見就算是歷史事實，不同的角度也會有不同的解讀。

　　目前長老教會對於追求台灣獨立的歷史敘事選擇以 1977 年作為里程碑，在諸多歷史解釋中選擇了最合乎大眾印象的解釋，一方面建構悠久且居台灣宗教團體肇始地位的台獨傳統，另一方面也在台灣民主發展史中取得重要位置。假設歷史詮釋有其建構的成分，則必然有其過程可以追尋，經由分析其演進與意義，進而理解為何〈人權宣言〉在不同的時代也出現了不同的詮釋。

　　關於長老教會國家認同轉向之觀察則借用敘事理論的角度出發，行動者在敘事的過程中會逐漸形成自我理解與認同，這樣的認同包含確認（identification）或歸屬（belongingness）。「確認」是辨識自己與他者的不同而肯定自己的個體性，「歸屬」則是經由辨識自己與他者的共同點，從而知道自己的同類何在，進而肯定自己的群體性。[20] 長時間研究敘事認同的學者蕭阿勤認為，戰後受國民黨完整黨國教育的知識分子在 1970 年代主要以一個既有的、以中華民族主義為中心主題的集體記憶來理解當前台灣的政治、經濟、文化問題。[21] 蕭氏引用 Karl Mannheim 的（1893-1947）理論，認為「忽略社會的與歷史的因素，使許多研究者不是犯了『自然主義』（naturalism）的毛病，亦即直接訴諸於時代、種族、地理位置等來解釋那些應歸因於社會環境與歷史過程的現象，否則就是陷於極端的『唯心論』（spirituralism）了」。[22] Karl Mannheim 斷言在任何時代，所有集團的思想多少都具有意識型態的性格，亦即為其

19　柯文著，杜繼東譯，《歷史三調：作為事件、經歷與神話的義和團》（南京：江蘇人民出版社，2005 年），頁 242-243。

20　胡紹嘉，《敘事、自我與認同：從文本考察到課程研究》（台北：秀威資訊，2008 年），頁 10。

21　蕭阿勤，《回歸現實：台灣 1970 年代的戰後世代與文化政治變遷》（台北：中央研究院社會學研所，2008 年），頁 119。

22　蕭阿勤，《回歸現實：台灣 1970 年代的戰後世代與文化政治變遷》，頁 17。

社會——歷史特殊環境所制約。[23] 國民黨挾國家機器所形塑的認同，以及所謂「自由中國」在 1970 年代的國際社會中尚有一席之地，黨國政策加上大時代氛圍確實足以形成制約集體意識型態的「特殊歷史環境」。

蕭氏又在〈威權統治下的國族認同：隱蔽與公開、連續與斷裂〉一文中提到，「民族主義者的一大特色，即為重寫自己與自己所屬的群體之歷史，以符合目前的認同，因此他們關於過去的說詞，往往大有商榷的餘地。」另外該文也指出，二次大戰結束後出生的世代，其深受中國民族主義取向的歷史敘事影響，因此懷抱著相當程度的中國國族認同。因此該世代的公開言論一定程度上足以反映某種真實情感與認同，不然無法將活躍於 1970 年代知識分子的世代認同、政治投入，以及他們誠懇、激情的言論與歷史敘事聯繫起來。[24] 因此蕭阿勤透過歷史時空所形成的拘束性來探究二次大戰後出生世代之國家認同，不僅相當具啟發性，其成果亦值得參考。例如，長老教會事後對〈人權宣言〉的解釋會不會出現類似的情況？長老教會在 1970 年代是否存在著中國的族群、文化、制度認同與歷史敘事？如果存在，其存在的原因難道就只有「威權」與「工具論」可以解釋？目前的長老教會似乎不是忽略了所謂「黨國教育」對人民在國家認同上的積極作用，就是將自己描繪成精明的工具論者，有著兩套面對政府與真實自我的不同腳本。

台灣基督長老教會是個歷史悠久且組織龐大的宗教團體，擁有完整的科層組織、諸多教育與醫療機構、地方教會與數十萬信徒，界定出「長老教會」的研究範圍並非易事。因此本論著對長老教會國家認同與其論述的轉向研究集中於《台灣教會公報》上所出現的文字，例如官方文告、社論、報導、投書等等，將該教派視為一個集合體，觀察 1970 年代之後這個集合體透過《台灣教會公報》訴說自我之陳述，從中尋找

---

23 黃瑞祺著，《曼海姆：從意識型態論到知識社會學詮釋學》（台北：巨流圖書，2000 年），頁 99。

24 蕭阿勤，〈威權統治下的國族認同：隱蔽與公開、連續與斷裂〉，《思想 4，台灣的七十年代》（台北：聯經出版社，2007 年），頁 149-157。

國家認同轉變的蹤跡，盡可能還原當下對國家認同的論述。接著從這樣的軌跡與論述重新檢視長老教會本身，或學術界對該教派國家認同的後設敘述，特別是反省以 1977 年發表之〈人權宣言〉作為宣告台獨立場的適當性。

第二節　研究回顧

目前有關長老教會國家認同轉向的研究相當少見，多數與長老教會和國家認同相關的著作，通常將議題置於政教關係或民主發展的脈絡來進行討論，並且視該教派為台灣本土認同的先驅，甚至是台灣國家認同的啟發與領航者。對於長老教會認同台灣與關心政治的起源，具有長老宗背景的學者普遍從信仰與該教派的歷史發展經驗中尋找答案。

陳南州認為台灣人的歷史是在不同的統治者中尋求存活、自由以及認同的歷史，經歷了荷蘭、明鄭、清朝、日本的統治，最後接受國民黨反共抗俄的意識型態，長期生活在國家安全至上的神話中。在戒嚴的統治之下，人民的言論、思想、出版、集會等自由被有效壓制，另外也借助情治單位與不公正的思想控制下的教育制度。長老教會提出三個宣言則是基於對信仰的原則，認為人權與鄉土是上帝所賜，道出了台灣人民追求公義、和平以及新認同、身分的困境。[25] 陳南州相當仔細地就基督教信仰、倫理來解釋 1970 年代長老教會三個宣言的目的與內涵，也提到了國民黨的威權統治所帶來的思想控制與國家認同，但卻較少注意到長老教會是如何改變這樣的認同，進而在 1977 年提出了〈人權宣言〉。儘管陳氏對該宣言的理解是停留在「自決」，也就是由全體台灣住民決定自己的政治、經濟前途。

黃伯和同樣表示四百年的台灣歷史與文化，在殖民統治者的手下受

25　陳南州，《台灣基督長老教會的社會、政治倫理》（台北：永望文化，1996 年），頁 18、42-42、134-136、172-176、325。

到摧殘，而戒嚴時期的統治造成台灣人文史地的漠視，執政者對文化的歧視與迫害乃是分辨此政權之為本土與外來的最有效判準。因此長老教會自決的主張與訴求之所以引起注意與關心，則是因為這樣的主張適時地點燃了台灣人民追求認同的火炬，以及建立自我身分的希望，因為自決是受奴役之人尋求認同的利器。另外政治認同雖然可以改變，其改變卻必須以人的終極覺悟和自由的承諾為依據，台灣政治認同的變更卻都是由外來武力強行加予，所以透過自由的、自主的自決方式才可建立台灣子民政治新認同。[26] 這樣的敘述存在著矛盾，因為姑且不論是人民內發或是武力介入，認同都是可以改變的，儘管程序未必合乎正義。另外台灣人何時成為可以被長老教會點燃的火炬，這是台灣人自我認同轉移的問題；而長老教會如何意識到「自決」與「奴役」之間的關係，這就牽涉到長老教會國家認同轉移的議題了，但是黃氏對此依舊缺少解釋。

鄭仰恩指出長老教會對台灣的本土認同始於外籍宣教士的入世服務態度，本地信徒則因為文化衝突而產生對福音「本色化」或「本地化」的期待與需求，宣教士也企求在台灣建立本地化的教會。而 1970 年代的宣教態度則是長老教會表現對人民與土地的認同、對命運共同體的關懷，以及願意與台灣人民共同受苦的新態度。所以該教派面對日益孤立的國際外交，以及中華人民共和國與美國的「關係正常化」，基於信仰的立場與認同鄉土、人民的態度，進而促成了三個宣言的發表。[27] 鄭氏就長老教會的本土化經驗與信仰原則替該教派的宣言發表與政治參與提出解釋，但同樣沒有處理該教派國家認同的轉向問題。[28]

26　黃伯和，《宗教與自決——台灣本土宣教初探》（台北，稻鄉出版社，1990 年），頁 15-22。
27　鄭仰恩，《定根本土的台灣基督教》，頁 188-197、212-218、244-253。
28　鍾鳴旦將「本地化」、「本土化」、「本位化」、「本色化」等詞視為同義字，其特徵之一在於「兩文化間相觸的結果」。一種宗教或靈性趨勢與另一文化相接處，會產生新宗教逐步改變原有的文化制度，以及外來宗教經歷改變後接受了在地文化，進而成為新的樣貌，並且在任何宗教都可以看到這些特徵。參見鍾鳴旦，《本地化：談福音與文化》（台北：光啟出版社，1993 年），頁 5、32-35。

　　王崇堯則是以 1970 年代之後興起的神學思潮為脈絡，如政治神學、黑人神學、女性神學，以及拉丁美洲受馬克思主義影響的解放神學等，進而將黃彰輝的「處境化神學」歸於該潮流的催生。所以〈國是聲明〉是長老教會塑造以台灣為主體神學思潮的重要里程碑，之後隨著處境化神學及信仰良知的思考，再度發表了〈我們的呼籲〉與〈人權宣言〉。[29] 王崇堯將處境化神學放在世界神學發展的大格局中，認為長老教會對於政治的關懷受此啟發。事實上鄭仰恩與陳南州在其著作裡也有同樣的看法，但是並沒有將本土化的討論向前延伸，對於長老教會國家認同轉移的論述著力不深。

　　劉雅菁研究了 1950 年代至 1980 年代，長老教會的信仰、時事與政治的關懷流轉，先從內部驅動力的角度出發，將 1954 年的「倍加運動」視為改變的起始點，成為往後該教派政治關懷行動之醞釀與準備。接著長老教會走過了 1960 年代退出普世教協的風波以及 1970 年代三大宣言的發表，形塑出以台灣鄉土與人民為主體的認同，最終在 1985 年的〈台灣基督長老教會信仰告白〉確定了教會信仰關懷流轉的歸屬。[30] 劉氏的論著兼具歷史脈絡、神學分析與史料基礎，也處理了長老教會在面對政治議題與政府壓力下的內部矛盾等細膩的問題，認為〈人權宣言〉的發表為「從要求人民自決到清清楚楚標示台灣獨立」。[31] 不過其「認同」研究雖著重於政治關懷的轉變，但卻沒有從國家認同的角度來理解長老教會的相關論述。

　　曾慶豹則是認為外界對長老教會政教關係的研究，主要從三大宣言發表後的發展進行理解，但該教派在之前早已身陷複雜的政治與教派矛盾中。因此曾氏從 1965 年的「基督教來台百年大會」，以及普世

29　王崇堯，《台灣本土神學對話──為台灣教會把脈》（台南：教會公報社，2011年），頁 106-109。

30　劉雅菁，《種植認同：台灣基督長老教會之關懷流轉》（台南：台灣教會公報社，2013 年），頁 13、188-196。

31　劉雅菁，《種植認同：台灣基督長老教會之關懷流轉》，頁 194。

教協「容共」的時代氛圍中，更明確追溯了長老教會與國民黨政府，以及其它基督宗派分裂的起始點。當時的長老教會雖然極力為己辯護，甚至付出不少前所未有的行動，但依舊被迫走向與國民黨對立的道路，最終在未來萌生了「台灣自決」的主張，其認為這都與蔣介石所掀起的「護教反共」運動有關。事實上，不少學者對長老教會為了普世教協與國民黨政府發生的摩擦多有著墨，但曾慶豹的研究更為細膩，不僅明確釐清衝突與矛盾之細節與脈絡，甚至直接點名不少教會領袖是「黨國基督徒」。更值得注意的是，其研究亦觀察到了長老教會的立場並非如後來被外界「強化作分離主義的解釋」，這些解釋都是「因為事情的演變愈來愈複雜後予以的『想像』」，稍微觸及了立場轉向與形象建構的問題。[32] 不過曾慶豹同樣沒有處理長老教會國家認同轉向的議題，這也並非其研究的主要旨趣，論述大致上停留在 1980 年代。

　　簡言之，具有長老教會或神學背景的學者認為是信仰的力量，以及該教派特殊的歷史經驗造就了其本土意識的成長與關心世事的性格，如果不是因此免疫於執政黨的意識型態，就是被迫走上與政府不同的道路。例如天江喜久便認為長老教會最大的貢獻在於對台灣公民民族主義（civic nationalism）的論述，其台灣意識來自於該教派在台灣悠久的歷史與閩南話的使用，成為國民黨政府黨國教化的對立面。[33]

　　薛化元則進一步注意到長老教會 1970 年代發表與國民黨當局立場不同的國家定位或國家認同主張，在當時公然爭取台灣主體性論述，該教派是開風氣之先以及最具代表性，但也表示直接討論長老教會與國家認同的研究仍然有限。薛化元對長老教會與國家認同的研究著重於三大宣言內涵發揮的影響，例如〈台灣基督長老教會對國是的聲明與建議〉（以下簡稱國是聲明）是台灣內部提出建立主權國家的論述，主張國會

32　曾慶豹，《約瑟和他的兄弟們：護教反共、黨國基督徒與臺灣基要派的形成》（台南：臺灣教會公報社，2016 年），頁 216。

33　Yoshihisa Amae, "Taiwan's Exodus: The Presbyterian Church in Taiwanese Nationalism, 1945-1992," unpublished doctoral dissertation (University of Hawaiʻi, 2007), pp. 254-255.

全面改選以維護國際地位，以及思考「兩德模式」與台灣前途問題的關聯；〈我們的呼籲〉在國家認同上沿襲了〈國是聲明〉的基調，〈人權宣言〉則未明確提出自決的方向，反而朝向帶有強烈台獨色彩的「新國家」發展。因此長老教會在戰後發展出台灣獨立與自決的主張，並且透過機關刊物流布與海外牧者的聲援，使廣大會眾與台灣社會都能聽到其訴求，進而影響海外的台獨運動。而海外的台獨運動又成為台灣民主運動重要的促成力量，接著再回過頭來影響台灣的民主發展。[34] 薛化元關注長老教會對台灣國家認同的啟發，相同的看法重申於〈長老教會與台灣主體性的追求──以 1970 年代為中心〉一文，認為從〈人權宣言〉可以看出長老教會追求台灣民主的方向。[35] 郭承天也認為若將台灣與美國、日本做比較，會發現除了台灣基督長老教會之外，台灣的宗教團體對台灣國家認同的建構並沒有顯著的影響，長老教會對國家認同亦提供了一套完整的神學論述。[36]

　　薛化元的重點在於闡述長老教會對台灣民主發展與國家認同的影響，因此文中並沒有討論該教派形成台灣國家認同的軌跡；郭承天也表示其它的基督教教派與宗教基於政教分離的觀點以及對大中華文化的認同，因此不過問台灣國家認同，言下之意似乎是認為長老教會並沒有受到大中華認同的影響。李偉誠便認為薛氏並無交待長老教會意識型態的生成、轉變與流布，並且注意到 1970 年代進入神學院的學生必須有高中學歷，因此也承載了一套中國民族主義的學校教育。[37] 那麼長老教會內部有什麼制度或機制，使這些神學生與未來的神職人員得以挑戰或減

34　薛化元，〈長老教會與國家認同〉，胡健國主編，《二十世紀台灣民主發展：第七屆中華民國史專題論文集》（台北：國史館，2004 年），頁 851-870。

35　薛化元，〈長老教會與台灣主體性的追求──以 1970 年代為中心〉，《當代》，第 237 期，頁 64-79。

36　郭承天，〈宗教與台灣認同〉，《台灣民主季刊》，第 1 卷第 1 期（台北：台灣民主基金會，2004 年），頁 171-176。

37　李偉誠，〈台灣基督長老教會與戰後台灣民族主義〉（新竹：國立清華大學社會學研究所碩士論文，2009 年），頁 5-6。

弱由國家機器所支撐的中國民族想像？王崇堯也提到國民黨以意識型態，從小灌輸台灣人民要做「中國人」，學習中國文化，使台灣很難走出自己的路，因此必須推動「文化情境化」的運動。[38] 不過在承認黨國教育對台灣人影響的同時，王氏卻沒有提出長老教會為何能獨立於其影響之外的原因。

李偉誠援引 Benedict Anderson 在《想像的共同體》提到的外部朝聖與內部朝聖作為解釋，長老教會總會舉行的宗教會議提供了長時間的內部朝聖，使與會人士以台灣作為邊際的想像共同體，藉此發展出屬於台灣的宗教敘事；外部朝聖則透過出國經驗以及與各國民族主義者的遠距互動，提供了台灣作為政區的理念來源。因此〈人權宣言〉訴求的是政治民族主義，當時的長老教會並未思考台灣與中國文化的殊異性，這樣的共同體是政治的認同，台灣文化等同於中國文化。[39] 李偉誠的觀察獨特且細膩，不僅意識到當時的教育體制具有中國民族主義色彩，並且試圖尋找長老教會排除其影響的原動力，也將該教派的政治認同與文化認同給區分開來。

不過以一年數日的總會通常年會做為內部朝聖的解釋有商榷的空間，因為台灣本島除了是教區之外，同時也是平日的現實生活場域，從實際的生活經驗即可感受「台灣的邊界」。比起龐大的中南美洲殖民地或 1949 年之前的中華民國疆域，台灣的面積相對狹小，加上島內交通便利，一位台灣人擁有外縣市的旅遊經驗與各地親朋好友並不罕見。或許一年中為期數日的總會年會確實得以加強與會人士心中某種想像的共同體，但那個共同體應該就是長老教會本身，因此起始於生活經驗的「台灣的邊界」應多過於所謂的內部朝聖；外部朝聖的論述也出現同樣的盲點，不僅放大了極少數人的個人經驗，另外大量採用口述歷史也增加了該論文後設敘述的風險。

38　王崇堯，《臺灣鄉土神學》（台南：復文出版社，2007 年），頁 216-224。
39　李偉誠，〈台灣基督長老教會與戰後台灣民族主義〉，頁 58、92-94。

　　或許李偉誠認為長老教會要求政府放棄虛幻的法統，並且認清統治疆域僅限於台澎金馬的現實，如此便是政治台灣民族主義。但是回到長老教會的國家認同議題上，在喊出台灣建國之前，該教派在制度與文化上對中華民國存在一定程度的認同，因此〈人權宣言〉的台獨理念是否真的能夠放置於政治認同與文化認同切割的脈絡下來討論？抑或〈人權宣言〉事實上並沒有宣告台灣獨立的意圖，但是隨著情勢的變化而慢慢建構出台獨的意涵？但是大部分的研究或著作並沒有細分長老教會的政治認同或文化認同，甚至是直接地將〈人權宣言〉定義為公開的台獨文告。這些著作或研究可能來自不同的主題與性質，例如陳佳宏《台灣獨立運動史》為討論台灣獨立的專書，李筱峰《台灣史 100 件大事（下），戰後篇》則是提供一般大眾的台灣史入門著作，除此之外尚有來自不同學門的學位論文。不論是專門的、推廣的，還是學子們的研究成果，這些論著提到了 1977 年長老教會的主張時，皆一致認為〈人權宣言〉就是一份台獨宣言。

　　陳佳宏在《台灣獨立運動史》一書中表示〈人權宣言〉是長老教會對台獨的公然鼓吹，而且黨外的政治人物未能或不敢如同長老教會般對台獨有著堅定的信念。而在美麗島發生後的隔年，長老教會公開發表與美麗島事件無關的「澄清函」，則可以推想當年整體社會所營造出來的肅殺氣氛；[40] 蔡維民於《基督漫步於福爾摩沙：基督教在台灣》認為，〈人權宣言〉最重要的是結論的部分，其「首次明確提及希望政府採取有效措施，使台灣成為新而獨立的國家之台獨立場。」；[41] 李筱峰的《台灣史 100 件大事（下），戰後篇》將長老教會發表〈人權宣言〉放在第 82 件大事，認為是「島內以團體形式公開發出台灣獨立聲音的頭一遭」，長老教會由於「歷史悠久，人多勢眾，並沒有受到更進一步的

40　陳佳宏，《台灣獨立運動史》（台北：玉山社，2006 年），頁 305-320。

41　蔡維民，《基督漫步於福爾摩沙：基督教在台灣》（台北：五南出版社，2009 年），頁 82。

政治懲罰。」[42] Claude Geoffroy《台灣獨立運動史》將〈人權宣言〉列為「本島組織所發布的正式的台獨文件」。[43] 陳儀深則表示，儘管 1970年代國民黨失去聯合國席次從而流失外部正當性，不過當時的形勢仍舊無法公開提出台灣獨立或制定新憲法的敏感訴求，而長老教會卻基於信仰以及長期扎根台灣的經驗，連續發表了三次關懷政治的聲明。[44] 高萬桑與宗樹人在其合著的 *The Religious Question in Modern China* 同樣提到長老教會在許多宗教團體中採取了激進的立場，在 1970 年代，該教派便是最早致力於台灣獨立的團體。[45] Hermann Halbeisen 說明黨外團體被判定有罪之後，在 1980 年代初期隨之而來的政治問題便是身分認同的疑問。而長老教會主張的「新而獨立的國家」在發表多年後，許多出版品成為「新而獨立的國家」理念之追隨者，試圖在人類學與文化上證明台灣人與中國人之差異，並在台灣社會上討論與散布台灣意識。[46] 王成勉則認為〈人權宣言〉直接牴觸了國民黨政府的統一政策，並且引來各界的批評，證實了長老教會願意投入台灣民主運動，以此建立一個新的國家（a new nation），並有許多牧師投身反政府的運動。[47]

學位論文方面，儘管汪偉瑞、張兆林、周學慧、沈游振等人所研究的議題基本上皆不相同，但是都把〈人權宣言〉的發表直接定義為長老

---

[42] 李筱峰，《台灣史 100 件大事（下），戰後篇》（台北：玉山社，2002 年），頁99-100。

[43] Claude Geoffroy 著，黃發點譯，《台灣獨立運動》（台北：前衛出版社，1997 年），頁 160。

[44] 陳儀深，〈臺獨主張的起源與流變〉，《臺灣史研究》，第 17 卷第 2 期（台北：中央研究院臺灣史研究所，2010 年 6 月），頁 153-154。

[45] Vincent Goossaert and David A. Palmer, *The Religious Question in Modern China*. (Chicago: University of Chicago Press, 2011), p. 312.

[46] Hermann Halbeisen, "In Search of a New Political Order? Political Reform in Taiwan." in Steve Yui-Sang Tsang ed., *In the Shadow of China: Political Developments in Taiwan Since 1949*. (Hong Kong: University of Hong Kong Press, 1993), p. 80.

[47] Chen-Main Wang, "Christianity in Modern Taiwan-Struggling Over the Path of Contextualization." in Xiaoxin Wu ed., *China and Christianity: Burdened Past, Hopeful Future*. (New York: M. E. Sharpe Inc., 2001), p. 332.

教會對台獨主張的宣示。汪偉瑞提到〈人權宣言〉發表後，除了加深該教派南、北教會的衝突以及和國民黨政府的對立，更可以視為長老教會對台灣的本土意識發展完備，進而產生台灣獨立的主張。[48] 張兆林引用了薛化元的看法，認為〈人權宣言〉與〈台灣主權獨立宣言〉是長老教會在戰後歷史過程中對台灣獨立與自決的追求，以及提出台灣明確地位的方向。[49] 周學慧則認為〈人權宣言〉說出了台灣人期待建立獨立自主國家的心聲，1970 年代三次宣言的發表也是台南神學院落實情境化神學所做的努力。[50] 沈游振則強調長老教會宣稱長期以來受到國民黨的打壓，因此才會在 1991 年宣布支持台灣獨立，但是就沈游振的研究結論而言，長老教會在 1977 年的〈人權宣言〉就已經說明了該會的台獨立場。[51]

　　綜觀前述對於長老教會參與政治、高喊獨立與國家認同的研究，會發現具有神學或教會背景的學者重視長老教會的信仰本質與本土經驗；歷史學者則對史實做出分析，論述長老教會對民主發展與國家認同的影響；社會學者則從理論出發，試圖尋找不同於以往的研究途徑；而許多研究生皆繼承了當前的普遍共識，即長老教會在 1977 年的〈人權宣言〉中便宣告台灣獨立，但是甚少注意長老教會何時開始逐漸從中國認同走向台灣認同，也沒有提出可作為觀察的指標。

48　汪偉瑞，〈台灣基督長老教會之政治參與——以台南區長老教會為例〉（台北：銘傳大學公共事務學研究所碩士論文，2003 年），頁 49。
49　張兆林，〈台灣基督長老教會政教關係之演變〉（台北：真理大學宗教研究所碩士論文，2005 年），頁 17。
50　周學慧，〈戰後台南神學院本土神學教育的發展〉（台南：國立成功大學歷史研究所在職專班碩士論文，2007 年），頁 54-55。
51　沈游振，〈台灣基督長老教會政治論述之分析〉（台北：國立臺灣大學國家發展研究所博士論文，2010 年），頁 136。

第三節　研究方法與資料文獻

一、研究方法

　　本研究在方法上著重史料的蒐集與分析，針對《台灣教會公報》上的資訊與長老教會的文告、活動進行爬梳、歸納，並且比較不同時期的異同以求得最後的結論。本研究亦著重歷史的建構層面，分析「當下」與「後設」兩者之間的關聯與其意義，探討長老教會台獨形象的內外建構過程，因此參考了後現代歷史學所強調知識人為建構成分的論述。史料的範圍主要集中於 1970 年至 2000 年，原因在於 1970 年代長老教會官方的國家認同立場與《台灣教會公報》上的相關論述可作為 1980 年代之後的比較基礎。而進入 1990 年代之後，於該教派之國家認同官方立場與其相關論述在基本上大致底定，並無鬆動或更改。

　　目前關於長老教會國家認同的研究著重於官方的文告與少數領導者的言行舉措，本研究則將之一併納入觀察該教派國家認同的依據，再加上《台灣教會公報》上與國家認同論述相關的文字、活動，試圖完整呈現長老教會國家認同與其論述的轉變過程。在國家認同的論述方面則參考敘事認同理論，歸納敘事當下的自我身分與文化表述，將相關的字句、論述逐步歸納，進而觀察當中的微妙變化。如此的選材取向，在敘事理論中被稱為替代文本（subtext），把依據研究待回答的問題或假設，將文本中所有關聯的部分標示出來，並集合成一個新的檔案。[52]

　　本研究希望除了聚焦於官方的立場之外，也透過《台灣教會公報》上適當的替代文本，觀察長老教會國家認同轉移的軌跡，進而提出不同於以往的解釋與研究途徑。

52　Amia Lieblich 等著，吳芝儀譯，《敘事研究：閱讀、分析與詮釋》（嘉義：濤石文化，2008 年），頁 158。

二、資料文獻

本研究的史料是以《台灣教會公報》為主，並且輔以各項議事錄、教會出版品、期刊報紙與相關回憶錄。

〈一〉《台灣教會公報》

《台灣教會公報》是由英國長老教會傳教士巴克禮（Thomas Barclay，1849-1935）在 1885 年 7 月創立於府城（今台南市），起初名稱為《台南府城教會報》，以月刊與白話字形式發行。1932 年 5 月改稱《台灣教會公報》，1971 年 1 月後更改為全中文版，1973 年調整為週刊至今。[53]《台灣教會公報》不僅是長老教會的機關報，也是全台灣最早且仍持續發行的報紙，內容刊載總會、中會與各地方教會的相關新聞、時事評論、主題專文以及讀者投書，是長老教會對內與對外最即時且公開的新聞平台，目前每週發行量為兩萬份。基於《台灣教會公報》刊載內容的全面性與時效性，該報為本研究最重要且基礎的史料。

〈二〉長老教會總會通常年會議事錄

長老教會以代議制度聞名，從最高層次的總會到遍布各地的地方教會皆是如此，也留下了大量的會議記錄，對外的文告與聲明基本上也都可以從議事錄中尋找討論或制定的過程，台灣神學院教會史料中心有完整的收藏。

〈三〉長老教會與神學院的相關出版品

長老教會與神學院的相關出版品是重要的輔助史料，儘管出刊速度不若每週發行的《台灣教會公報》，但刊物的特質與屬性則可讓本研究有其它切入的角度。這類型的刊物有總會發行的《使者》、《新使者》，南北兩所神學院的學術期刊《台灣神學論刊》、《神學與教會》，以及牧杖會與牧笛會的刊物。《使者》與《新使者》的主要讀者是教會的知識

53　吳學明，《台灣基督長老教會研究》（台北：宇宙光，2006 年），頁 196-199。

青年，經常對時下議題在各種脈絡下進行討論；《台灣神學論刊》、《神學與教會》則具學術性，文章內涵自然較為深入；牧杖會與牧笛會是台灣神學院與台南神學院的學生會，其刊物的內容自然反映了兩校神學生的思想。這些刊物可以就「當下」與「後設」來研究不同時代的敘述，例如學生會的刊物可以作為世代的觀察面向，《新使者》則是了解目前長老教會在各項議題的共識。

〈四〉期刊雜誌與報紙

長老教會並不獨立於台灣社會之外，來自教會外部的認識與書寫是了解外界對於該教派觀感的管道，反映當下時事與其相關論述。例如《政治評論》、《中國憲政》、《中華雜誌》、《聯合月刊》、《綜合月刊》、《疾風》、《龍旗》，以及《中央日報》、《聯合報》、《中國時報》等等，都在本研究的史料範圍之內。

上述皆非新發現之史料，基本上許多大學的圖書館或研究機構都有相關收藏，因此在取得上並不困難。所以重點在於如何運用新的觀點來解讀這些取得便利、甚至是廣為人知的史料，並且賦予新的意義。

第四節　章節安排

本研究除了緒論與結論之外，內容上共有五個章節。前兩章處理長老教會台獨形象的形成與官方國家認同立場的轉變，後三章則分別以〈人權宣言〉、「孫文形象」、「中國文化」作為觀察標的物，成為分析該教派國家認同的輔助。

〈一〉第一章：緒論

說明研究動機與問題意識，回顧過去相關研究之目的在於確定研究議題的發展性，因為長老教會對自我歷史的建構，以及國家認同的轉向在過去都是較被忽略的研究方向。最後交待運用的研究方法與史料，簡陳章節安排與其概要。

〈二〉第二章：長老教會台獨印象之形成

　　目前台灣大眾一般認知長老教會的國家認同為支持台灣獨立建國，而長老教會同樣以此自居，並且認為這是自我長久以來的一貫立場。暫且不論長老教會是否自始至終皆支持台灣獨立，其台獨形象依舊需要一個建構的過程，方能逐漸成為社會普遍接受的共識。因此長老教會的台獨形象究竟起始於何時？起因是什麼？該形象是來自外界的書寫還是長老教會內部的論述？另外除了台獨形象之外，長老教會長期以來也被認為積極關心政治，甚至被扣上不遵守政教分際的帽子，這也是該教派與其它基督教宗派很大的不同，甚至在宣教上也因此受到阻礙。面對如此的形象，長老教會在這段過程如何回應？過程又有什麼樣的轉折？這些問題環環相扣，成為本研究首先要處理的問題。

〈三〉第三章：長老教會官方國家認同與其論述之轉換軌跡

　　儘管外界在 1970 年代晚期便將長老教會視為偏向台獨的宗教團體，但是長老教會官方的國家認同轉移存在著自己的進度，其範圍涵蓋「制度」、「文化」、「族群」等面向，並非單從三大宣言即可知其梗概。因此本章將論述長老教會官方在國家認同上的轉變軌跡，觀察標的物之選擇偏向較具官方色彩的資料，例如總會通常年會的議事錄或報告書、總會的宣言與議長的文告、《台灣教會公報》的社論、各項總會、中會舉行的研討會、協議會討論的內容與呼籲文等等。期望從中了解長老教會國家認同在官方層面的轉變，試圖尋找使其轉變的外來因素，並且做為與其它章節在對照與比較上的基礎。

〈四〉第四章：長老教會對〈人權宣言〉台獨意涵之詮釋演變

　　長老教會在 1977 年 8 月 16 日發表了〈人權宣言〉，該宣言中一句「新而獨立的國家」被公認為長老教會宣告支持台灣獨立之肇始，甚至是台灣島內團體公開台獨立場之濫觴。但是長期觀察《台灣教會公報》上對於〈人權宣言〉的相關文字，會發現即便是被視為台獨「肇始」或「濫觴」的〈人權宣言〉，隨著時間的不同，在詮釋上亦呈現從「自

決」到「獨立」的演進過程。長老教會起初否認該宣言與台獨有關，到最後公開表示〈人權宣言〉的發表就是為了追求台灣獨立，其中究竟是如同 James Scott 所說的「後台」？[54] 還是如此不同的詮釋並非全然來自政府的壓迫，或許也是長老教會對過去歷史的後設敘述。當外界早已為長老教會書寫台獨形象之後，該教派選擇改變過往對〈人權宣言〉的詮釋，不僅接軌先前外人書寫的台獨形象，亦成為微妙與弔詭的共識。〈人權宣言〉如今被長老教會與學界賦予高度的重要性，也是台灣民主發展的里程碑，但同一份宣言在不同的時代卻出現不同的解釋，當中應該有更多值得探討的空間。

〈五〉第五章：《台灣教會公報》中孫文形象之轉變

由於〈人權宣言〉的詮釋基本上只有「自決」與「獨立」兩種選擇，並且也不能完全否定威權時代所帶來的壓力，以該宣言作為觀察指標確實較具政治風險，因此尋找較不敏感卻有代表性的觀察指標就顯得格外重要。

國民黨政府透過單向的教化使台灣人認知孫文的國父地位，具有高度國家認同的象徵意義，那麼長老教會是如何看待這一位「國父」？一位與長老教會不相干的歷史人物為何經常出現在《台灣教會公報》中？而《台灣教會公報》提到孫文的時候又想表達些什麼？這都是值得探討的問題。因此本章的重點在於觀察《台灣教會公報》上對孫文論述的連結與其國父形象的演變，分析長老教會對孫文的基督徒情節與國家認同轉變，以及作為抨擊時政的策略運用。例如孫文何時從尊貴的國父此一黨國圖騰轉化為一介平民？其在轉化為平民之後對他的評價又是如何？當中的變化可作為了解長老教會在「制度」與「族群」認同變化的參考。

54　James C. Scott 著，鄭廣懷等譯，《弱者的武器》（南京：譯林出版社，2007 年），頁 284。

〈六〉第六章：《台灣教會公報》上中國文化論述之流變

　　觀察具有高度象徵意義的圖騰確實有其必要，但無涉政治的敘事或許更能夠作為分析國家認同的軟性指標。這類型的文章範圍相當廣泛，例如新年或節慶的祝賀、管教子女的方法、對未來神學教育的憂慮，以及出國經驗的分享等等。前述文章雖然主題不盡相同，但是往往可以回答同樣的問題，例如「我是什麼人」、「我國的歷史有幾年」、「我們的民族性為何」，如此敘述散見《台灣教會公報》各處。

　　簡言之，就是從《台灣教會公報》上關於自我認同的用字遣詞來分析長老教會國家認同論述的轉向，何時從「我是中國人」變成「我是台灣人」，國家的歷史為何自「五千年」大減為「四百年」，這些容易被忽略於大議題之外的蛛絲馬跡，皆可作為觀察長老教會國家認同在「文化」與「族群」轉變的重要輔助。

〈七〉第七章：結論

　　綜合各章的論述後，整理出外界與長老教會對台獨歷史淵源的建構與國家認同的轉變，進而將此結論回應於前人對此議題的研究，期望擴大長老教會與各界對話的空間，進而提出未來延伸的展望。

Chapter 2

第二章
長老教會台獨印象之形成

　　當今的長老教會有著明確的國家認同，不僅透過各種方法對外傳達台灣建國的理念之外，更將其表態支持台灣獨立的淵源追溯至 1977 年的〈人權宣言〉，成為引以為傲的傳統。如果有人說現在的長老教會「偏獨」或「偏綠」，儘管這是種刻板或化約的論述，但大概不會有太多人反對，不過如此印象是怎麼來的呢？

　　〈人權宣言〉的發表確實讓長老教會與台灣獨立畫上了等號，不過台灣島內最先將台獨標籤貼在長老教會身上的並不是該教派本身，而是在制度、文化與族群皆認同中華民國的反台獨人士。因此本章的內容在於追溯長老教會自我表態其台獨立場之前，《政治評論》、《中國憲政》、《中華雜誌》、《夏潮》、《綜合月刊》、《疾風》、《龍旗》、《聯合報》、《中國時報》、《中央日報》等報刊是如何書寫長老教會的政治態度或國家認同？這些論述要傳遞的內涵是什麼？長老教會當時是如何回應這些評論？儘管雙方的對話看似沒有交集，但這些形象到後來卻與該教派的實質行動接軌，並且成為今天台灣社會與長老教會都普遍接受的共識。簡言之，長老教會的台獨形象是兩造共同建構的結果。

第一節　由外人起始書寫的台獨形象

一、看似連貫敘事的背後

　　1977 年 8 月 16 日，長老教會總會常置委員會召開緊急會議，全

體一致通過〈台灣基督長老教會人權宣言〉，向美國總統卡特（Jimmy
Carter，1924-）發出長老教會支持台灣人民自決的主張，並促請國民黨
政府面對現實，「使台灣成為一個新而獨立的國家」。[1] 1987 年 9 月 29
日，牧師林宗正聲援許曹德與蔡有全主張台灣獨立的言論自由，他認
為：「早在 1977 年人權宣言裡，即發表『新而獨立的國家』，10 年來台
灣基督長老教會沒有一人因此被移送偵辦。」[2] 1989 年 4 月 7 日，鄭南
榕自焚於自由時代雜誌社內，《台灣教會公報》呼籲長老教會的傳道人
效法鄭南榕的精神，為台灣的前途努力，並尊稱鄭南榕是「台灣建國烈
士」。[3] 1991 年 8 月 20 日，總會發表〈台灣主權獨立宣言〉，宣告台灣
的主權獨立，並主張以台灣的名義加入聯合國。[4] 1999 年 7 月 9 日，李
登輝總統在接見世界歸正教會代表時發表「兩國論」，總會議長許天賢
與總幹事羅榮光聯名發表〈台灣基督長老教會對李登輝總統「兩國論」
的肯定與呼籲〉，表明支持李登輝宣稱台灣是主權獨立的國家，呼籲盡
快制憲、公投立法、以台灣之名進入聯合國。[5]

　　到了 21 世紀，2007 年 8 月長老教會總會出版了《台灣新而獨立的
國家：台灣基督長老教會人權宣言聖經與神學論述》一書，紀念〈人權
宣言〉與長老教會公開支持台灣獨立三十週年。[6] 2011 年 12 月 8 日，

1　〈憑著基督徒信仰良心　關切國家與同胞前途　總會常置委員會發表人權宣言　主
　　張台灣前途應由自己決定〉，《台灣教會公報》，第 1329 期（1977 年 8 月 21 日），
　　第 1 版。

2　〈南區祈禱會關懷蔡有全許曹德　發表聯合聲明再次確認人民有思想言論自決權
　　利〉，《台灣教會公報》，第 1857 期（1987 年 10 月 4 日），第 7 版。

3　社論，〈從鄭南榕的「自焚」，傳道人應該感到羞恥〉，《台灣教會公報》，第 1937
　　期（1989 年 4 月 16 日），第 1 版、第 1940 期（1989 年 5 月 7 日），第 5 版。

4　〈長老教會強烈聲明主張台灣主權獨立　制定新憲法　進入聯合國〉，《台灣教會公
　　報》，第 2060 期（1991 年 8 月 25 日），第 1 版「總會事工」。

5　〈台灣基督長老教會肯定「兩國論」〉，《台灣教會公報》，第 2473 期（1999 年 7 月
　　25 日），第 1 版「重點消息」。

6　高俊明等著，《台灣新而獨立的國家：台灣基督長老教會人權宣言聖經與神學論
　　述》（台北：台灣基督長老教會總會信仰與教制委員會，2007 年），頁 3-5。

總會在該教派位於羅斯福路的事務所召開「對2012年總統及立委選舉的期待與建言」國際記者會，發表〈對台灣新時局的建言〉，要求中國不得介入台灣的總統與立委選舉。[7] 隔日晚間總會舉辦了「為台灣國祈禱會」，300位牧師用祈禱祝福這以「台灣」為名的國家。[8]

　　從1977年的〈人權宣言〉到2011年的「為台灣國祈禱會」，其追求台獨的歷史敘事看似連貫且一致，但事實上長老教會在1991年才以正式文告公開〈人權宣言〉中「新而獨立的國家」即為主張台灣獨立。即便不論正式文告而觀察每週出刊的《台灣教會公報》，若干人士認為1977年長老教會宣告支持台灣獨立的說詞，大致上也要等到1987年的「蔡許案」及1989年鄭南榕自焚事件之後才能稍見端倪。這或許可以解釋為忌憚威權時代的壓迫而不便公開表態，但也可能是長老教會整體的台灣國家認同尚處於醞釀的階段，因此才會發表十餘年後才正式將〈人權宣言〉定位成一份公開支持台灣獨立的文件，而這樣的定位至今更廣為各界所接受。

　　不過在這段長老教會自我定位前的「空窗期」，早有許多人用各種角度替該教派貼上台獨的標籤，長老教會怎麼也撕不下來。據陳南州的統計，〈人權宣言〉發表後，《福音報》、《校園雜誌》、《綜合月刊》、《夏潮》、《中華雜誌》等刊物，它們在1977年底至1978年之間刊出不少批評長老教會政治立場與〈人權宣言〉的文章。[9] 這些批評的文章目前仍然被研究長老教會或政教關係的書籍與論文所引用，引用目的多半是在舉證〈人權宣言〉發表後所招致的批評與惡意攻擊，著重於字彙的使用與其中不當的敘述，較少歸納與分析文章的內涵。儘管這些文章多半不

7　〈對台灣新時局的建言〉，《台灣教會公報》，第3119期（2011年12月5日-11日），第10-11版「台灣基督長老教會聲明」。

8　李信仁，〈族群共榮　各族孩童齊訴盼望〉，《台灣教會公報》，第3120期（2011年12月12日-18日），第2版「教會消息」。

9　陳南州，《台灣基督長老教會的社會、政治倫理》（台北：永望文化，1996年），頁116-120。

認可〈人權宣言〉的內容與長老教會的政治立場，但實際上仍舊有值得
分析的空間，因為有些文章已經開始替長老教會追溯其台獨淵源，越俎
代庖。

　　關於此類批評的分析研究，李偉誠聚焦《夏潮》對〈人權宣言〉
的論述，並且更深入分析雙方一系列的相關文章，認為這是台灣島內
兩大民族主義（台灣與中國）的正面撞擊。[10] 關於李偉誠認為〈人權宣
言〉是台灣島內民族主義之發軔，筆者對此持保留的態度，但是李氏關
注《夏潮》對〈人權宣言〉與長老教會的評論確有其重要性。因為姑且
不論長老教會為何遲至 1980 年代末、1990 年代初方表態〈人權宣言〉
即為該教派台獨立場之始，在這段表態前的「空窗期」，長老教會的台
獨立場與淵源幾乎是來自外人的書寫，特別是持反對立場的報刊雜誌。
簡單來說，在長老教會用「行動」或「文字」公開表達支持台灣獨立之
前，外界早已為其建構了台獨形象，而這樣的形象多年後微妙得到長老
教會的「證實」或「追認」，並且成為歷史敘事的一部分。

二、尚未形成台獨議題的〈國是聲明〉及〈我們的呼籲〉

　　1971 年 12 月 29 日，長老教會總會發表〈台灣基督長老教會對國
是的聲明與建議〉，該文的發表是基於外交困境而向政府發出的建議，
希望中央民意代表全面改選，參考西德的做法以贏得國際的尊重。[11] 遠
在美國的長老會牧師黃彰輝、林宗義、宋泉盛等人也於 1973 年 3 月 19
日成立「台灣人基督徒自決協會」，發表〈台灣人民自決宣言〉，宣稱將

<hr>

10　李偉誠，〈台灣基督長老教會與戰後台灣民族主義〉（新竹：國立清華大學社會學
　　研究所碩士論文，2009 年），頁 96-114。
11　〈台灣基督長老教會對國是的聲明與建議〉，《台灣教會公報》，第 1076 期（1972
　　年 1 月），第 10 版。〈國是聲明〉全文可參閱徐信德、施瑞雲等編，《台灣基督長
　　老教會 1971-1992 總會社會關懷文獻》（台北：台灣基督長老教會總會資料中心，
　　1992 年），頁 3-4。

動員海外台灣人支援「台灣人民自決運動」。[12]

〈國是聲明〉是長老教會首篇因為時局而對政府的公開呼籲，從許多事後的著作或研究來看，〈國是聲明〉使長老教會與國民黨政府的關係開始惡化，高俊明也表示國民黨當局因此相當震怒，迫害接踵而至，戒嚴時期與政府唱反調則隨時有被槍殺的可能。[13] 長老教會總會首屆議長、總幹事黃武東牧師在其回憶錄中則提到，〈國是聲明〉在島內引起的注意先是輕描淡寫，接著許多「御用報紙」便開始對長老教會開砲，並扣上「共產」、「台獨」、「叛亂」等罪名，若干教會也以同樣的手法大肆攻擊。[14] 這大致上是長老教會被扣上台獨大帽的濫觴，儘管當時該教派依舊致力配合國民黨政府的「護教反共」。

就一個宗教團體而言，發表政治性質的文章確實較為特殊，但如果把這篇宣言放在 1970 年代知識分子對時局的焦慮來看，長老教會的〈國是聲明〉並不是特例。同時期《大學》、《台大法言》等雜誌也都出現中央民意代表全面改選的主張，事實上《台灣教會公報》也轉引了這些聲明。[15] 回溯戒嚴時期有關台獨議題的文章，多半是宣傳政治需求以及撻伐異己之用，而這類文章見諸於特定的期刊，美麗島事件前後是其出現的高峰期。[16]

究竟台灣島內第一篇描寫長老教會與台獨關係的文章出現於何時，這相當難以考證，本文亦不往此探。不過在〈人權宣言〉發表之前，長

12　陳佳宏，《台灣獨立運動史》（台北：玉山社，2006 年），頁 246-247。
13　林本炫，《台灣的政教衝突》（台北：稻鄉出版社，1990 年），頁 87-98；張兆林，〈台灣基督長老教會政教關係之演變〉（台北：真理大學宗教研究所碩士論文，2005 年），頁 70；洪辭惠，〈台灣政教關係之研究——以台灣基督長老教會三大宣言為中心〉（桃園：國立中央大學歷史研究所碩士論文，2009 年），頁 115；高俊明、高李麗珍口述，胡慧玲撰文，《十字架之路——高俊明回憶錄》（台北：望春風文化事業，2001 年），頁 233。
14　黃武東，《黃武東回憶錄》（台北：前衛出版社，1988 年），頁 344-345。
15　社論，〈革新內政・決意反共〉；鄭連明，〈台灣教會宣教的今昔〉，《台灣教會公報》，第 1077 期（1972 年 2 月），第 4 版、8-10 版。
16　陳佳宏，《台灣獨立運動史》，頁 12。

老教會其實並不常見於政論性質的文章。以立法委員胡秋原創辦的《中華雜誌》為例，該雜誌對 1977 年的〈人權宣言〉有相當多的抨擊，這些抨擊也經常被研究者引用。但是綜觀 1977 年發表〈人權宣言〉之前，長老教會並非該雜誌在討論台獨議題時的主要對象，而是將其焦點集中於海外情勢與相關的言論及活動。意圖大致圍繞在美國與日本的對台政策、費正清（John King Fairbank，1907-1991）的主張、在美台灣人的獨立運動，甚至是留美中研院院士的忠誠等等。

　　如果要追溯這段時期《中華雜誌》上長老教會與台獨之間的論述，大概只能從討論彭明敏的出身與活動中找到蛛絲馬跡。1964 年 9 月 20 日，彭明敏與其學生謝聰敏、魏廷朝因意圖散布〈台灣人民自救宣言〉而遭逮捕，在國內外受到相當的重視。[17] 1970 年，彭明敏先是逃往瑞典，接著前往美國，成為台灣人公共事務會等台獨團體的重要領袖。[18] 人在美國活動的彭明敏，便成為立場偏向中國民國政府的旅美人士之評論對象。

　　例如劉添財以留美學生的角度，就台獨的歷史、成因與特徵批判了海外台獨運動者。在劉氏的筆下，彭明敏不僅數典忘祖，也錯估了台獨的國際情勢，屬於必須戒備的「異數」。[19] 該年 11 月號，劉添財評論了彭明敏剛出爐的回憶錄《自由的滋味》，認為 1971 年 9 月參加台灣人社團的紐約大會中的宗教領袖只是「信徒僅占全台灣人口百分之一的洋化『否莫山』基督教長老教會的領袖人而已。」在結尾的部分則批評彭明敏在回憶錄中大肆描述家庭之基督教背景，認為他的意圖是要引起「洋大人」的同情，以為其革命是「高尚的西洋基督教文明對抗野蠻腐敗的東方中國文明」。[20] 所以在美國發動自決運動的牧師們在這裡得到的敘

17　薛化元，《戰後臺灣歷史閱覽》（台北：五南出版社，2010 年），頁 204-205。

18　陳佳宏，《台灣獨立運動史》，頁 118-119。

19　劉添財，〈一個留美學生談台獨〉，《中華雜誌》，第 102 期（1972 年 1 月），頁 23-29。劉添財另有筆名「阿修伯」。

20　劉添財，〈評：彭明敏回憶錄〉，《中華雜誌》，第 112 期（1972 年 11 月），頁

述只是「基督教長老教會的領袖人」，並沒有佔用劉添財太多的篇幅。

　　儘管〈國是聲明〉使得有些許報紙對長老教會扣上「台獨」、「共產」等帽子，但似乎沒有引發台灣社會對該教派與其台獨立場的討論。第 28 卷第 2 期的《政治評論》有篇〈談「國是」聲中有三種最要不得的意見〉，該文認為國人發表的「國是」意見多出自於忠誠愛國，但認為國會全面改選、凍結憲法與成立上下兩議院是「一片國是聲明」中最要不得的三種主張。[21] 文中所謂的「一片國是聲明」或許包含了長老教會的〈國是聲明〉，但究其全文並沒有明說。因此就〈人權宣言〉發表前《中華雜誌》上關於台獨的文章數目而言，長老教會並不在該刊物討論台獨議題的主要脈絡中，海外台灣獨立聯盟與其相關刊物、人士才是評論的重點。從許多專書、研究與回憶錄比較起來，〈國是聲明〉在台灣社會引起的反應比 1975 年〈我們的呼籲〉要來的大，〈我們的呼籲〉甚至像是從〈國是聲明〉到〈人權宣言〉的「過門」，鮮少具體提到台灣社會各界對〈我們的呼籲〉發表後的反應。[22] 儘管〈我們的呼籲〉對國內外情勢的建言要比〈國是聲明〉更為全面，但是〈我們的呼籲〉之發表並沒有引起台灣島內對長老教會國家認同的進一步討論，甚至可以用「船過水無痕」來形容。

第二節　〈人權宣言〉後各界對長老教會形象之書寫

一、介於真實與揣測之間的敘述

　　當〈國是聲明〉與〈我們的呼籲〉逐漸消失在輿論之際，1977 年

39-51。

21　丁迪，〈談「國是」聲明中三種最要不得的意見〉，《政治評論》，第 28 卷第 2 期（1972 年 3 月 25 日），頁 11-12。

22　〈我們的呼籲〉全文可參閱徐信德、施瑞雲等編，《台灣基督長老教會 1971-1992 總會社會關懷文獻》，頁 7-12。

的〈人權宣言〉引發了前所未有關注、並且勾起了不少人對〈國是聲明〉與〈我們的呼籲〉的「回憶」。〈人權宣言〉之所以會受到來自各方面的攻擊，追根究柢就是那一句「新而獨立的國家」，其中的「獨立」二字讓社會各界再次質疑長老教會是否具有台獨立場，或指其為中共的陰謀。[23] 其實長老教會內部對〈人權宣言〉也有不同的聲音，例如第 31 屆的北部大會有 17 人連署臨時動議，稱〈人權宣言〉為政治性宣言因此與北大無關，唯被否決而未進入議案；第 25 屆的總會有議員建議刪除有關〈人權宣言〉的議決，甚至在 1979 年台北市和平教會亦聯名致函總會，謂〈人權宣言〉「使主名蒙羞且陷我教會全體會友於滔天大罪中」、「總會幹部乃至教會刊物今後能否不再發表使人誤解有違背基本國策之言論，以免我教會全體受累。」[24] 顯見上至總會、北部大會乃至地方教會，其對〈人權宣言〉存在著不同的意見，儘管並未影響〈人權宣言〉在議事程序上的合法地位。

　　此外，在 1977 年底至 1979 年之間，也出現不少來自外界對長老教會的批評，這些文章廣泛被引用。例如洪辭惠在討論社會各界對〈人權宣言〉的回應時，便詳盡列舉超過 20 篇評論〈人權宣言〉的文章。[25] 但如前所述，這些著作或研究引用的焦點多半置於不當字彙的使用，讓諸多作者的文字顯得大同小異，傳遞不出更深的意涵。

　　持平而論，許多攻擊對長老教會來說當然不甚公允，該教派自 1865 年入台傳教以來，在宣教、醫療、教育各方面皆對台灣社會有很大的貢獻，諸多宣言的發表也是基於對國家困境的焦慮。不過姑且不論這些評論是基於偏見還是良心，有道理還是沒道理，但其內容同樣需要建構一套理論基礎以增加其批評力道。例如北屋在《夏潮》發表專文批評長老教會露出了「帝國主義走狗的真面目」，雖然該字眼十分不堪，

───────────
23　林志雄，《顯微鏡下的臺獨》（紐約：世界日報社，1979 年），頁 99。
24　陳南州，《台灣基督長老教會的社會、政治倫理》，頁 114-116。
25　洪辭惠，〈台灣政教關係之研究──以台灣基督長老教會三大宣言為中心〉，頁 123-128。

但作者卻也從長老教會在台灣的歷史脈絡中來告訴讀者為什麼該教派會是「帝國主義的走狗」。[26] 從這樣的角度一一檢視這類型的文章，便可以歸納出其批判的重心，以及進一步分析其敘事的脈絡。1970 年代末期這些人共同書寫長老教會的印象，並且不斷流布與延伸，大致可歸類以下幾點。

〈一〉不遵守政教分際

對一個宗教團體而言，宣教自然是分內之事，但是不同的宗教團體各有其特殊的歷史背景，發展特色同樣會有所差異。例如英國長老教會駐廈門的牧師杜嘉德（Carstairs Douglas，1830-1877）來台調查後向英國長老教會報告，期盼以醫療傳道的方式打開台灣的傳教之門；有些傳教士也認為只要民眾接受診察治療行為，就能改變對教會的偏見甚至是接受福音。[27] 因此長老教會關心時事有其淵源與信仰理論基礎，也蓋了不少學校跟醫院服務鄉里，但抨擊依舊接踵而至。

對於長老教會發表政治性質的宣言，相關的批評集中於所謂的政教分離，也就是宗教團體不應插手政治，只要專心傳教即可。北屋便稱：「『上帝的歸上帝，凱撒的歸凱撒』，這是主張政教分離者的基本態度，但是在台灣，歷史事實顯示的並非如此，帝國主義本質的列強，不斷地以宗教作為干涉政治的主要力量。」[28] 他認為長老教會沒有遵守政教分離的基本態度，或是由於其帝國主義的本質，因此根本就不主張政教分離。關於上帝與凱撒的分別，王曉波也持相同的看法，他認為：「馬太福音中明明說『凱撒的物當歸於凱撒，上帝的物當歸於上帝』，但是高俊明牧師等人卻借假上帝的旨意，傳播不是『上帝的物』的福音，而是

26　北屋，〈從致美國總統卡特的一封怪信談起〉，《夏潮》，第 3 卷第 4 期（1977 年 10 月 1 日），頁 16-20。

27　蘇芳玉，〈清末洋人在臺醫療史──以長老教會、海關為中心〉（桃園：國立中央大學歷史研究所碩士論文，2001 年），頁 64。

28　北屋，〈從致美國總統卡特的一封怪信談起〉，《夏潮》，第 3 卷第 4 期（1977 年 10 月 1 日），頁 16。

屬於『凱撒的物』的政治宣言。」[29] 這兩位主筆同時引用的這段經文，無法查證有無互相參照，因為該文句之後便經常出現於討論長老教會政教關係的文字中。

　　劉興邦則認為當時台灣的諸宗教大多在享受宗教自由之餘，同樣也遵守憲法規定的義務，唯獨長老教會：「未盡其宗教追求和平、宣揚教義、勸人向善及尋求真理的精神與理想。從各種現實表現，該教會已染上濃厚的政治色彩，當然，這祇是少數上層人士。」[30] 言下之意是當台灣大部分的宗教都願意享有宗教自由並且遵守憲法的同時，長老教會沒有盡到宗教追求和平與宣揚教義等責任，更染上了濃厚的政治色彩，是個不聽話的政治團體。

　　一位自稱來自桃園龜山的基督徒投書到《綜合月刊》表達自己的想法，表示：「教會裡的牧長，應致力於傳福音的工作。若一個牧師不務『正業』，只在政治的漩渦裡打轉，則教會人士應斷絕他的經濟供應，不再對他奉獻金錢。拿著神的錢，去做非神的事，是違反神的旨意的。」文末編輯部強調這只是眾多讀者相關投書的其中一封。[31] 一位基督徒讀者的回應當然不能代表大眾或全體基督徒，但至少顯示出社會上對宗教團體「該做的事」或許具有一定程度的共識，就是宗教團體不應插手政治。內政部也發函長老教會總會，認為該教派的政治聲明超越了「傳播教義之目的與純正宗教活動之範圍，應予以告誡。」[32] 所以宗教團體對於政治的分際，長老教會在某些人眼中並沒有好好拿捏，成為被批評的理由之一。

29　王曉波，〈上帝主張分裂中國嗎？〉，《中華雜誌》，第 175 期（1978 年 2 月），頁 17。

30　劉興邦，〈希望「長老教會」不要被利用〉，《政治評論》，第 37 卷第 10 期（1979 年 11 月 25 日），頁 14。

31　金惟純等編輯，〈台灣基督長老教會事件始末〉，《綜合月刊》，第 113 期（1978 年 4 月），頁 27。

32　徐信德、施瑞雲編輯，《台灣基督長老教會總會社會關懷文獻 1971-1992》（台南：人光出版社，1992 年），頁 19。

〈二〉台獨活動早有淵源且遍及海外

如前所述，1977 年〈人權宣言〉發表後，長老教會起初撇清該宣言與台獨之間的關係，但是日後卻被該教派視為公開支持台獨立場的濫觴。但是對某些人來說，〈人權宣言〉除了就是鼓吹台灣獨立之外，長老教會的台獨淵源與其活動卻可以拉得更早、更廣，也就是連接了 1971 年〈國是聲明〉、1975 年〈我們的呼籲〉，以及黃彰輝等人所發起的海外自決運動。

北屋便認為：「台灣長老教會之有台獨主張，並非始自今年八月。稍早於此，當尼克森決定前往中國訪問時，台灣基督長老教會總會即發表『對國是的聲明與建議』，公然主張台獨，只是當時『台獨』兩個字上有所避諱而未用出。」[33] 也就是說「國是聲明」也是主張台獨，但北屋並沒有進一步說明為何〈人權宣言〉就可以沒有顧忌地說出台獨的主張。

王曉波抨擊「新而獨立」之台獨主張是昧於國際情勢，並且強調該宣言的發表並非孤立事件，而是其來有自的。因為「除『宣言』之主張使台灣成為『新而獨立的國家』外，高俊明等人的其他主張和措施也都是圍繞著這個中心主題而進行的，羅馬拼音的台語聖經即是一例。」、「自民國六十年以後，長老會在高俊明等人的把持下，先後曾有過三次類似的『宣言』。第一次是在退出聯合國後，彼等發表『國是聲明與建議』，主張『全面改選中央民意代表』。第二次是在六十四年，發表『我們的呼籲』，提出羅馬拼音的聖經問題。第三次，即致卡特之信，終於攤開底牌，要使台灣成為一『新而獨立的國家』。」[34] 從這兩段文字可以發現，王曉波認為高俊明等人〈國是聲明〉、〈我們的呼籲〉等主張所包含的中心思想就是「新而獨立的國家」，〈人權宣言〉則是最後的底牌。

33　北屋，〈從致美國總統卡特的一封怪信談起〉，《夏潮》，第 3 卷第 4 期（1977 年 10 月 1 日），頁 18。

34　王曉波，〈上帝主張分裂中國嗎？〉，《中華雜誌》，第 175 期（1978 年 2 月），頁 16-17。

　　王曉波一文刊出後，曾經留美的張紹達在《中華雜誌》上回應了王氏的文章，就其自身經驗暢談旅美的「台灣長老教會」牧師與台獨之間的關係。文中提到 1972 年旅美的長老會牧師在紐約發起「台灣人民自決運動」，之後便「明目張膽」地全面投入「政治運動的漩渦裡」。該運動由黃彰輝「領頭」，宋泉盛、趙有源與魏瑞明則是「幹事級的大將」，人數不多卻「組織嚴密」，只是在路線上與張燦鍙為首的「台獨激進派」有爭執。張氏認為他之所以在報章雜誌或公開場合抨擊「自決派」的「主內弟兄」並不是有什麼冤仇，相反地是認為這些「自決派」在「台獨的眾支派」裡算是最有理性的一群。他表示：「激進派『台獨』一向瞧不起『自決派』的『主內弟兄』，認為他們沒有氣魄，幹革命還要向上帝『借膽』、『壓驚』，而『自決派』的『主內弟兄』深知如果像張燦鍙那批人那麼蠻幹下去，只會為台灣帶來災難。」[35] 從文中的自述來看，這位張紹達似乎認識這些在美的台灣人長老會人士，並且曾經不只一次當面表示他的意見。在張紹達眼中，長老教會的牧師是台獨派中較為理性的一群，並且與之同為「主內弟兄」。

　　同樣是旅美的「長老會」人士，看在劉添財眼中卻不是這麼理性。劉氏宣稱「海外台獨的主體全是台灣基督洋教長老會人士」，並舉例「炸謝東閔先生的王幸男就是台南太平境長老會的信徒，典型的台獨人士」、「洋教台獨人士專門搞排斥分裂實是動亂的根源，蓋只有台灣經過暴力動亂，大砍大殺精英盡失，才有他們回台接班掌權的份，否則台灣島內遍地精英，用不著到海外請他們回來領導啊。」[36]《綜合月刊》〈台灣基督長老教會事件始末〉同樣提到：「台灣基督長老教會部分在海外的牧師、長老與『台灣獨立運動』有密切的關係，這是有確切憑證的事實。」、「1972 年春天，四位由此赴美的台灣基督長老教會牧師及信徒

35　張紹達，〈旅美台灣長老教會與「台獨」〉，《中華雜誌》，第 176 期（1978 年 3 月），頁 9-11。
36　劉添財，〈台獨問題治本之道〉，《中華雜誌》，第 183 期（1978 年 10 月），頁 40。

在美國領銜成立『台灣人民自決運動』；這四個人士曾任總會議長及台南神學院院長的黃彰輝、曾任議長及總幹事的黃武東、曾任台南神學院院長的宋泉盛及一位曾在國內大學任教的教徒林宗義」[37] 周玉山也直接認為黃武東將總幹事一職交與高俊明之後，便赴美公然鼓吹台獨。[38]

前述文章儘管在態度或用詞上有所差異，但不管是北屋、王曉波、張紹達、劉添財還是《綜合月刊》的三位編輯，他們有的把近年來長老教會的台獨活動淵源追溯到〈國是聲明〉的發表，有的更連結了海外的基督徒自決人士，因此〈人權宣言〉的內容在其眼中其實並不新鮮。

〈三〉「少數人」把持下的宗教團體

以 1977 年的統計數據來看，長老教會擁有信徒 169,399 人、傳教師 832 人、教會數 1,000 間，以及多所相關的醫療與教育機構，可說是當時台灣最龐大的基督教團體。[39]〈人權宣言〉除了「新而獨立的國家」所引起的爭議之外，或許也是由於長老教會本身具有可觀的組織、信徒與機構，並且與國際基督教界有一定程度的往來，因此成為無法被忽視的聲音。而在官方的文書或是民間的討論，總是以「少數人」或是「一小撮人」來形容〈人權宣言〉發表的決策者或是被認定具有台獨傾向的「上層人士」，並且對此集中批判的火力。

王曉波在〈上帝主張分裂中國嗎？〉一文中開頭便說到：「去年（六十八）八月間，由聯合報發動致卡特總統的『一人一信』。台灣長老教會由總幹事高俊明等少數人決定，亦發動會眾寄一份『宣言』，除致函卡特之外，還有有關國家及全世界教會。」[40]《綜合月刊》也有同樣

---

37 金惟純等編輯，〈台灣基督長老教會事件始末〉，《綜合月刊》，第 113 期（1978 年 4 月），頁 25。

38 周玉山，〈再向高俊明牧師質疑〉，《綜合月刊》，第 111 期（1978 年 2 月），頁 120。

39 數據取自台灣基督長老教會年鑑編輯小組編，《台灣基督長老教會年鑑》（台南：新樓書房，1985 年），頁 7。

40 王曉波，〈上帝主張分裂中國嗎？〉，《中華雜誌》，第 175 期（1978 年 2 月），頁

的質疑，〈台灣基督長老教會事件始末〉稱：「少數教士假借擁有十六萬信徒的台灣基督長老教會名義，發表『使台灣成為一個新而獨立的國家』的政治主張，使該教會面臨分裂及變質的危機，這是絕大多數國民所不願見、不忍見的。」[41] 一位署名長老教會的牧師信一也表示教會常常干預政治的原因之一在於有政治的投機分子，即：「台灣基督長老教會中高某的核心分子有六、七名，就是那些迷失自我準備為政治受難而為他們自己準備過後事的人，其他還次要的心腹人物十名左右，一共不出二十名之人物同意和贊成假藉長老教會二十萬名信徒的名義來發出宣言反對國策作出天大驚人的事，而長老教會絕大多數的信徒不曉得他們在作甚麼事。」、「長老教會中喜愛干預政治的六、七名一級領導人物和十名左右的二級領導人物（大部分是牧師和長老）若能放棄干預政治的行動專心於傳道工作，這些傳道工作的成果將會大大貢獻於國軍武力反攻的勝利。」[42] 內政部也在 3 月 23 日致函長老教會，主旨為：「頃據輿論反應，貴會少數人士，例次冒用總會名義發表『聲明』、『呼籲』、『宣言』等政治性主張，危害教會和國家利益，顯已超越貴會從事傳播教義之目的與純正宗教活動之範圍，應予告誡糾正。」[43]

　　面對這些聲音，《台灣教會公報》在第 1359 期刊登社論〈嚴重抗議不實的報導〉，認為坊間各報如《聯合報》、《中國時報》、《中華日報》刊載了不實的消息，誣指高俊明為專制獨裁的台獨分子，而《夏潮》、《綜合月刊》、《中華雜誌》也競相刊登類似的文章，造成了教會名譽的損害。[44] 接著《台灣教會公報》又在第 1362 期社論發表知名的〈台灣

15。

41　金惟純等編輯，〈台灣基督長老教會事件始末〉，《綜合月刊》，第 113 期（1978 年 4 月），頁 18。

42　信一，〈教會與國家政治〉，《綜合月刊》，第 113 期（1978 年 4 月），頁 31、35。

43　徐信德、施瑞雲編輯，《台灣基督長老教會總會社會關懷文獻 1971-1992》，頁 19。

44　社論，〈嚴重抗議不實的報導〉，《台灣教會公報》，第 1359 期（1978 年 3 月 19 日），第 2 版。

基督長老教會澄清外界對人權宣言之誤解〉，針對宣言程序的合法性、動機與信仰依據做出說明，強調其並非少數人的決定。[45]

這樣的聲明似乎不為王曉波所接受，他再度發文抨擊，其中對「少數人」議題發表看法。他認為：「長老會號稱擁有十六萬會友。在寫拙文前，筆者曾為該『宣言』訪問過一些會友，皆曰不知情。請問高俊明等是否將『宣言』的草案發交十六萬會友同意過，如果沒有，不是由負責的『高俊明等少數人決定』的，難道是由十六萬會友的多數所決定的不成？」[46]《政治評論》同樣不同意長老教會的說辭，其表示：「長老教會的少數分子，在經內政部告誡糾正後，非但不自省惕，不自改過，而且變本加厲，更形囂張，竟又於上（三）月二十九日在台南集會時，通過了違反國策及危害國家的政治性『宣言』。」、「所以基督長老教會總會的少數分子像高俊明者，在其冒用總會名義，發表違反教義和國策的主張之後，乃引起教會人士普遍的不滿。」[47]

王曉波的言論儘管缺乏民主代議制度的基本常識，但其似乎並不打算與全體長老教會為敵，而是將批判對象縮限至「高俊明」、「少數人士」或是「少數教士」，質疑宣言的合法性以淡化其影響。社會各界對長老教會不遵守政教分際、台獨淵源，或者是「少數人把持教會」這三種敘述並沒有停止，持續地散見於相關報導或專文當中。

二、長老教會台獨立場的新「事證」：中泰賓館與美麗島事件

自〈人權宣言〉發表後，長老教會不斷被扣上台獨的帽子，因為「新而獨立的國家」造成該教派台獨立場的聯想，並且受到了持相反立

45　社論，〈台灣基督長老教會澄清外界對人權宣言之誤解〉，《台灣教會公報》，第1362 期（1978 年 4 月 9 日），第 2 版。

46　王曉波，〈再論長老會事件及其他〉，《中華雜誌》，第 178 期（1978 年 5 月），頁23。

47　劉正平，〈內政部應注意長老會背教叛國份子〉，《政治評論》，第 36 卷第 3 期（1978 年 4 月 25 日），頁 14。

場人士的抨擊。《聯合報》在 1979 年 9 月採訪了高俊明、陳南州等人，並討論其政治觀點，但社論卻用「敗類」、「叛逆」等字眼對其大加批判。[48] 長老教會雖發文澄清卻也無法改變這樣的輿論，畢竟每個人各有其詮釋「新」與「獨立」的角度。

　　不過部分長老教會人士如蔡有全、林弘宣等人因相似的理念而參與了黨外的運作，而〈人權宣言〉發表後短短兩年又發生了中泰賓館事件與美麗島事件等黨外運動，讓長老教會的台獨形象持續擴散。《中國時報》與《聯合報》兩大報系則對黨外人士進行醜化，將其描述為反國家民族的政治野心分子、違法亂紀的暴力者，以及具台獨思想的叛國者，塑造了黨外運動的負面形象。[49]

　　而黨外運動與長老教會最初的互動僅止於神學院、地方教會或個人的層次，並無總會或中會層級的盟約關係，其互動起因有二。第一，由於「新而獨立的國家」的鄉土化理想及民主意涵，與黨外人士企圖透過體制內完成民主改革的理念相似；其二，黨外人士評估扣連長老教會對己有利之政治算計。[50] 陳佳宏則認為長老教會是戰後反對運動最前端的團體之一，影響著黨外運動理念的形成與思想的啟蒙。[51] 在美麗島事件中，高俊明、林文珍、蔡有全、林弘宣等長老教會人士先後遭到逮捕、審判及入獄，大眾媒體又強力宣傳美麗島事件的台獨與暴力形象，這等於是長老教會首次在國內用「行動」「證實」了外界為其刻劃的台獨立場，形成了饒富歷史趣味的形象追認。

〈一〉中泰賓館事件

　　1979 年 9 月 8 日下午，美麗島雜誌總社在台北市中泰賓館（今文

48　彭明輝，《中文報業王國的興起：王惕吾與聯合報》（台北：稻鄉出版社，2001年），頁 186-187。

49　江詩菁，《宰制與反抗：中時、聯合兩大報系對黨外雜誌之文化爭奪》（台北：稻鄉出版社，2007 年），頁 199-205。

50　李偉誠，〈台灣基督長老教會與戰後台灣民族主義〉，頁 134-135。

51　陳佳宏，《台灣獨立運動史》，頁 305。

華東方酒店）舉行創刊酒會，勞政武、蕭玉井、沈光秀等三名「反共義士」率領右派《疾風》雜誌成員與其支持者，於中泰賓館外舉行抗議行動。[52] 自中午起便有人群聚集在賓館前的馬路上辱罵到場的黨外人士，酒會開始後更直接攻擊落單的與會者，並以電池、硬幣扔擲進出大門的人。[53] 當天中泰賓館九龍廳門口除了有豪華大方的擺設之外，入場處陳列黨外活動的照片，也擺放了剛出刊的《台灣教會公報》供人索閱。[54] 9 月 17 日《聯合報》刊出專文，作者說其中一份《台灣教會公報》是紀念〈人權宣言〉兩週年特刊（第 1422 期），當中出現了「新而獨立的國家」、「聽！二年前先知性的呼聲，突破三十年來的政治神話」等政治聲明，並且認為長老教會應該自清那些主張「新而獨立的國家」的人士。[55]

　　《疾風》雜誌的人員對於創刊酒會會場發送「鼓吹台獨」的《台灣教會公報》非常憤怒，當會場外的群眾拿到《台灣教會公報》時更顯鼓譟，警察見此哨聲大作。[56]《疾風》視《美麗島》為「漢奸雜誌」，除了理念不同以及曾經發生衝突之外（如 1978 年 12 月 5 日在台北市中山堂的衝突事件），應是無法忍受《美麗島》在創刊號時對陳婉真「大加標榜，大事吹噓」。[57]《台灣教會公報》出現在「漢奸雜誌」的創刊酒會，長老教會本身又具有一定程度的台獨印象，使得《疾風》從此開始注意《台灣教會公報》的報導，並且視其言論為「叛國」。除此之外，該雜誌也認為黨外人士與長老教會「一再聯合」，而台南神學院已變成「黑

52　薛化元，《戰後臺灣歷史閱覽》，頁 281。

53　張富忠、邱萬興編著，《綠色年代 1975-2000：台灣民主運動 25 年》，上冊（台北：印刻出版社，2005 年），頁 89。

54　呂秀蓮，《重審美麗島》（台北：聯合文學，2008 年），頁 91。

55　何思偉，〈美麗島酒會、教會公報與疾風行動〉，《聯合報》，第 2 版，1979 年 9 月 17 日。

56　主筆室，〈正義之劍出鞘——「九・八愛國運動」紀實〉，《疾風》，第 1 卷第 3 期（1979 年 10 月），頁 31-33。

57　洪秀峰，〈漢奸雜誌「美麗島」〉，《疾風》，第 1 卷第 2 期（1979 年 9 月），頁 29。

拳幫分子」的「政治修道院」，中泰賓館的《台灣教會公報》就是該校牧師兼教授的謝秀雄所發送。[58] 暫且不論《疾風》對長老教會本身或其與黨外人士關係的敘述是否正確，文字中清楚表達《台灣教會公報》是鼓吹台獨的刊物，長老教會則是台獨組織，並且用「行動」成為中泰賓館事件的一部分。

　　有讀者以基督徒的身分投書《聯合報》，對長老教會的「上層人士」表達抗議，強調台灣獨立是種「數典忘祖」的主張。[59] 該年 10 月份的《中華雜誌》也刊出一封民眾的投書，作者表示暴力不能解決問題，反而會使問題更複雜，甚至危害國家安全。但是在反對暴力之於也提到：「在裡面開酒會的人士也有可批評之處，他們不該在會中散發『台灣基督長老會』的東西，因為這個教會的負責人是一貫主張『要使台灣成為一個新而獨立的國家』的。」、「如果黨外人士真的是在為國家社會的利益奮鬥，真的希望他們的政治活動能獲得大眾的支持，那就一定要跟公然主張『台獨』的長老教會劃清界線。」[60]

　　在 1970 年代，台灣島內國家認同的問題尚未突顯出來，許多人還沒有清晰地意識到是要獨立或統一，另外黨外參選人也不喜歡被貼上台獨的標籤。[61] 但是對右派的中國民族主義者來說，中泰賓館事件被定位成反台獨的愛國運動，不僅之為「疾風行動」，兩年後還寫詩加以紀念，看得出來他們非常驕傲。《龍旗》第七期〈九・八愛國運動萬歲〉一文便認為中泰事件是數以萬計的愛國同胞對中泰賓館內的「台獨漢奸」發出的怒吼，並指責酒會會場竟然大肆販售「充滿濃厚台獨叛國意

58　李森郎，〈我不揭發　良心難安！──黑拳幫策略剖析〉，《疾風》，第 1 卷第 4 期（1979 年 11 月），頁 19。

59　胡純良，〈站在一個基督徒的立場　嚴正抗議教會涉及政治〉，《聯合報》1979 年 9 月 18 日，第 1 版。

60　楊文淵，〈反對暴力與假藉外力〉，《中華雜誌》，第 195 期（1979 年 10 月），頁 60。

61　陳佳宏，《台灣獨立運動史》，頁 307-309。

識的教會公報以及林林總總的反動書籍」。[62] 很顯然的，《疾風》依舊相當在意長老教會以及《台灣教會公報》在中泰賓館事件中的角色。

〈二〉美麗島事件

1979 年 12 月 10 日，高雄發生美麗島事件（或稱高雄事件），13 日清晨起治安單位開始逮捕雜誌社的首要分子。[63] 長老教會人士在美麗島事件中受到波及的有高俊明、林弘宣、許天賢、林文珍等人，由警總、調查局、警察、憲兵等四個單位同步進行的逮捕行動一直持續到 1980 年 4 月 24 日，高俊明因藏匿施明德遭逮後才告一段落。[64] 但社會各界對此事件的討論卻沒有因此而停止。

美麗島事件發生後，報刊有的譴責暴力，亦有將暴力與叛亂兩項兼論者。如藍天譴責黃信介、施明德、呂秀蓮等人以火把、木棍、鋼條、石頭、磚塊等武器毆打憲警人員，這樣的暴力行為是「反民主」的，並且呼籲其它「少數附從分子」應該「切實了解民主法治和人權自由的真諦，切勿再蹈其覆轍，自投法網。」[65] 而李國書則是認為在美麗島事件後，平時「自命為黨外人士」者打著爭取民主、自由的旗號卻鼓吹台獨思想，並且公然用暴力手段企圖顛覆政府。[66] 警總發言人徐梅鄰少將則表示，美麗島組織是政府認定的叛亂組織，為其辯解等於是為叛徒宣傳，依懲治叛亂條例處七年以上有期徒刑。[67]

由於事涉部分長老教會人士，因此這樣暴力與叛亂或台獨的標籤

62　本社，〈九・八愛國運動萬歲〉，《龍旗》，第 4 期（1981 年 9 月），頁 4-5。

63　薛化元，《戰後臺灣歷史閱覽》，頁 284。

64　新台灣研究文教基金會美麗島事件口述歷史編輯小組總策畫，《走向美麗島：戰後反對意識的萌芽》（台北：時報文化，1999 年），頁 99-101。

65　藍天，〈美麗島事件是反民主的〉，《中國憲政》，第 15 卷第 1 期（1980 年 1 月），頁 24-25。

66　李國書，〈認清「台獨」的假面具〉，《政治評論》，第 32 卷第 7 期（1980 年 8 月 25 日），頁 58。

67　〈警總發言人徐梅鄰表示　美麗島係叛亂組織　為其辯解應負刑責〉，《中國時報》1980 年 11 月 18 日，第 3 版。

自然又重複地貼在長老教會身上，儘管當時的總會議長李約翰在接受《聯合報》的採訪時表示美麗島事件與長老教會無關，但由於事件現場確實出現該教派的相關人士（如林弘宣帶頭唱歌、許天賢披彩帶遊行等），因此有人認為尚未落網的施明德「可能藏匿於某些教會有關的場所」。[68] 當林弘宣、蔡有全被捕後，也有讀者投書《中國時報》希望民眾別被「假教士」利用，更希望政府注意這些「政治教士」。[69]

　　長老教會總會在 1980 年 1 月 17 日發表牧函，澄清美麗島事件與長老教會無涉，但是高俊明不久後便因藏匿施明德而遭到逮捕，不只「打臉」總會發表的牧函，更直接證實了長老教會與黨外、台獨與美麗島事件的關聯。[70] 美麗島事件進入審判階段後，對長老教會人士「罪狀」的界定已經從輿論提升至公權力的範圍，例如林弘宣涉及叛亂，高俊明等人則是窩藏嫌犯。[71]

　　《中國憲政》第 15 卷第 4 期一篇短評提到：「近來『美麗島』暴亂事件，更查出有少數傳教士，亦參與叛亂活動。」；[72] 第 15 卷第 8 期也說：「可是，在當前我們的社會裡，有極少數個教士，他們假藉宗教信仰自由，利用神職人員身分，從事各種非法活動，如參與高雄暴力事件、窩藏叛亂犯施明德等，還美其名是『發自基督徒的愛心和同情心』」、「這次政府對參與高雄暴力事件的教士林弘宣，及窩藏叛亂犯施明德的教士高俊明等人，均依法判處徒刑，就正是實行法治的應有作

68　〈少數教會人士政治立場特異　當局目前暫採保留態度　但願他們能及時自省〉，《聯合報》1979 年 12 月 22 日，第 3 版；〈替美麗島雜誌募款　遊行時高呼歌上〉，《中國時報》1980 年 3 月 20 日，第 2 版；〈吳文賢拿火把撐旗桿　許天賢披綵帶在現場〉，《中國時報》1980 年 4 月 18 日，第 3 版。
69　〈教友需明辨是非　勿受假教士蠱惑〉，《聯合報》1980 年 1 月 11 日，第 3 版。
70　〈台灣基督長老教會總會　總幹事高俊明牧師被補　該教會特發表緊急牧函〉，《台灣教會公報》，第 1455 期（1980 年 1 月 20 日），第 1 版。
71　〈林弘宣與呂秀蓮被控叛亂昨應訊〉，《聯合報》1980 年 3 月 20 日，第 3 版；〈嫌窩藏叛徒施明德，高俊明等十人被起訴〉，《聯合報》1980 年 4 月 30 日，第 3 版。
72　〈應徹底掃除邪教〉，《中國憲政》，第 15 卷第 4 期（1980 年 4 月），頁 32。

為。」[73] 隔一期的《中國憲政》，徐瑜指出長老教會直接或間接參與了美麗島事件外，也直接點名蔡有全、林弘宣、吳文、林文珍、施瑞雪、趙振貳、高俊明等人，並就長老教會歷年來的政治言論如〈人權宣言〉等加以評析。其中提到美麗島創刊酒會，「長老教會的牧師率眾大唱『出頭天』歌曲，使人不能不發生聯想，究竟『台獨』與『長老教會』有何種程度之關係？以致捨宗教歌曲不唱，而非唱『出頭天』不可。」[74]《疾風》則說蔡有全在 12 月 10 日當天負責宣傳、帶頭喊口號、唱歌，其為「黑拳幫中最囂張分子」。[75] 但是在〈人權宣言〉發表時抨擊長老教會的《中華雜誌》，則是強調應在調查後再下定論，並且沒有提到該事件與長老教會之關聯，其較溫和的立場甚至遭到未署名的來函批評。[76]

　　美麗島事件確實讓社會大眾看到了長老教會「參與」了部分人眼中的台獨行動，高俊明、蔡有全、林弘宣、林文珍等遭判刑入獄，政府等於是用公權力「證實」或加強了這些人、這個教派的台獨印象。林弘宣遭軍法審判，判決有期徒刑 12 年，褫奪公權 10 年；蔡有全、許天賢送司法審判，二審分別被判處 5 年與 3 年的有期徒刑；藏匿施明德部分，高俊明、林文珍、趙振貳分別被處以 7 年、5 年與 2 年的有期徒刑，其中高俊明遭褫奪公權 5 年，林文珍則是 3 年。[77]

　　海外出版社在 1980 年 6 月出版了《透視台獨》一書，該書以美麗島事件為中心，就歷史、文化與法統等角度論述該事件與台獨之間的關

73　白圭，〈神職人員法律上並無豁免權〉，《中國憲政》，第 15 卷第 8 期（1980 年 8月），頁 17-19。

74　徐瑜，〈法治與宗教——冷眼看「長老教會」的言行〉，《中國憲政》，第 15 卷第 9期（1980 年 9 月），頁 15-17。

75　編輯部，〈獵明行動——惡徒施明德的故事〉，《疾風》，第 1 卷第 7 期（1980 年 2月），頁 29。

76　社論，〈論高雄「美麗島」暴力毆傷憲警事件〉，《中華雜誌》，第 198 期（1980 年1 月），頁 9-12；未署名，〈中華雜誌可以休矣！可悲！可憐！〉，《中華雜誌》，第199 期（1980 年 2 月），頁 9-12。

77　新台灣研究文教基金會美麗島事件口述歷史編輯小組總策畫，《暴力與詩歌：高雄事件與美麗島大審》（台北：時報文化，1999 年），頁 351。

係，文章主要收集自 1980 年 3 月至 4 月間《中央日報》、《聯合報》、《台灣日報》、《青年戰士報》、《中國時報》、《台灣新聞報》的專文。這些文章與《中國憲政》對美麗島事件的評論相去不遠，同樣認為這是暴力的叛亂事件，甚至涉及中國與海外台獨人士的「陰謀」。該書中關於長老教會與美麗島事件部分，馬起華在〈異哉所謂「一個新而獨立的國家」〉一文表示，美麗島的審訊中有一位被告提到：「六十六年八月十六日台灣基督長老教會發表的人權宣言，談到人權、鄉土，並且希望台灣成為『新而獨立的國家』，對於這些論點，我們贊同。」馬氏認為這是「台獨主張的聖經版」，因此加以批判。[78] 這篇文章並沒有太多的新觀點，但卻注意到〈人權宣言〉對美麗島被告的影響力，文章提到贊成〈人權宣言〉主張的被告應是林弘宣。[79]

　　總而言之，在中泰賓館與美麗島事件之前，輿論對於長老教會與台獨之間的關係主要取決於該教派海外的淵源以及〈人權宣言〉中的字義攻防。儘管不少人在主觀上認定〈人權宣言〉即表明該教派或「少數人」的台獨立場，但是高俊明等人仍有機會接受訪問的情況來看，〈人權宣言〉的台獨成分尚有一定程度的討論空間，也確實存在替長老教會緩頰的文章。但是中泰賓館與美麗島事件發生後，姑且不論長老教會相關人士在這兩個事件中實際扮演的角色，透過媒體的報導與國家機器的審判，等於給了社會大眾長老教會「參與」台獨行動的「證據」。儘管長老教會表示其與美麗島事件無涉，當然更不會觸及台獨的議題。

三、《龍旗》雜誌與《耶穌在哭泣》

　　長老教會在中泰賓館與美麗島事件後加深了台灣社會對該教派的台獨印象，但是就當時社會討論國內台獨的輿論來看，黨外運動似乎才是重點，長老教會只是配角。長老教會之所以能夠同時登上不同的報章

78　海外出版社編，《透視台獨》（台北：海外出版社，1980 年），頁 69。
79　〈林弘宣與呂秀蓮被控叛亂昨應訊〉，《聯合報》1980 年 3 月 20 日，第 3 版。

雜誌，取決於本身的話題是否引人注意，以及於社會重大事件的互動程
度。美麗島事件與其審判是國內外皆受矚目的大事，因此高俊明等人與
其所屬教派自然也連帶成為了焦點，但是教會人士畢竟不是政治人物。
因此當台灣社會繼續討論黨外或台獨關係的時候，儘管長老教會並不是
話題的重心，但還是有人鍥而不捨地「追蹤」長老教會，龍旗雜誌社與
其所屬雜誌《龍旗》就成了很特別的例子。該雜誌社不僅對長老教會有
諸多批評，甚至在 1984 年底出版了《耶穌在哭泣》，或許這是研究台灣
長老教會政教關係最早的專書。

〈一〉《龍旗》雜誌

　　龍旗雜誌社的發行人為「反共義士」勞政武，他也是《疾風》的創
辦人之一，一般被歸類為「國民黨的右翼團體」。[80]《疾風》在 1980 年
遭到停刊，勞政武與何啟元、余如雲等人在 1981 年創辦了《龍旗》雜
誌，創辦的理念就是反獨促統。該雜誌自創刊後便延續了《疾風》對長
老教會的「關切」，資訊來源主要是《台灣教會公報》上所刊載的文章
與動態，評論的角度不外乎政教關係與台獨議題。綜觀 1981 年至 1990
年之間，粗估約有 44 則與長老教會相關的文章，出現頻率不可謂低。
而《龍旗》所刊登或評論有關長老教會的文章，除了社會大眾同樣注目
議題之外，竟然包含了相對冷門的消息，對該教派的「關切」可見一
斑。

　　《龍旗》的創刊距離美麗島事件不過兩年，因此該事件與其後續餘
波是該誌創刊初期評論長老教會的主要施力點。1981 年 4 月 23 日，高
俊明的妻子高李麗珍至第 28 屆總會通常會年會上請安，請安後總會通
過致高俊明的慰問信，表示對高俊明的認同與支持。[81] 對此慰問信，陳

80　陳佳宏，《台灣獨立運動史》，頁 309。
81　〈紀念孫逸仙先生 114 年冥誕　長老教會總會議長張清庚　呼籲兄姊效法其信仰
　　精神　協助正府建立國家新形象〉，《台灣教會公報》，第 1522 期（1981 年 5 月 3
　　日），第 1 版。

鐵民撰文表示：「眾人皆知，高俊明是觸犯了國法才被判刑的。他的犯法行為，還不是言論問題，而是在叛亂犯施明德潛逃被通緝期間以實際行動去包庇幫助罪犯的。試問，這種『行為』是符合什麼教義？什麼信仰？」難道牧師犯罪是『應有職責』？[82] 同期〈國家法律尊嚴何在〉一文持同樣觀點，更進一步形容高俊明是「批著牧師外衣，一再盜用全教會名義，告洋狀，主張台灣獨立，一再羞辱全教會，連累眾教友，並不惜參與幫助顛覆政府的叛亂暴力事件，又發動欺騙全教會來製造否認國家審判，與國家對抗假象的政治陰謀鬥爭老手。」[83] 這兩篇文章認為長老教會不該發文支持藏匿叛亂犯的高俊明，因為他是犯了國法，而且披著牧師外衣而從事政治、並且危害長老教會的陰謀家。

　　儘管長老教會被「少數人」給把持了，但《龍旗》認為長老教會「還是有救的」，因為幾位長老教會的牧師黃六點、陳溪圳、吳清鎰等人創辦了一份該刊認為「純正信仰」的《聖經與信仰》旬刊，並於1981 年 6 月 3 日於自由之家舉行了創刊茶會。《聖經與信仰》的發刊詞表示不贊成對聖經的斷章取義以及解放神學，也反對任何人利用教會的團體力量去干預政治。這樣的理念引起《龍旗》的共鳴，認為：「多年來由於高俊明之流的把持與誤導，使教會主內弟兄姐妹均蒙受外界的誤解，受盡不白之冤；從今以後，『上帝歸上帝，魔鬼歸魔鬼』，高俊明等一小撮撒旦魔鬼再也不能玷汙大家的崇高真誠的信仰！整個長老教會就得救了。」[84] 因此多年來長老教會受到外界的誤解，《龍旗》認為高俊明要負所有的責任，《聖經與信仰》旬刊一出，長老教會就可以得救了。

　　1983 年，高李麗珍在徵詢了各方的意見之後，決定投入該年年底所舉行的第 1 屆立委第 4 次增額選舉，正式加入了黨外的陣營。10 日 26 日，長老教會總會常置委員會召開會議討論高李麗珍參選的問題，

82　陳鐵民，〈那邪惡的手又伸出了──關於「教會公報」的問題〉，《龍旗》，第 4 期（1981 年 6 月），頁 35。

83　劉真光，〈國家法律尊嚴何在〉，《龍旗》，第 4 期（1981 年 6 月），頁 39。

84　編輯部，〈台灣基督教長老會有救了〉，《龍旗》，第 9 期（1981 年 11 月），頁 5-6。

會後發表牧函通告全體教會與信徒，表示教會贊成基督徒個人參政，但個人的言行不代表教會組織與立場。[85]

　　總會雖然發表牧函表示此係不能代表教會的個人行為，但實際上教會仍投入協助的工作，如台南中會、嘉義中會，甚至是選區之外的縣市會友也都來幫忙。[86] 對此高俊明在獄中投書《台灣教會公報》，表示「台南、嘉義、雲林地區的許多親友們非常熱心，向著同一個目標在努力。我深感欣慰。」[87]

　　對於高李麗珍表示參選一事要徵詢教會意見，《龍旗》第 3 卷第 10 期認為：「可憐有血有肉缺少靈魂之軀體，受魔鬼控制，可恥可悲，當為走狗者誡。」[88] 同期另文則說：「現在，高李麗珍與方素敏的出馬競選，表面上是透過『黨外後援會』的推薦，如果說在運作上根本不受長老教會的操作與影響，似乎很難為人採信的。」、「由於教會公報公開徵求候選人刊登廣告以供發表政見一事的作法來看，足見長老教會的『牧師函』，似乎說是一回事，做又是一回事。」、「對於高雄事件受刑人家屬的身分出馬競選，以情緒性的閨房之怨，發洩到國家事務上，所犧牲的是民主政治的形象與品質，這代價未免也太大了。」[89] 對《龍旗》來說，高李麗珍的參選是長老教會在背後操作的結果，甚至用「魔鬼」一詞來形容，牧函的內容也是「說是一回事，做是一回事」，又是個違反政教分離的例子。

85　高李麗珍口述，謝大立採訪撰述，《見證時代的恩典足跡——高李麗珍女士口述實錄》（台北：台灣神學院，2010 年），頁 180-186。

86　高俊明、高李麗珍口述，胡慧玲撰文，《十字架之路——高俊明回憶錄》，頁 308-312。

87　高俊明著，高李麗珍輯，《獄中書簡》（台南：人光出版社，1997 年），頁 266。

88　居思危，〈再祭起美麗島「靈牌」，設後援會「其無後乎」？〉，《龍旗》，第 34 期（1983 年 10 月），頁 52。

89　刁漢平，〈高雄事件受刑人家屬的「政治夢」〉，《龍旗》，第 34 期（1983 年 10 月），頁 73。

〈二〉《耶穌在哭泣》

　　1981 年《龍旗》創刊後便持續抨擊長老教會，但抨擊的內容並沒有超出以往各報刊的論述範圍，例如該教派被「少數人」把持、不遵守政教分離的原則、主張台灣獨立等。不過龍旗雜誌社卻發行了一本前有未有的專書，該書對長老教會的歷史、組織、內外概況等均有詳細的敘述，並且交代該教派是如何漸漸地涉入政治，其書全名為《耶穌在哭泣——台灣基督長老教會政治活動秘史》。

　　該書由龍旗雜誌社的「台灣研究組」負責撰寫，主編為余如雲，費時近半年成書。《耶穌在哭泣》出版最大的目的是由於 1983 年的中央民意代表選舉在即，傳聞高李麗珍可能會出馬參選，因此希望社會對長老教會能有正確的認識，以及期待長老教會能發起「自清運動」恢復本身的面貌，最後呼籲政府在必要時去「幫助」該教會清洗假冒偽善者。[90]

　　這本專書文分七章，分別是第一章〈總論——台灣基督長老教會之特質〉，內容包含長老教會的歷史、組織、內外部矛盾與宗教的激進性；第二章〈台灣基督長老教會被利用的內幕〉，主要敘述高俊明如何「把持」教會與利用《台灣教會公報》進行政治活動；第三章〈長老教的歷史與貢獻〉，討論了南、北長老教會的由來與長老教會對台灣的貢獻；第四章〈長老教會的組織〉，說明了長老教會的組織體系、機構、主要負責人；第五章〈長老教會的內部矛盾〉，以教會南、北派系、自決與激進、統一與台獨當中的衝突為論述主體；第六章〈長老教會與普世教協〉，主要是就普世教協與長老教會從事台獨活動之關聯提出看法；第七章〈結論——耶穌在哭泣〉，強調耶穌仍舊希望這「一小撮人」改過，所以在期待的過程中，耶穌應在哭泣了；最後書末附錄了劉添財〈評《彭明敏回憶錄》〉與勞政武〈我國歷代法令對佛道二教之管理初探〉兩篇文章，並列有參考書目。

90　余如雲編著，《耶穌在哭泣——台灣基督長老教會政治活動秘史》（台北：龍旗出版社，1983 年），頁 2-3。

　　從章節的安排來看,《耶穌在哭泣》對長老教會的歷史淵源、派系、政治參與、國際關係等均有敘述;而就書目而言,該書羅列了海外與國內的專書共 15 冊,期刊部分則參考了有《疾風》、《顯微鏡》、《這一代》、《綜合月刊》、《美麗島》、《龍旗》、《聖經與信仰》、《美麗島周刊》、《台獨》等刊物。或許如龍旗雜誌社在其廣告所言,期待這本著作具有「內幕性」、「機密性」、「思想性」與「學術性」等特色,並強調是在「在今年選舉前夕推出第一本人人應讀的專著」,每本定價新台幣150 元。[91] 不過該書雖號稱 15 萬字,但正文 215 頁中卻有近 100 頁是附載的文章,每章的長短也不平均。

　　《耶穌在哭泣》出版後,《龍旗》刊載了幾篇讀者的來函,多半為表態支持該書的內容與理念。有讀者除了表達支持,還作詩為長老教會「招魂」;[92] 有的則是以政教分離原則再次分析長老教會的所作所為,認為其將重蹈越南「政治和尚」的覆轍,並舉東漢五斗米教、明清白蓮教、清代太平天國、義和團,甚至是紅衛兵為例來說明中國歷史上凡藉「神道設教」而起的組織皆無僥倖成功的例子,屬「自取滅亡」。[93] 而一位署名正一的長老教會長老寫了篇一萬二千字的長文,其中他將教會分成兩種,一種仰望主耶穌的再來與永遠的生命,另一種則高舉人的智慧,干預國家及國際政治。但是他也強調第二種教會儘管有缺點,卻也主張教會要有實際的行動去關懷社會,只是這關懷不應該是所謂的政治性或革命性的。另外正一也說長老教會並未忘記祖國,例如在日本時代,南北教會一樣在心裡反日,只是表面上順服而已。[94] 因此《耶穌在

91　余如雲,〈長老教會被利用的內幕〉,《龍旗》,第 33 期(1983 年 9 月),頁 14。

92　李春風,〈耶穌在哭泣——為台灣基督長老教會招魂〉,《龍旗》,第 35 期(1984年 1 月),頁 65。

93　狄蕙,〈耶穌在哭泣讀後感:「教亂」的歷史教訓〉,《龍旗》,第 37 期(1984 年 3月),頁 48-49。

94　正一,〈讀完耶穌在哭泣這本書有感(上)〉,《龍旗》,第 38 期(1985 年 4 月),頁 51-52;正一,〈讀完耶穌在哭泣這本書有感(下)〉,《龍旗》,第 39 期(1985年 5 月),頁 62。

哭泣》的發行確實也引發了一些讀者的共鳴，儘管這些共鳴並無新意，也都是當時社會所流通的長老教會印象。

第三節　來自長老教會的「解釋」與「證實」

一、對外界各項「誤解」的解釋

自 1970 年代發表三大宣言之後，長老教會就不斷地受到社會大眾的質疑，質疑的範圍大致上不脫政教分際、台獨立場與「少數人」把持總會等行政程序或派系問題。而長老教會對這樣的社會輿論壓力也會予以解釋或澄清，最常發聲的管道就是透過《台灣教會公報》，每週一份的發行也具有相對高的時效性。

〈一〉政教關係

早在〈國是聲明〉發表前的 1971 年，該年 9 月第 1072 期的《台灣教會公報》便有人討論基督徒是否應該參與政治的問題，認為在政治上有負擔的基督徒應該更積極地參與政事，因為身為基督徒除了「救靈」也要「救世」，但也不能過分重視俗世事務，因為屬靈與屬世的事工應是相輔相成的。[95]

在〈國是聲明〉發表後，長老教會面對各界的批評與內部的歧異，有人先以詼諧的方式化名「諸葛賽叔叔」寫了〈地獄來鴻〉給「親愛的小鬼們」，諷刺教會不應只照顧信徒的屬靈生活以及保持沉默，並且批評不敢宣讀〈國是聲明〉的教會只是怕惹上麻煩，用幽默的方式表達對〈國是聲明〉與政教關係的看法。[96] 高俊明也發文表示宗教改革後教會確實傾向政教分離，但是一般正統的新教教會卻鼓勵其信徒參與社會、

95　魏喜陽，〈基督徒與政治〉，《台灣教會公報》，第 1072 期（1971 年 9 月），第 29-31 版。

96　諸葛賽叔叔，〈地獄來鴻（一）〉、〈地獄來鴻（二）〉，《台灣教會公報》，第 1076 期，第 25 版、第 1707 期，第 22 版。

政治上建設性的工作。而當外來的政治壓力侵犯到教會的本質與人權的時候，可用教會的名義提出建言，但也強調〈國是聲明〉並不是政治行為。[97] 也有文章認為政治力量的「惡用」就如同祭司長、文士與法利賽人一樣，最後試圖毀滅了真理與公義的主。因此應當效法耶穌犧牲自己拯救人類，使人更加認識基督徒的政治責任，建立一個公義與和平的國家，這也是上帝所喜悅與祝福的事。[98] 因此在〈國是聲明〉發表前後，《台灣教會公報》的文章對於政教關係的態度相當清楚，也成為了日後回應大眾的基調。

長老教會在 1975 年發表的〈我們的呼籲〉引發某些教會的反對，認為該「呼籲」已干涉政治、批評政府，超出教會的範圍。《台灣教會公報》在社論予以回應，除了再次強調基督徒的政治責任是基於信仰的關懷現世，並且批評這樣的聲音是把教會的責任縮限於做禮拜、禱告、傳福音，不過問對社會不公義之事，這樣的「假先知」心態放在國家危急存亡之秋，該社論認為「實在懷疑他們是否真正愛國」。[99] 這不僅重申了長老教會在政教關係上的態度，卻也替持相反意見的教會戴上「不愛國」的帽子。

1977 年年底由於報刊的披露與討論，長老教會的〈人權宣言〉引發軒然大波，受到的矚目遠超過〈國是聲明〉及〈我們的呼籲〉，其原因不外乎一句「新而獨立的國家」所觸動那敏感的台獨議題，總會為此組織「特別小組」以處理〈人權宣言〉發表後的相關事宜。

在政教關係方面，1978 年〈台灣基督長老教會澄清外界對人權宣言之誤解〉一文中提到長老教會發表〈人權宣言〉的動機，是呼籲美

97　高俊明，〈國是聲明與建議　在信仰上及神學上之動機〉，《台灣教會公報》，第 1078 期（1972 年 3 月），第 1 版。
98　東輝，〈誰謀害了耶穌？〉，《台灣教會公報》，第 1079 期（1972 年 4 月），第 5-7 版。
99　社論，〈基督徒的政治責任〉，《台灣教會公報》，第 1238 期（1975 年 11 月 23 日），第 2 版。

國不可因為與中國建交而出賣台灣的人權，其實與 1971 年強調教會在面臨政治力量壓迫人權時的反應並無二致，更進一步聲明人權為上帝所賦予的基本權利，在受到威脅時教會有義務促請政府保障之。[100] 對於內政部來函與各界認為發表政治宣言「超過宗教範圍」，總會回函內政部，說明〈人權宣言〉是「本會基於基督教信仰，確信關心整個社會的進步。國家的安危和同胞的人權，皆為基督徒義不容辭的責任。因此，本會所為並未『超出宗教範圍』。」[101]《台灣教會公報》在第 1383 期也表示那是誤解了宗教的本質，強調人的內在與外在生活都可以是宗教範圍，所以用政治的眼光來限制基督教的本質誠然是種錯誤。[102]

　　因此就《台灣教會公報》上部分對〈國是聲明〉以降的三大宣言來看，長老教會對於外界質疑其超越政教關係紅線的辯解基本上是一致的，即基督徒應該負起對社會的政治責任，特別是當政治力壓迫上帝賦予的人權時，教會更應該出聲，也直接呼籲基督徒不僅關懷政治也要踴躍投票。[103] 總地來說，長老教會的辯護大致符合政教關係在學理上的範疇。就「政府與教會」的關係而言，長老教會的組織與政府機構是客觀的分離關係，並無實質掌握任一公部門的權力；而從「教會與政治」的關係出發，宗教團體與其他民間組織一樣享有憲法賦予人民言論以及其它公民自由，宗教團體依其信仰與教義實行此權利，外人自無可論斷。[104]

100　社論，〈台灣基督長老教會澄清外界對人權宣言之誤解〉，《台灣教會公報》，第 1362 期（1978 年 4 月 9 日），第 2 版。

101　《台灣基督長老教會總會第 26 屆通常年會議事錄》（1979 年 3 月 30 日-4 月 3 日），頁 6。

102　社論，〈宗教的定義──由所謂「超過宗教範圍」說起〉，《台灣教會公報》，第 1383 期（1978 年 9 月 3 日），第 2 版。

103　社論，〈基督徒應該關懷政治並踴躍投票〉，《台灣教會公報》，第 1397 期（1978 年 12 月 10 日），第 2 版。

104　邢福增，《當代中國政教關係》（香港：建道神學院基督教與中國文化研究中心，2005 年），頁 2-7。

〈二〉台獨立場

　　不過 1977 年〈人權宣言〉讓社會各界討論的最熱烈的並不是政教關係的分際，而是「新而獨立的國家」所點燃的台獨疑慮。關於長老教會〈人權宣言〉中關於台獨立場的相關研究不在少數，本書第三章有較深入的討論。宣言畢竟是紙張與文字的產物，等到出現了實質的「行動」，長老教會又是怎麼回應呢？

　　美麗島雜誌的創刊酒會會場出現了《台灣教會公報》供人索閱，引發外界再次揣測長老教會與台獨之間的關聯，何況在〈人權宣言〉之後的長老教會已經被貼上了台獨的標籤。對於中泰賓館的暴力行為，《台灣教會公報》在「宗玉集」提到該事件讓人們認清「反共義士」並非英雄，而是以叫囂、扔擲電池，以及誣人台獨、叛國賊破壞台灣民主法治的人士。最後希望這些「反共義士」不要用學自中國的方法來「碍國」，而治安人員也能以台灣的自由、民主與法治等原則來處理事情。[105]《台灣教會公報》第 1440 期的曠野之聲則進一步說明教會公報是台灣歷史最悠久的合法刊物，不論在任何場合，依法均可自由公開分發，而《台灣教會公報》有權表達教會對台灣前途的建議，當然也包含了「新而獨立的國家」。所以長老教會願意「以基督徒仁愛的精神，忍受一切曲解、謾罵。這些痛楚的代價，我們願意償付。不論國民黨、黨外人士，不論政府民間，大家以理性的溝通對話，來代替動手動腳的粗鹵暴行。我們確信通過這積極的意義，台灣一千八百萬人民，必有『新生』的希望。」[106] 對於《聯合報》、《疾風》的莫名指控，《台灣教會公報》表示無奈，一方面解釋《台灣教會公報》的合法，也指稱「新而獨立的國家」只是長老教會對台灣前途的建議，從宗玉集使用「誣指」一詞推論，在一定的程度上也表達長老教會與台獨之間的關聯。外界在

---

105 宗玉集，〈「中泰賓館事件」有感〉，《台灣教會公報》，第 1437 期（1979 年 9 月 16 日），第 7 版。
106 曠野之聲，〈生產前的劇痛──中泰賓館事件的積極意義〉，《台灣教會公報》，第 1440 期（1979 年 10 月 7 日），第 2、3 版。「粗鹵」二字為文章原文。

中泰賓館事件中對長老教會的台獨批評並沒有新的論述，因為畢竟該事件長老教會人士並沒有具體的行動，只是《台灣教會公報》出現的「場合」與「時機」過於敏感，也讓外界找到重彈老調的機會，但是美麗島事件就沒有這麼容易了。

　　許多報刊皆替美麗島事件貼上了台獨與暴力的標籤，而許多長老教會人士受到該事件的波及，加上外界對長老教會早已有台獨立場的成見，因此美麗島事件的台獨性質、長老教會的台獨立場，便讓外界視為該教派對國內台獨運動的直接參與。針對各界的質疑，長老教會在1980年1月17日召開臨時會議，討論教會對「高雄事件」之關心，並且發表〈台灣基督長老教會有關「高雄事件」牧函〉。牧函中表示各報不斷猜測與影射長老教會在背後指使或參與其中，因此教會澄清儘管該事件涉及少數長老教會人士，但「鄭重聲明不得因之誣指與本教會有所牽連」。[107] 因此長老教會以牧函試圖與美麗島事件劃清界線。4月24日高俊明被捕，《台灣教會公報》第1470期頭版刊登了〈台灣基督長老教會總會緊急牧函〉，表示對高俊明的敬佩，並且函請各地教會一同為高俊明舉行禁食祈禱會[108]。

　　由於高俊明時任長老教會總會總幹事此一要職，因此這次的逮捕對長老教會來說是很大的震撼。總委會在1980年4月29日議決函請有關機關准予保釋高俊明，並通知《台灣教會公報》「仔細介紹高牧師的為人、信仰、工作與貢獻、並請專人多論述有關基督教之倫理觀」。[109] 所以不僅各地方教會輪流且定時舉辦祈禱會，《台灣教會公報》也經常出現相關的資訊。對於外界的指控，長老教會保持一貫的態度，認為一

---

107 〈台灣基督長老教會總會　發表有關高雄事件牧函〉，《台灣教會公報》，第1455期（1980年1月20日），第1版。

108 〈台灣基督長老教會總會　總幹事高俊明牧師被捕　該教會特別發表緊急牧函〉，《台灣教會公報》，第1470期（1980年5月4日），第1版。

109 《台灣基督長老教會第28屆總會通常年會報告書》（1981年4月21日-24日），頁2。

般的大眾傳播媒體對教會的曲解惡意批評不值得一提，但也承認這樣的報導已經構成對「社會安寧的破壞」。[110] 關於高俊明藏匿施明德一事，其辯護律師金輔政就各種角度說明替高俊明辯護的「辯護意旨」，其中一項便是「本件高俊明牧師之所以考慮藏匿施明德，乃本於聖經上之教訓，出諸愛心，而平日為人處事亦本於此。」[111] 也就是說美麗島事件與長老教會無關，高俊明藏匿施明德則是基於信仰的原則，與台獨理念並沒有關係。這樣的立論基礎見於 1981 年 2 月 26 日總委會所接納的議長報告文中，該文引用了《中華民國刑事訴訟法》第 182 條明定之：「證人為醫師、藥劑師、藥商、助產士、宗教師、律師、辯護人、公證人、會計師或其業務上佐理人或曾任此職等之人，就其業務所知悉有關他人祕密之事項受詢問者，除經本人允許外，得拒絕證言。」[112] 總委會以此辯駁高俊明的行為並沒有超出法律所允許之範圍。

〈三〉「少數人」或「一小撮」

1978 年 3 月 14、15 兩日，長老教會北部大會在淡水工商管理專科學校舉行，陳溪圳、吳清鎰等 17 名代表建議北部大會聲明〈人權宣言〉是少數人的意見而與本大會無涉，此提案未被接納（67 票對 13 票）。[113] 同年 3 月 28 日至 31 日，長老教會第 25 屆通常年會在台南神學院開議，其中高俊明以 255 票當選下一任總幹事（總票數 312 張），以及〈人權宣言〉以 235 票被接納為總會的文件（總票數 294 張）。[114] 在

110 資料室，〈高俊明牧師被捕事件的震撼〉，《台灣教會公報》，第 1472 期（1980 年 5 月 18 日），第 5 版；《台灣教會公報》，第 1473 期（1980 年 5 月 25 日），第 6 版。
111 資料室，〈高俊明牧師被捕事件的震撼〉，《台灣教會公報》，第 1473 期（1980 年 5 月 25 日），第 6 版。（上接 1980 年 5 月 18 日，第 5 版）
112 《台灣基督長老教會第 28 屆總會通常年會報告書》（1981 年 4 月 21 日-24 日），頁 4。
113 〈第卅一屆北部大會 頃於淡水圓滿召開〉，《台灣教會公報》，第 1359 期（1978 年 3 月 19 日），第 1 版。
114 〈廿五屆通常年會圓滿閉幕 總會新任幹部順利產生〉，《台灣教會公報》，第 1361

連過兩關之後，長老教會發表了〈台灣基督長老教會澄清外界對人權宣言之誤解〉，文中就長老教會的行政體系做出解釋，例如總會是由各中會選派代表組成，總會休會期間常置委員會可代行其事，當中也提到了北部大會與總會關於〈人權宣言〉的決議。[115] 該教派在行政上採「民主代議制」，最高的代議及治理機構是「總會」，「總會」以下以行政區域與原住民族群再分為若干個「中會」與族群區會。[116] 因此如果就長老教會的體制而言，〈人權宣言〉的發表在程序上是合法的，並非外界所謂被「少數人」冒用或是把持。

1979 年 8 月 16 日，《台灣教會公報》發行〈人權宣言〉兩週年特刊，高俊明發表文告，當中回顧了宣言發表之初所受到的攻擊，但是 1978 年總會年會以 235 票對 49 票壓倒性的多數接納了〈人權宣言〉，「全體教會更加驗證了上帝的大能」。[117] 文告中並沒有說明外界對〈人權宣言〉的批評集中於哪一點，但是其列舉了總會表決的票數以及強調「全體教會」，至少可以回應所謂「少數人」的指控。

但是就美麗島事件而言，不論林弘宣、蔡有全、高俊明等人的動機為何，這些「少數人」確實涉入該事件，成為外界認為長老教會參與政治或台獨的「鐵證」。宗教行為與法律領域最常見的政教衝突點應是宗教的法律定位，因為宗教事件的糾紛點常涉及超越邏輯法則的主觀神聖體驗，使法官在證據裁判上產生困擾。[118]

期（1978 年 4 月 2 日），第 1 版。

[115] 社論，〈台灣基督長老教會澄清外界對人權宣言之誤解〉，《台灣教會公報》，第 1362 期（1978 年 4 月 9 日），第 2 版。

[116] 認識台灣基督長老教會編輯小組編，《認識台灣基督長老教會》（台南：教會公報出版社，2004 年），頁 12。

[117] 〈長老教會「人權宣言」二週年　總幹事高俊明特別發表文告〉，《台灣教會公報》，第 1433 期（1979 年 8 月 9 日），第 19 版。

[118] 鄭志明，〈台灣解嚴後的政教關係〉，《亞洲政教關係》（台北：韋伯文化，2004 年），頁 23-24。

二、台獨立場的最終「證實」

1987 年 7 月 15 日，總統蔣經國宣布解嚴，結束了長達 38 年的戒嚴時期。[119] 1987 年 8 月 30 日，許曹德在「政治受難者聯誼總會」大會上要求把「台灣應該獨立」列入章程，大會通過。當天晚上該會在金華國中的操場上舉辦演講，蔡有全在演講會上公開聲明他主張台灣獨立，兩人日後遭到起訴、收押。高等法院於 1988 年 1 月 16 日宣判，蔡有全有期徒刑 11 年，許曹德則是 10 年。[120] 總會對此向總統李登輝致請願書，表示：「蔡有全傳道師及許曹德先生基於關切台灣前途免被中共併吞，遂主張『台灣應該獨立於中共之外』，以確保台灣一千九百萬人民與子子孫孫之自由幸福；且我國憲法保證人民有言論之自由，本會認為應予無罪釋放。」[121] 其辯護的主軸是針對言論自由。

蔡有全是畢業於台南神學院的傳道人，他被起訴後長老教會南區聯禱會與台南神學院於 9 月 29 日中午在台南神學院舉辦祈禱會，有近百人參加。該祈禱會上牧師林宗正宣讀發起單位的聯合聲明，該聲明支援蔡有全與許曹德的言論自由。但是林宗正在宣讀聲明之前首先指出，長老教會 1977 年的〈人權宣言〉發表了「新而獨立的國家」，「十年來沒有一人因此而被移送偵辦」。[122] 言下之意似乎是認為〈人權宣言〉即長老教會聲明支持台灣獨立，儘管這可能只是林宗正個人的解讀，但這或許是《台灣教會公報》上首次出現對〈人權宣言〉即為台獨的直接解釋。

不過一如總會向李登輝請願書的內容，「蔡許案」長老教會聲援

---

119 薛化元，《戰後臺灣歷史閱覽》，頁 330。

120 張富忠、邱萬興編著，《綠色年代 1975-2000：台灣民主運動 25 年》，上冊，頁 286。

121 《台灣基督長老教會總會第 36 屆通常年會報告書》（1989 年 3 月 28 日 -31 日），頁 6。

122 〈南區祈禱會關懷蔡有全許曹德發表聯合聲明再次確認人民有言論自決權利〉，《台灣教會公報》，第 1857 期（1987 年 10 月 4 日），第 7 版。

的主軸大致上還是言論自由，例如北區聯禱會在 9 月 25 日發表聲明，支持言論政治主張的自由。[123] 南神的師生則於 1987 年 10 月 19 日發表了「貫徹『台灣基督長老教會人權宣言』聲明書」。該聲明指出：「我們全體師生熱烈支持台灣基督長老教會在 1977 年所發表的『人權宣言』。」、「目前政府因『政治受難者聯誼總會』，將『台灣應該獨立』一詞列入章程中，即扣押蔡有全、許曹德兩位先生，我們對此事表示嚴重的關切。蓋此舉已侵犯人權，並且違反我們的信仰良心，令我們深感遺憾。」[124] 而長老教會的牧師們更在 10 月 19 日走上台北街頭，用行動表示人人有思想言論的自由，參加的牧師、傳道人約有 120 多位，連同家屬及隨行信徒及關心的人士約計千餘名。[125]《聯合報》認為牧師們的遊行訴求儘管只是「人人有主張台灣獨立的自由」，但是一旦有了這種自由，就是台灣獨立運動公開化了，另外也不忘強調遊行過程與警察所發生的衝突。[126]

對於牧師上街頭爭取言論自由，《龍旗》刊出文章表示：「十月廿七日長老會有一百個牧師穿著牧師服飾，搞『台獨』汙染政治破壞法律，那種囂張跋扈，不僅對耶穌是一種侮辱，更是對信仰的一種破壞。」並且說牧師在街頭宣揚台獨將陷國家於困境，以及「引教友入地獄」。[127] 而《疾風》聞訊長老教會將舉行「關懷台灣前途說明會」，並在活動結束後前往總統府請願，對此又發文抨擊。文中說道蔡有全是「百分之百的叛國行為」，但是：「長老教會竟帶著耶穌的面具為『台獨』魔鬼撐

---

123 〈北區聯祈禱會發表嚴正聲明 堅持言論政治主張自由〉，《台灣教會公報》，第 1858 期（1987 年 10 月 11 日），第 5 版。

124 〈貫徹總會人權宣言精神　南神師生發表嚴正聲明〉，《台灣教會公報》，第 1860 期（1987 年 10 月 25 日），第 1 版。

125 〈人人有言論思想的自由　籲即釋放蔡有全許曹德〉，《台灣教會公報》，第 1860 期（1987 年 10 月 25 日），第 2 版。

126 陳清喜，〈必然的衝突　後續的難題〉，《聯合報》，1987 年 10 月 20 日，第 2 版；〈衝破封鎖線　堅持遊行　牧師與警察當街推撞〉，《聯合報》，1987 年 10 月 20 日，第 2 版。

127 康莊，〈這是耶穌的信徒嗎？〉，《龍旗》，第 83 期（1988 年 1 月），頁 55。

腰吶喊，並周遊台灣各地，鼓吹『台獨』分離意識，散布『台獨』魔鬼邪說，這個『長老教會』是上帝的使者呢？還是魔鬼的幫兇呢？大家心裡有數，因為『台獨』這個東西，十一年前搞得最猖狂的，就是長老教會台南神學院那批人。」[128] 長老教會以文字、言論與行動聲援蔡有全與許曹德，儘管大致上並未公開支持台灣獨立，但是實際上似乎已相當接近，對若干報刊來說更是如此。

1989 年 4 月 7 日，鄭南榕自焚於自由時代雜誌社辦公室，《台灣教會公報》上出現公開支持台灣獨立的文字。

經過來自教會外部的長時間書寫，長老教會以「行動」與「言論」證實了外界多年來的認知與揣測，即該教派支持台獨無誤。或許是經歷了「蔡許案」聲援「人人有主張台灣獨立的自由」的刺激與氛圍的影響，其公開支持台灣獨立的論述只差臨門一腳，而鄭南榕的自焚案正是扮演這樣的關鍵角色。鄭南榕自焚後，《台灣教會公報》在社論表示鄭南榕可以為台灣獨立而犧牲，進而認為長老教會的傳道人應感到羞恥，羅榮光也認為這對害怕政治的牧師是種諷刺；蔡有全在獄中投書《台灣教會公報》，稱有台灣魂的人應退出國民黨，期待完成台灣的建國大業，此外《台灣教會公報》也在報導鄭南榕的葬禮上稱呼他為台灣建國的烈士。簡言之，長期以來許多報刊對於長老教會的台獨立場論述終於得到了證實，而這樣的證實再也不是「扣帽子」，而是清晰見諸公開的文字。

在諸多文章公開在《台灣教會公報》上承認其台獨立場之後，1977年的〈人權宣言〉便成了作為長老教會追求台灣獨立的淵源，這一點居然與當初在〈人權宣言〉發表後許多「誤解」、「抹黑」的文章論點一致。也就是說，長老教會的台獨形象首先是由教會外部的人士所起草，並且遭到長老教會的否認；但是隨著時間的轉變，長老教會最後「追認」了當初外界所替其書寫的台獨形象，並且成為教會內外的共識。

---

128 董筆，〈長老教會聲援「台獨」〉，《龍旗》，第 93 期（1988 年 11 月），頁 49。

　　假設這樣的轉變與國家認同的轉變有關，那麼長老教會官方國家認同的轉換軌跡究竟為何？這將是下一章的重點。

第三章
長老教會官方國家認同與其論述之轉換軌跡

　　儘管外界在〈人權宣言〉之後不斷替長老教會書寫其台獨淵源與形象，但是長老教會在國家認同的轉換上有屬於自己的步調。該教派雖然是宗教團體，但在宣講上帝福音時同樣也表現出對現世的關懷，其關懷也會反映該教派對於當代諸多事務的價值觀。由於教會並不是政治團體，若非有來自外在的刺激，否則並不會主動討論或表態自身的國家認同或是相關的議題。因此長老教會對於時代種種事件的回應是相當好的觀察契機，從中可以了解該教派當下的國家認同，以及反映出來的時代意義。

　　由於解嚴之前的台灣屬於黨國的統治模式，在「政府與宗教」的政教關係層面係行政部門與主權政府的結合，也就是以黨治國、或黨即政府的體制；在「政府與教會」的政教關係上偏向黨國主導宗教團體，並且扮演支配的角色，在不同程度上干預宗教團體內部的運作，這一點也可以從長老教會與政府的互動有明顯的觀察結果。加上中華民國政府入台後透過國家機器實行單方面教化之國家認同，使長老教會在國家認同轉向的過程中，自然也將目標指向長期執政的國民黨政府。

　　本章以總會通常年會的議事錄或報告書、總會的宣言與議長的文告、各項總會、中會舉行的研討會、協議會討論的內容與呼籲文作為分析官方立場的資料，輔以《台灣教會公報》的社論等文字，從中爬梳其國家認同轉變的軌跡。期待透過如此觀察找出長老教會國家認同轉變的大致方向，作為本書在論述上的基本脈絡。

第一節　1960 與 70 年代：反共、護教與愛國

　　1949 年 12 月，國民黨帶著奄奄一息的國祚遷都台北，但隔年爆發的韓戰卻讓中華民國以「自由中國」之姿進入了冷戰（Cold War）的體系，因其優越的戰略地位與反共立場，成為美方陣營東亞防共線的重要堡壘。[1] 在美蘇冷戰的氛圍下，1965 年「第一屆亞洲基督教護教反共聯合會」在台北市召開，也掀起了台灣教會界的「反共」浪潮，蔣介石甚至希望中華民國成為全球基督教的「反共基地」。[2] 時序進入 1970 年代，中華民國的邦交國開始遞減，1970 年減少 66 國、1972 年減少 39 國、1978 年減少 21 國，其國際地位嚴重倒退。其中打擊最沉重的應是 1971 年被逐出聯合國，1972 年與日本斷交，最後美國在 1979 年選擇與中華人民共和國建交。[3] 面對不同的國際時局，長老教會也有自己對時代的呼應，反共、護教與愛國（中華民國）的意識型態基本上橫跨 1960 至 1970 年代。

一、普世教協「容共」的漣漪

　　普世教會協會（International Missionary Council）起源於 1910 年在愛丁堡召開的世界宣教會議（World Missionary Conference）以及隨後組織的國際宣教協會，最後在 1948 年於荷蘭首都阿姆斯特丹召開首屆普世教會協會（以下簡稱普世教協），1951 年台灣基督長老教會總會議決加入普世教協。[4]

　　但是從 1961 年普世教協第 3 屆大會開始，在共產陣營統治下的正

1　戴寶村，《臺灣政治史》（台北：五南圖書，2016 年），頁 355。
2　曾慶豹，《約瑟和他的兄弟們：護教反共、黨國基督徒與臺灣基要派的形成》（台南：臺灣教會公報社，2016 年），頁 27。
3　黃秀政等編，《台灣史》（台北：五南圖書，2002 年），頁 269。
4　台灣基督長老教會總會歷史委員會編，《台灣基督長老教會百年史》（台南：新樓書房，1984 年），頁 332-333。

統教會（Orthodox Churches，或譯東正教會）開始進入該組織，並且扮演較為積極的角色，引發了國內基督教反共團體以及國民黨政府的注意。1965 年長老教會為了慶祝宣教百週年而舉辦紀念活動時，以「反共護教」的「萬國教聯（ICCC）」與其領導者麥堅泰（Carl McIntire，1906-2002）已經開始混淆視聽，甚至指控台灣基督長老教會將利用大型群眾運動「發動革命」。與此同時普世教協認為應該讓中國加入聯合國作為國際監督的方式，因此從 1967 年開始，長老教會便處在外界壓力與內部意識型態之爭的狀況下，即便總會在 1968 年曾發表聲明呼籲普世教協不要讓「共匪混入聯合國」，但是最後依舊在 1970 年總會臨時年會中通過了退出該組織的聲明書。[5]

退出普世教協對長老教會來說，大致上是由於普世教協的呼籲與國民黨政府反共國策相牴觸，而中華人民共和國就是國民黨政府反共的最大目標。儘管這樣的決定有其外在因素，但是學者鄭仰恩也提到當時教會內部確實也存在著不同的意識型態。總會議長謝緯在 1969 年 6 月至 12 日記裡表達對普世教協問題的憂慮，由於政府認為普世教協是親共的團體，對此表示長老教會應退出該組織。謝緯於 12 月 1 日在跨教派教會合作委員會中與周聯華、雷法章等人會面，在會談中提出組織教會反共委員會，得到在場人士的共鳴。[6]事實上在與周聯華等人見面之前，總會常委會已於 1969 年 10 月 14 日議決成立「反共推行委員會」，不僅將此事呈報政府與有關機關，並建議總會、中會召開年會時聘請講員宣講反共精神，通知各教會為光復大陸祈禱。[7]

反共推行委員會在 1969 年 10 月 30 日舉行首次會議，其成立意義「乃是站在反共立場從事傳教工作，以盡中華民國國民的責任」，並且

5　鄭仰恩，《定根本土的台灣基督教》（台南：人光出版社，2005 年），頁 241-242。

6　謝緯著，謝大立編，《謝緯日記》（台南：人光出版社，2001 年），頁 227、228、242。

7　陳南州，《台灣基督長老教會的社會、政治倫理》（台北：永望文化，1999 年），頁 91。

通知各教會經常為「光復大陸及復興大陸教會而祈禱」。該委員會又在 1970 年 1 月 9 日列舉蔣介石、任卓宣、陶希聖等人的著作為「反共資料一覽表」，希望各中會自行購閱。[8]

　　儘管陳南州認為反共委員會的成立是為了減少政府壓力與教會內部的困擾，因此是出於被迫的，而且係屬違憲（指侵犯人民宗教信仰自由）。但不可否認的是，長老教會困擾於普世教協去留的問題，反而使教會內部存在著濃厚的反共護教氣息。曾慶豹亦表示，為了要繼續能夠留在普世教協，長老教會不斷努力表現對國家的忠誠。[9]

　　1969 年 12 月 18 日晚上 7 點半，台北中會大眾傳達部在艋舺教會舉辦「基督教護教反共演講會」，播放電影《怎樣才能戰勝共產主義》。[10] 1970 年第 19 屆台北中會春季中會在 1 月 26、27 日於台北建城教會召開，會議中邀請同是基督徒的政務委員蔡培火演講「基督徒對反共的認識」；同年 2 月 2 日至 3 日的第 30 屆新竹中會春季議會請來了新竹少年監獄長陸國棟針對基督教反共護教進行演講，並且討論新竹、中壢兩小會的提議案，議案內容為提請總會脫離普世教協「以期達成反共護教之目的」。[11] 東部中會、七星中會、嘉義中會也分別在中會春季會上邀請王挽危將軍、台灣神學院院長陳哲哲與張靜愚主講「基督徒與反共」、「基督教和共產主義」。[12] 第 1055 期的《台灣教會公報》更刊載了陳乃經在第 5 屆屏東中會的「特別演講」，題目是「基督教對護教反共應有的體認」，期待信徒呼應蔣介石總統的訓示，堅強反共來維護教會純全的信仰。[13]

8　《台灣基督長老教會總會第 17 屆通常年會手冊（一）》（1970 年 3 月 30 日 -4 月 3 日），頁 154-155。

9　曾慶豹，《約瑟和他的兄弟們：護教反共、黨國基督徒與臺灣基要派的形成》，頁 191-192。

10　《台北中會第 19 屆春季例會議事錄》（1970 年 1 月 26 日），頁 12-13。

11　〈中總會簡訊〉，《台灣教會公報》，第 1053 期（1970 年 2 月），第 34 版。

12　〈中總會簡訊〉，《台灣教會公報》，第 1054 期（1970 年 3 月），第 26 版。

13　陳乃經，〈基督教對護教反共應有的體認〉，《台灣教會公報》，第 1055 期（1970

1970 年 7 月 27 日，第 17 屆總會通常年會在淡江中學展開為期四天的議程，會中反共推行委員會向總會提出退出普世教協建議書，該建議書經總會公決接納，正本寄送普世教協，副本寄送有關差會與政府機關。該建議書提到長老教會自入普世教協以來信仰耶穌與反共立場始終未變，但普世教協的國際小組卻發表「牽匪入聯合國等荒謬言論」，在屢次去函抗議未果的情況下，反共推行委員會「鄭重建議」長老教會退出普世教協。另外亦選舉新任期的反共推行委員會委員，共計有張逢昌、陳晢宗、宋泉盛、蘇若蘭、鄭兒玉、謝貴、梁許春菊以及高俊明。[14] 而該委員會在 8 月 18 日的總委會上報告邀請韓國反共領袖朴永出牧師來台，主領「反共護教培靈大會」，並且在第 1601 期的《台灣教會公報》詳細地介紹朴永出的生平記事。朴永出 9 月在台中民族路教會、台南南門教會主理了共三場的「反共護教培靈大會」。[15]

因此從地方教會、中會、總會的議事錄與活動，甚至是議長的日記中皆可發現長老教會對於退出普世教協一事在內部存在贊成的聲音，並且呼籲支持中華民國政府。而在退出普世教協之後，長老教會持續出現與反共相關的活動或相關論述。例如 1971 年是長老教會的海外宣教加強年，《台灣教會公報》資料室特別為此獻上方策，認為今後應該派遣宣教士的海外合作對象為「凡與我中華民國站在同一反共立場，而我政府容許出入境的國家（地區）的教會，不分宗派，皆可與我們合作」。[16] 第 18 屆總會亦選舉反共推行委員會的委員鍾茂成、吳基福、李長貴、張逢昌、陳晢宗、宋泉盛、蘇若蘭、郭東耀、黃六點、鄭兒玉、

年 4 月），第 6-7 版。

14 〈第 17 屆總會通常議會專刊〉，《台灣教會公報》，第 1060 期（1970 年 9 月），第 2 版、第 6 版。

15 〈第 17 屆總會通常議會專刊〉，《台灣教會公報》，第 1060 期（1970 年 9 月），第 6 版；臻明，〈白鷺之歌　簡介朴永出牧師其人其事〉，《台灣教會公報》，第 1061 期（1970 年 10 月），第 6-10、44 版。

16 資料室，〈海外宣教方策〉，《台灣教會公報》，第 1064 期（1971 年 1 月），第 51 版。

謝貴、謝膺毅、梁許春菊共 13 人。[17] 不過，接下來台灣在國際間發生的大事所帶來的影響則遠遠超過普世教協事件。

二、面對外交敗退的呼聲：三大宣言的發表

〈一〉〈國是聲明〉

　　1971 年 10 月 25 日，聯合國大會通過阿爾巴尼亞的提案，決定恢復中華人民共和國在聯合國的代表權，並且把「蔣介石的代表」從聯合國組織及其所屬機構中所非法占據的席位上驅逐出去，這便是有名的聯合國 2758 決議案。[18] 這項議決影響了整個台灣的命運，社會各界對此發出不平之聲，長老教會自然有其回應。

　　同年 12 月 11 日，台南神學院全體師生齊集禮拜堂，共同討論如何響應各大專院校學生共同聲明之〈我們的呼籲〉。在草稿修改之後，當日請該院學生林弘宣攜稿北上，發表於 13 日的《聯合報》與《中國時報》。[19] 1971 年 12 月 29 日，長老教會總會發表〈台灣基督長老教會對國是的聲明與建議〉，這是基於台灣在外交上的困境而對政府發出的建議，希望「在全國統一之前」在自由地區（台、澎、金、馬）對中央民意代表全面改選，參考西德的做法以贏得國際的尊重。[20]《台灣教會公報》也在 1972 年 4 月之社論中表達對第 19 屆總會的期望，表示「我中華民國面臨空前的危機，做為國民的每一分子，當自覺救國救民重任，而代表 20 萬信徒的總會，它的使命不能不說不重大」、「參加反共遊行也好，或如總委在急切之時，對世界發表反共立場其對內建議革新內政也好，無不是體認時艱，面對現實，為應付威脅我們共同生存之

17　資料室，〈第十八屆臺灣基督長老教會總會之夜〉，《台灣教會公報》，第 1069 期（1971 年 6 月），第 47 版。

18　薛化元，《戰後臺灣歷史閱覽》（台北：五南出版社，2010 年），頁 243。

19　〈台南神學院簡訊〉，《台灣教會公報》，第 1076 期（1971 年 1 月），第 49 版。

20　〈台灣基督長老教會對國是的聲明與建議〉，《台灣教會公報》，第 1076 期（1972 年 1 月），第 10 版。

舉動。」[21] 在美國的台灣人基督徒也回應〈國是聲明〉，並且在 1972 年12 月發起了「台灣人民自決運動」，並且為推行其工作而發行了《出頭天》雜誌，在國際上宣揚台灣人要求自決的主張。[22]

第二章已敘述長老教會發表〈國是聲明〉後所面對的批評，對於這些批評，《台灣教會公報》上說道：「長老教會的反共，愛國的意志是不容懷疑的，雖然我們沒有喊口號、沒有參加遊行、沒有做宣傳廣告，但是我們支持政府革新，願意參與社會的建設。我們主張不與共產黨妥協，我們希望政府自立自強在國際上的聲望與地位。」而「忠僕運動的推行使我們認清做一位基督徒在教會應有的職責及如何做好國民，貢獻社會、國家。」[23] 1973 年 7 月 1 日是「世界反共護教日」，《台灣教會公報》在頭版刊登了世界基督教護教反共聯合會理事長張靜愚對全國基督徒的文告，希望眾人為蔣總統夫婦以及光復國土解救大陸等事項禱告。[24] 因此很清楚表明中國大陸是失土，需要在台灣的正統中華民國解救，而同年香港信義會神學院佈道訪台的行程，被《台灣教會公報》認為是「向祖國教會致誠摯問候」。[25] 該年年底召開替蔣介石 87 歲的祝壽籌備會，該籌備會議決在 10 月 27、28 日舉行「全國基督徒反共大會」，預計在新竹、台中、嘉義、台南、高雄、花蓮、屏東、台東、宜蘭、基隆等到舉行，長老會牧師陳溪圳、胡茂生等人受邀擔任講員。[26]

21　社論，〈寄望台灣基督長老教會第 19 屆總會〉，《台灣教會公報》，第 1079 期（1972 年 4 月），第 4-5 版。

22　陳南州，《台灣基督長老教會的社會、政治倫理》，頁 95。

23　橫斷面，〈反共、愛國之心不容置疑〉，《台灣教會公報》，第 1112 期（1973 年 6 月 17 日），第 1 版。

24　〈今為世界反共護教公禱日　張靜愚籲信眾為國家復興禱告〉，《台灣教會公報》，第 1115 期（1973 年 7 月 1 日），第 1 版。

25　〈向祖國教會致誠摯問候〉，《台灣教會公報》，第 1120 期（1973 年 8 月 5 日），第 1 版。

26　〈慶祝　總統八秩晉七華誕　中華民國基督教會協會積極展開個性籌備工作〉，《台灣教會公報》，第 1127 期（1973 年 9 月 23 日），第 1 版。

〈二〉「我們的呼籲」

1975 年 9 月 15 至 18 日，長老教會對於教會處於急變時代以及當前國家的處境，總會所屬之世界教會關係小組主辦之第三次教會與社會研究會在靜山修院召開。總會議長王南傑呼籲全體教會與信徒關心國家大事，並且在關心國家之際應該以更寬廣的心去了解教會的時代使命。[27] 該次的研究會發表了〈我們的呼籲〉，內容表達了對國家存亡與外交困境的憂慮，儘管自〈國是聲明〉後長老教會便受到各界的誤解，但是依舊秉持信仰的原則對政府喊話。該呼籲文主要是反映 1975 年 8 月美國福特總統宣布計畫訪問中國，加上教會謀求再加入普世教協受阻，而且原住民語聖經被沒收等焦慮與不滿，要求國民黨政府正視國際現實，促進台灣住民和諧並且消除省籍黨籍之分以促進團結。[28]

〈我們的呼籲〉也在同年 11 月舉行的第 22 屆總委會被接納為長老教會之官方立場，總委會並建議國民黨政府允許教會重返普世教協。《台灣教會公報》的社論認為這是基於解決國家困境的辦法，龐大的國際性組織確實存在各種不同立場的教會，而長老教會在當中「不但可以聯絡友好的教會，同時可以表明我教會的反共立場，以及我們堅決反共的態度。」對於基督徒的政治責任，該社論也表示：「基督徒沒有政治責任嗎？如果沒有，那何必參加選舉活動，又何必支持反共。但願我教會信徒明白自己的責任，盡我們本分、貢獻我們的力量協助政府建立民主、自由的國家。」[29]

關於台灣長老教會在亞洲地區的外交困境與任務，《台灣教會公報》在 1976 年 5 月 30 日的亞洲主日中以社論回應，該社論表示：「近

---

27 〈基督徒公民無法逃避責任〉，《台灣教會公報》，第 1230 期（1975 年 9 月 28日），第 6 版。

28 陳南州，《台灣基督長老教會的社會、政治倫理》，頁 95。

29 〈接納呼籲文為總會立場〉，《台灣教會公報》，第 1238 期（1975 年 11 月 23 日），第 1 版；社論，〈基督徒的政治責任〉，《台灣教會公報》，第 1238 期（1975 年 11月 23 日），第 2 版。

年來，許多亞洲國家懼於中共的威脅紛紛承認大陸，使我國形成孤立，但這種困境中台灣成為反共產極權的堅強堡壘」、「台灣這一塊反共的堡壘如一天存在就對亞洲地區的反共運動是一大鼓勵，也是一股反共力量的來源」、「教會對於反共運動是不遺餘力，只要有教會的存在，就有反共的思想」、「我們也呼籲教會信徒澈底認清我國之處境，憑著信心、希望與愛心協助政府建立公義、自由民主的社會」。[30]

　　總而言之，失去聯合國席次雖實屬外交困境，但是從總會的兩次聲明、《台灣教會公報》的社論以及對反共活動的參與上，儘管長老教會呼籲國民黨政府面對現實狀況，但其反共立場大致上與「國策」相同，且並未觸及國家認同的問題。

〈三〉〈人權宣言〉

　　1977 年 7 月 20 日，長老教會牧師，同時也是中華民國基督教協會理事長的陳溪圳電報美國總統卡特（Jimmy Carter，1924-），希望他明白「美匪關係正常化政策」充滿了危機，不但打擊了大陸 8 億人對自由與人權的渴望，同時也「背棄了我們自由中國人民對美國的信賴」。[31]同年 8 月 16 日，總會常置委員會召開緊急會議，全體一致通過〈人權宣言〉，並且將該文致送有關各國，特別是美國總統與世界各教會。[32]

　　〈人權宣言〉裡面一句「新而獨立的國家」引發軒然大波，讓各界開始塑造長老教會的台獨形象，而長老教會針對外界的批評與攻擊同樣予以回應，主要是強調該宣言是基於信仰的真話，與台獨並無關係。國民黨政府為了促進與教會之間的了解，同年 9 月 8 日至 10 日，將近 40 名的長老教會代表應國民黨社會工作組主任邱創煥之邀請，到中南部參

30　社論，〈台灣在亞洲國家中的地位〉，《台灣教會公報》，第 1265 期（1976 年 5 月 30 日），第 2 版。

31　〈反對美匪關係正常化　陳溪圳致函卡特總統〉，《台灣教會公報》，第 1327 期（1977 年 8 月 7 日），第 7 版。

32　〈總會常置委員會發表人權宣言　主張台灣前途應由自己決定〉，《台灣教會公報》，第 1329 期（1977 年 8 月 21 日），第 1 版。

觀十大建設，總會代議長、各中會議長、各單位代表均應邀參加。一連
三日參觀了台中港、台南空軍基地、中國造船公司、左營海軍基地、高
雄煉油廠等。參訪的團員除了感謝政府的安排之外，同時建議政府重視
教會的力量，進一步與教會有更好的聯繫，使教會能支持政府完成所要
做的工作，建立康樂的國家。[33] 該月第 1346 期《台灣教會公報》的社
論也呼籲國民黨政府，期待能深入了解長老教會的歷史、組織與制度，
冀望政府與教會領袖之間能互相信守，也願教會能更積極參與國家建設
來榮耀上帝。[34]

　　國民黨政府邀請長老教會的代表參觀重要基礎建設，一般被解讀
為發表〈人權宣言〉後的「安撫」行為，畢竟該宣言的文字確實較為
敏感。同年 10 月 31 日，總會議長趙信愊發表紀念紀念馬丁路德宗教
改革 460 週年的文告，其中也為了國家的前途與全民的人權禱告，並
呼籲：「我教會團體信徒支持教會最近的愛國行為並為了國家的前途代
禱」。[35] 12 月 9 日，高俊明向總委會報告〈人權宣言〉是出於愛國、愛
同胞、愛上帝動機，毫無政治野心，並肯定政府在宣言發表後與教會的
溝通，總委會聽後接納〈人權宣言〉作為長老教會的立場。[36] 隔年 1978
年第 25 屆總會年會中，在內政部民政司長居伯均、宗教科長孔緘三的
面前，總會以 235 贊成 49 反對（10 廢票）通過對〈人權宣言〉的接
納。[37]

---

[33] 〈促進政府與教會的了解　社工會邀我長老會代表參觀國家重要經濟軍事建設〉，
《台灣教會公報》，第 1333 期（1977 年 9 月 18 日），第 1 版。

[34] 社論，〈從劉銘傳明快的作風說起〉，《台灣教會公報》，第 1334 期（1977 年 9 月
25 日），第 2 版。

[35] 〈紀念宗教改革四百六十年　我總會趙議長籲請教會為事工班、教會革新及國家前
途人權禱告〉，《台灣教會公報》，第 1339 期（1977 年 10 月 30 日），第 1 版。

[36] 〈基於愛上帝、愛國家和愛同胞　重申保障人權彰顯社會公義〉，《台灣教會公報》，
第 1346 期（1977 年 12 月 18 日），第 1 版。

[37] 《台灣基督長老教會總會第 25 屆通常年會議事錄》（1978 年 3 月 28 日 -31 日），頁
17-18。

三、尚未轉向的國家認同

從〈國是聲明〉到〈人權宣言〉，長老教會主張政府應積極維護中華民國的主權與國際地位，但論述範圍已縮限至中華民國實質統治的台灣與其相關島嶼，以及該範圍內所居住的人民。因此這些聲明或宣言主軸是期待執政者回歸現實，就總會、中會、宣教協議會或是相關議題來觀察，並未改變長老教會對中華民國的認同，自然也不會針對國家認同來討論。以歷屆總會為例，1970年代除了突發的外在因素所帶來討論之外，主要議題大致上延續1960年代的「新世紀宣教運動」與之後的「忠僕運動」，強調拓展該教派在台灣與海外的信徒數量。

1970年7月舉行的第17屆總會，會中接納了反共推行委員會的聲明書，但該次總會最大的焦點在於議長謝緯的意外身故，副議長高俊明率領全體議員追思之，並當選下一任的總會議長。高俊明在就任時說道，他希望長老教會能夠成為「完成使命的教會」、「愛的教會」、「公義的教會」、「盼望的教會」。[38] 隔年第18屆總會主要討論長老教會對海外宣教的負擔，認為百年來受盡外國差會的幫助，現在則是該教派向海外宣教的時候了。[39] 1973的第20屆總會則是制定了精簡機構的法規，並且公開徵求總會會章，該會章的主題將顯示「教會的本質具有中國文化的表現，和反映台灣教會的特色。」[40] 總委會將裁定若干候補圖案，當選者將給予獎勵，不過沒有更多的證據說明當時徵求會章的下文。[41] 1974年6月24至25日，總會所屬之海外宣道會舉行海外研習會，以全面檢討數十年來長老教會海外宣教的得失，並且強調不應該以「受」

---

38 〈第17屆總會通常議會專刊〉，《台灣教會公報》，第1060期（1970年9月），第1版。
39 資料室，〈總會之頁〉，《台灣教會公報》，第1068期（1971年4月），第37版。
40 〈達致忠僕運動完成宣教目標〉，《台灣教會公報》，第1106期（1973年4月27日），第1版。
41 《台灣基督長老教會總會第20屆通常年會議事錄》（1973年4月24日-27日），頁36。

的立場自居，而是應該成為「施」的教會。1976 年第 23 屆總會由前議長以「成全忠僕」為題勉勵所有議員，當中提到台灣教會近來過多的內憂外患，使教會失去福音的異象。《台灣教會公報》以社論提出建議，認為應達成「信仰的自立」、「經濟的自立」與「實踐分享」，並重視與世界教會的分享。[42] 當年隨後舉行的台灣宣教協議會則是將聚焦於長老教會與外國母會的關係，兩者將由「母子」進為「同伴」，因此應更加努力在經濟上的獨立。[43]

　　1977 年第 24 屆總會的前議長講道中還是提到該年的主題「自立與互助」，並舉韓國的教會案例來勉勵在場所有的與會者，該屆總會較為特別的是起草了「台灣基督長老教會信仰告白」。[44]〈人權宣言〉發表的隔年（1978）第 25 屆總會年會之專題與分組討論內容都是「教會增長」，並將各組討論的報告做成向各單位提出之建議案。[45] 該屆總會也通過了在三年內將教會數目突破一千間的議案。[46] 顯見儘管發表了三大宣言，長老教會的國家認同也尚未出現轉移的跡象；至少在總會年會的討論中並沒出現，甚至強調該會的會章應表現「中國文化」。雖然沒有更多的證據說明當時徵求會章的下文，但是就目前會章而言，實在是看不出來哪裡有「中國文化的表現」。

---

[42]　〈廿三屆總會頃假南神順利召開〉，《台灣教會公報》，第 1260 期（1976 年 4 月 25 日），第 1 版；社論，〈台灣教會將來的目標〉，《台灣教會公報》，第 1260 期（1976 年 4 月 25 日），第 2 版。

[43]　〈1976 年台灣宣教協議會記要〉，《台灣教會公報》，第 1262 期（1976 年 5 月 9 日），第 3 版。

[44]　〈廿四屆總會頃假黎巴嫩順利召開〉，《台灣教會公報》，第 1311 期（1977 年 4 月 17 日），第 1 版；〈第廿四總會圓滿結束〉，《台灣教會公報》，第 1312 期（1977 年 4 月 25 日），第 1 版。

[45]　〈今年度總會事工展望　年議會將研討「教會增長」〉，《台灣教會公報》，第 1352 期（1978 年 1 月 29 日），第 1 版。

[46]　〈第廿五屆通常年議會通過十二條重要議案〉，《台灣教會公報》，第 1362 期（1978 年 4 月 9 日），第 1 版。

第二節　〈人權宣言〉之後與 1980 年代：鄉土、認同與出頭天

〈人權宣言〉的發表不管是在當時社會觀感還是日後的研究方向，基本上都聚焦於「新而獨立的國家」一詞，並且普遍認為是長老教會宣告其台獨立場之始。儘管本論文並不認為〈人權宣言〉的發表即該教派宣告台獨的舉措，但該宣言中標榜「人權與鄉土為上帝所賜」，卻著實讓《台灣教會公報》中開始大量出現「鄉土」一詞，也帶動了「出頭天」、「認同」等詞彙的使用。

1977 年《台灣教會公報》進行改組，牧師鄭兒玉擔任教會公報社的社長兼總編輯，將《台灣教會公報》定義為「時代的米該雅」，要《台灣教會公報》像舊約聖經中那位先知米該雅一般，不畏懼權威說出真理。[47] 此後《台灣教會公報》開始以較多的篇幅關心國內的政治情勢，對國民黨政府亦從支持轉向批判，而且火力愈來愈強烈。社論除了討論教會事務之外，也會論及社會、政治現況。自第 1373 期開始，《台灣教會公報》出現了「拾麥穗」（第 1378 期後更名為「拾稻穗」）與「曠野之聲」兩個專欄，拾麥穗主要是轉載當時台灣屬於政論雜誌、報紙的文章，例如《中國論壇》、《這一代》、《台灣政論》、《自立晚報》等等。曠野之聲的字數較少，但是呈現的型態上與社論相去不遠，也是兼論教會與社會現況，反映了總編輯的關懷。

一、「鄉土」的大量使用

《台灣教會公報》中「鄉土」一詞的出現並非始自於 1978 年，其出現與國家認同的轉換沒有必然的關係。而「出頭天」在長老教會界的使用大致上出現於 1972 年在美國華府的「台灣人民自決運動」，隔年宋泉盛在美創辦了《出頭天》雜誌，鼓吹人民自決。1970 年代開始中華

47　王昭文，〈美麗島、教會公報、分區聯禱會〉，《新使者》，第 115 期（2009 年 12月），頁 49-52。

民國在外交上日益困窘，長老教會因著對國家的責任與期待發表了三次宣言，但時間證明國民黨政府在外交上並沒有積極作為，內政上亦無改選中央層級民意代表的打算。在這樣的脈絡中，「鄉土」似乎已非「國家—地方文化」的相對名詞，在《出頭天》創刊近 6 年後，「出頭天」一詞也開始進入了《台灣教會公報》當中。[48]

　　1978 年 4 月 9 日，總會透過《台灣教會公報》的社論發表了〈台灣基督長老教會澄清外界對人權宣言之誤解〉，除了說明〈人權宣言〉合乎長老教會的法定程序、全然與台獨無關之外，也強調是出於「誠心愛國、愛同胞的心境下」才發表這項宣言。[49]同年 11 月 12 日，《台灣教會公報》社論以〈爭取全體台灣住民「出頭天」——「我們的呼籲」發表三週年感言〉為題，再次促請國民黨政府實施憲法與革新政治，並且建立「符合民族、民權、民生主義精神的廉能政府」。另外也強調今日重讀〈我們的呼籲〉的感觸是「一言一句皆是出自於愛國家、愛鄉土、愛同胞的肺腑之言」，呼籲信徒參與國家社會的建設，「爭取人權與自由，保護可愛的鄉土，使台灣一千七百萬住民有『出頭天』的光明前途。」[50]

　　11 月 26 日的《台灣教會公報》藉由波蘭天主教會在共產統治下卻能增長的經驗，呼籲台灣教會應該努力成為讓人民認同、定根的地方。因此要「提倡『本色化神學（Contextual Theology）』，保持鄉土文化與

48　「出頭天」本是台灣的口傳俗語，其應用範圍廣泛，舉凡社會、政治、宗教、文化、經濟等層面，凡是具有長期壓制、抑勒而獲得翻身、改變現狀的經驗，都能以「出頭天」來形容。該詞用在政治上的主旨，一般和台灣人民受殖民的歷史經驗結合，宣告台灣人當家作主的決心，具有基督教信仰所說的「拯救」意涵。參見黃伯和，《奔向出頭天的子民》（台北：稻鄉出版社，1991 年），頁 35-40、53-58。

49　社論，〈台灣基督長老教會澄清外界對人權宣言之誤解〉，《台灣教會公報》，第1362 期（1978 年 4 月 9 日），第 2 版。

50　社論，〈爭取全體台灣住民「出頭天」——「我們的呼籲」發表三週年感言〉，《台灣教會公報》，第 1393 期（1978 年 11 月 12 日），第 2 版。

父母語的特色，使上帝的道落實深根於我們的家鄉」[51] 12 月 10 日的社論呼籲基督徒應該關懷政治與踴躍投票，關注候選人是否能弄清楚台灣一千七百萬人的需要，並且在當選後拿出行動解決。如此，可以防止權力腐化與伸張上帝公義，使「吾鄉吾土之民蒙福」。[52] 年底最後一期的《台灣教會公報》更是直接以「聖誕恭喜新年出頭天」此一標題來向讀者祝賀。[53] 就在該期《台灣教會公報》發行的的前一週，美國宣布與中華人民共和國建交，並於 1979 年 1 月 1 日正式生效。

1979 年，也就是美國與中華人民共和國建交的頭一年，總會總幹事高俊明在年初表文告，指出「美國與中共」建交是新年第一個大變化，並且預測將來會有許多的變化與困難接踵而至，於是高俊明要求信徒以熱忱完成「確信上帝的美意而扎根於台灣」。《台灣教會公報》也刊出〈我們的哀歌與盼望〉來紀念〈國是聲明〉，表達長老教會自從發表〈國是聲明〉以來，經常受到指責與匿名的騷擾。認為「其愛國愛鄉土的代價卻是數算不盡的曲解和打擊」，台灣人民的「父母話」聖經也遭到查禁。因此建議政府「今後要建立互相的認同，才能同舟共濟，自助神助，所以當權者應該努力認同台灣是我們大家的家鄉」，實行民主法治才能得到世界各國的尊重。[54] 3 月 18 日的社論更認為，如果政府有遠見在 8 年前或 2 年前有留意長老教會的〈國是聲明〉與〈人權宣言〉，或許就不會走到今日的局勢，並以此文悼念 20 多年前同樣有先見之明的「民主烈士」雷震。曠野之聲則是針對立法委員李志鵬在 3 月

51 社論，〈從波蘭教會的受苦與成長試論台灣教會成長的方向〉，《台灣教會公報》，第 1395 期（1978 年 11 月 29 日），第 2 版。

52 社論，〈基督徒應關懷政治並踴躍投票〉，《台灣教會公報》，第 1397 期（1978 年 12 月 10 日），第 2 版。

53 〈聖誕恭喜新年出頭天〉，《台灣教會公報》，第 1398 / 1399 / 1400 期（1978 年 12 月 17 / 24 / 31 日），第 1 版。

54 〈長老教會總幹事文告〉，《台灣教會公報》，第 1401 期（1979 年 1 月 7 日），第 1 版；社論，〈我們的哀歌與盼望〉，《台灣教會公報》，第 1401 期（1979 年 1 月 7 日），第 2 版。

15 日在立法院主張「對政府施政不滿者，應勸導其移民他國」表達異議，認為「台灣是個美麗的寶島。正是我們生長的鄉土。正因為我們愛鄉愛國，我們更希望它美麗。」、「我們有權住在自己的鄉土上。我們有權，也有義務參與國是，我們有權，也有義務批評國是。」[55] 雷震出現在 1979 年的《台灣教會公報》，顯見主筆者對台灣民主發展的了解，因為即便在今日，依舊有許多人並不知悉此號人物。

　　在當年第 26 屆的總會舉行之前，《台灣教會公報》認為最重要的議案是審議〈台灣基督長老教會信仰告白〉的草案，並且表示該項告白很特別的部分在於論及「基督與人權、鄉土、科學、政治、經濟與諸宗教的關係，點出教會在文化脈絡（culture context）和歷史情境中所應負擔的使命」。該草案提到：「我們信上帝賜給人有尊嚴、才能、責任以及鄉土，以便使人有分於他的創造，並與祂一同管理世界。」，最後總會議決將草案續交各中會，在信仰與教制委員會修訂後，再呈隔年總會繼續討論。[56] 1979 年 8 月 16 日，長老教會紀念〈人權宣言〉兩週年，高俊明發表總幹事特別文告，再次表示發表的動機是「愛上帝、愛同胞、愛鄉土」，也更加確信「人權與鄉土」乃是上帝所賜，應努力使「我國加入聯合國來參與建設光明世界的使命」。[57] 社論則更進一步點出國民黨政府這 30 年來只是讓民眾聽到「團結」、「愛國」的口號，因此「未曾聽聞有任何作為要認同台灣為鄉土」。並且呼籲放棄「牙刷主義」與統治者的心態，應該要努力認同台灣一千八百萬百姓為其同等的同胞，也

55　社論，〈回想長老教會一年來的奮鬥——並思念「民主烈士」雷震〉，《台灣教會公報》，第 1411 期（1979 年 3 月 18 日），第 2 版；曠野之聲，〈對政府施政不滿就勸移民國外　頗似「乞丐趕廟公」的精神狀態〉，《台灣教會公報》，第 1411 期（1979 年 3 月 18 日），第 3 版。

56　《台灣基督長老教會總會第 26 屆通常年會議事錄》（1979 年 3 月 30 日 -4 月 3 日），頁 23-27。

57　〈長老教會「人權宣言」兩週年　總幹事高俊明特別發表文告〉，《台灣教會公報》，第 1433 期（1979 年 8 月 19 日），第 1 版。社論，〈論政府、人民、與鄉土的認同〉，《台灣教會公報》，第 1433 期（1979 年 8 月 19 日），第 2 版。

必須認同其 30 年來所居住的土地為其鄉土。

　　同年 8 月 26 日的《台灣教會公報》回應了「國建會」提書「落實台灣」的建言，認為「國民黨政府如今要『落實台灣』，首先要認同於台灣，不再把台灣看作『暫居地』，好使大家坦然認同台灣是自己的鄉土，來『落實』於它。使居於斯土的人民，具有自主性與主體性。」[58] 不過在當時的論述中，「愛國」與「愛鄉」是可以被區分出來的，高俊明也表示愛國家、愛同胞與愛鄉土是基督徒的本分。[59] 9 月 3 至 5 日，亞洲基督教聯（Christian Conference of Asia）神學委員會主辦了台灣神學研究會，鄭兒玉在會中提倡「出頭天神學」，王憲治則促進「鄉土神學」，將這兩個名詞在 1970 年代末期帶進了台灣的神學領域。[60] 該次會議正式使用「鄉土神學」一詞，明示人民、土地、權力和上帝是台灣鄉土神學的議題。[61]《台灣教會公報》在 10 月 7 日第 1400 期中刊載了鄭兒玉 7 月 15 日在太平境教會的講道，期許《台灣教會公報》應該根據信仰的良心說真話，宣揚耶穌基督的福音，若是能「使一千八百萬台灣人民出頭天，公報的同工願意付出任何的代價。」[62] 而《台灣教會公報》在 1982 年 6 月又再次確定其編輯方向，認為其任務不僅是宣揚福音，「對於關懷鄉土同胞的前途，本報必須促進全體人民自由意願的充分表達，來增進民主、自由的充分實現，來建立國家在國際間被肯定、被尊重的『格』。」[63]

58　社論，〈「落實」與「重生」〉，《台灣教會公報》，第 1434 期（1979 年 8 月 26 日），第 2 版。

59　高俊明，〈基督徒的愛國心〉，《台灣教會公報》，第 1434 期（1979 年 8 月 26 日），第 6 版。

60　〈亞洲教聯神學委員會舉開台灣神學研究會〉，《台灣教會公報》，第 1437 期（1979 年 9 月 16 日），第 6 版。

61　莊雅棠，〈台灣鄉土神學的開拓者〉，鄭仰恩主編，《信仰與記憶的傳承——台灣教會人物檔案》（台南：人光出版社，2009 年），頁 341-351。

62　鄭兒玉，〈時代的米該雅——台灣教會公報〉，《台灣教會公報》，第 1440 期（1979 年 10 月 7 日），第 7 版。

63　〈本報編輯委員會開會研討編輯原則和方針〉，《台灣教會公報》，第 1583 期（1982

　　當關懷鄉土的立場明確後，鄉土神學也從 1977 年至 1978 年達到高潮的「鄉土文學論戰」中尋求脈絡。王崇堯在 2007 年出版的《台灣鄉土神學》中表示，「鄉土文學論戰」是一群台灣文化界的人士試圖以「台灣民族意識」來作為鄉土文學的論述，鄉土神學則是一群台灣宗教界人士也開始以「台灣民族意識」來作回應。[64]「鄉土文學論戰」與鄉土神學是否即為「台灣民族意識」的明確表現還可以再商榷，但該論戰在社會上引發的討論確實有可能影響了鄉土神學的萌芽。總而言之，1977 年〈人權宣言〉發表之後，當長老教會還在辯解「新而獨立的國家」並非要追求台獨的同時，「鄉土」一詞在《台灣教會公報》中開始大行其道，並且更進一步要求國民黨政府要「認同鄉土」，扎根於台灣這塊土地。儘管在當時高舉「鄉土」一詞也仍舊強調「愛國」，國家認同也未見明顯的改變，但卻也成為日後國家認同轉換的重要開端。

二、「鄉土」、「認同」、「自決」與「出頭天」的論述

　　就在「鄉土」一詞開始在《台灣教會公報》上大量使用之後，相關的「鄉土論述」也紛紛出現，有的是個人的見解，有的則是出現在官方所舉辦的相關活動中，有形無形地進入了實質的討論場域。

〈一〉台灣宣教協議會

　　1980 年第 27 屆總會結束後，台灣宣教協議會旋即在 4 月 13 日假台灣神學院召開，為期三天的會議目的之一是要讓外國教會了解台灣教會的現況。[65] 1981 年 4 月 26 日至 29 日，台灣宣教協議會同樣在台灣神學院舉行，會議的目的是為了要了解台灣在世界教會的情境中，通過苦難，明白基督教信仰的意義。例如「以前說到『台灣』，

　　年 7 月 1 日），第 1 版。

64　王崇堯，《台灣鄉土神學》（台南：復文圖書，2007 年），頁 91。

65　〈台灣基督長老教會頃召開台灣宣教協議會〉，《台灣教會公報》，第 1469 期（1980 年 4 月 27 日），第 1 版。

許多人不知道，而今天大家皆知。」[66] 受邀參加的單位有德國柏林宣道會（Chinesische Allianz Kirche Berlin）、英國聯合歸正教會（United Reformed Church in the U.K.）、加拿大長老教會海外宣道會（Foreign Mission Board of the Presbyterian Church in Canada）等國外單位。

1982 年 10 月，宣教協議會在台中豐原興農工商舉辦，會議主題是「獻身為活祭」，議程中除了報告各教會的事工外，也討論了人權、社會公義、種族平等、核武軍備競賽等議題，並且關心因美麗島事件入獄的牧師高俊明。在鄉土方面，「對於台灣教會向來所秉持對基督的信仰及對鄉土同胞的關愛，各有關差會、姊妹教會代表均表示全力支持，願在宣教事工上做真誠的夥伴，並且以人力、財力、智慧、異象彼此分擔。」[67] 也就是把長老教會對鄉土的關愛透過會議展現在世界各教會之前，並且爭取他們的支持。1985 年的宣教協議會在北投華南大飯店舉行，總幹事高俊明在報告中指出 1970 年代的三個宣言是基於「愛主、愛同胞、愛鄉土」，但卻受到有關單位與部分人士誤解而蒙受激烈的攻擊。最後表示教會不是政黨，但是要為台灣與世界各地的人權與尊嚴奮鬥。[68] 1987 年台灣宣教協議會在聖經學院舉行，會中決議肯定自決運動的重要性，並且建議積極推動國會全面改選成為住民自決的第一步。[69]

〈二〉世界台灣人基督徒大會

國外的台灣人基督徒的步伐似乎比國內要快些。第 1 屆「世界台灣人基督徒大會」於 1986 年 7 月 29 日在洛杉磯召開，主題為「基督是主」，不少台灣的牧長如王南傑、張清庚、高俊明等皆出席了該次會

66　〈長老教會召開台灣宣教協議會〉，《台灣教會公報》，第 1523 期（1981 年 5 月 23 日），第 1 版。
67　〈台灣基督長老教會召開「台灣宣教協議會」〉，《台灣教會公報》，第 1599 期（1982 年 10 月 21 日），第 1 版。
68　《1985 年台灣宣教協議會會議手冊》（1985 年 10 月 7 日 -9 日），頁 3-7。
69　《1987 年台灣宣教協議會會議手冊》（1987 年 9 月 29 日 -10 月 1 日），頁 B4。

議。開會禮拜則是由黃武東證道，每日則有不同的研習，張俊雄負責
「教會與鄉土」的分組討論。針對該次會議，《台灣教會公報》以社論
表示「我們的鄉土，40 年來在國民黨的統治下，我們的文化（特別是
保存、傳承我們生活本質的語言）受到嚴重束縛、扭曲而變質」，而統
治者因為貪婪而破壞了台灣的自然、社會風氣與道德環境，因此必須
要提出可行方策以保衛鄉土家園。[70]《台灣教會公報》的讀者亦撰文表
示期待，並且認為要加強教會的鄉土性或草根性，必須要從「鄉土神
學」、「信仰本色化」、「信仰鄉土化」等處著手。[71] 會議首日當晚由黃武
東以「在埃及的以色列人」為講道題目，引用〈出埃及記〉中埃及統治
者苛待以色列人這段歷史，來比較台灣人四百年來的遭遇與命運。此外
黃武東也以「戒嚴史」來形容近 40 年的台灣，經歷了中壢、高雄、陳
文成、林義雄等事件，特別是高俊明所受的政治迫害。[72]

　　這一次的世界台灣基督徒大會可以說是首次直接討論鄉土與信仰之
間連結的會議，相關的文章也說出了「信仰本色化」、「信仰鄉土化」的
建議，《台灣教會公報》點明國民黨 40 年來破壞了鄉土文化，黃武東更
將《聖經》〈出埃及記〉以色列人被奴役的經驗挪用至台灣的處境。

〈三〉台灣宣教研討會

　　1987 年 7 月 26 日與 28 日，黃彰輝與黃武東兩位牧師分別踏上了
闊別多年的台灣，準備前往新竹聖經學院，參加 7 月 29 日至 30 日由
總會所舉辦的台灣宣教會議，主題是「台灣宣教的契機」，其中包含了

70 〈世界台灣人基督徒大會本週二至週六假北美舉開〉，《台灣教會公報》，第 1795 期
　　（1986 年 7 月 27 日），第 1 版；社論，〈跟隨者耶穌、關愛吾鄉土〉，《台灣教會公
　　報》，第 1795 期（1986 年 7 月 27 日），第 1 版。
71 陳義達，〈從海內外台灣人基督教會的動向觀看世界台灣人基督徒大會〉，《台灣
　　教會公報》，第 1795 期（1986 年 7 月 27 日），第 10 版；李豐明，〈世界台灣人基
　　督徒大會的先決問題〉，《台灣教會公報》，第 1795 期（1986 年 7 月 27 日），第 11
　　版。
72 〈世界台灣人基督徒大會　近三千人聚集水晶教堂〉，《台灣教會公報》，第 1800 期
　　（1986 年 8 月 31 日），第 1 版。

「台灣教會的歷史使命」、「鄉土與普世」、「教會與社會」等主旨。「台灣教會的歷史」引言是黃武東，主講人為張清庚；「鄉土與普世」主講人謝穎男；「教會與社會」主講人有林宗義、洪奇昌、劉松峰等三人；「此時此地宣教神學的探討」引言與主講人皆為黃彰輝，另有黃伯和與董芳苑主講本地文化與宗教關係。[73] 董芳苑專講「相遇與相識——民間信仰蓬勃現象對基督宣教的啟示」，強調基督教在宣教上具有排他性，而民間宗教蓬勃又具有吾民「尋根」的意義，那麼基督教的宣教方法「本地化」（indigenization）與「場合化」（contextualization）則是必然的過程。[74]

黃伯和在專講時以「台灣文化實況中宣教神學的探討」為題，討論了「台灣文化實況中的宣教」與「建構合於台灣實況的宣教神學」，指出：「只關心使命的內容而無視（或忽視）宣教對象（世界）的多元性質以及教會處身鄉土的獨特文化內涵與需求，則使宣教的努力與其目的背道而馳。」另外他也強調應該要務實尋求台灣經驗與台灣人的靈性，洞視台灣百姓的終極關懷，建立一個屬於台灣子民的新社會。最後表示台灣的文化弊病來自於「認同的危機」，自我認同的混淆導致自信的喪失，鄉土認同的缺乏則導致互信的破產。因此面對認同危機的台灣宣教神學，乃必須強調自決的神學意義。[75] 於是在「鄉土神學」與「出頭天神學」之後，又一嶄新的「自決神學」出現了。[76]

該研討會結束後，總會的研究發展小組特別發表〈台灣教會的反省

---

73 〈教會前輩闊別故鄉十數載　黃彰輝、黃武東平安抵台〉，《台灣教會公報》，第1848期（1987年8月2日），第1版；〈確立我教會此時此地宣教神學 台灣宣教研討會在月底舉開〉，《台灣教會公報》，第1845期（1987年7月12日），第1版。

74 《1987台灣宣教研討會議手冊》（1987年7月29日-31日），頁8-9。

75 黃伯和，〈台灣文化實況中宣教神學的探討〉，《台灣教會公報》，第1848期（1987年8月2日），第9版。

76 黃伯和認為「自決」不僅可以談台灣的政治前途、社會情境與文化特質，也可用來挑明神學的自主性與本土性，強調宣教的實況性與社會性。參見黃伯和，《宗教與自決——台灣本土神學初探》（台北：稻鄉出版社，1990年），頁2。

與展望〉一文，將研討會的共識公諸於世，其結論分別為「反省」、「可
行之事工與展望」以及「未來展望」等三個方向。「可行之事工與展
望」方面提到了「肯定自決運動之重要性，再次表明我台灣教會對神賦
予自決權之立場」、「呼籲我全體教會積極關懷社會事件、政治案件」、
「召開『教會國是研討會』，可力邀海內外學人專家研究可行之方案」
等 16 項；「未來展望」則有「建立我台灣教會之本色化神學、鄉土神
學、土著神學」、「建立一套台語學習標準課程，作為台語之學習課程依
據」等 6 項。[77] 總會資料研究中心也在該會中說明 1971 年的〈國是聲
明〉引發了美國中西部台灣基督徒的迴響，於是黃彰輝、黃武東、林宗
義、宋泉盛在美國發起了自決運動（Self-Determination），主張所有的
台灣人都有權利和機會完全參與及決定台灣的命運。[78]

　　這項會議的召開是台灣基督長老教會首次在台灣以「鄉土」作為議
題之一的研討會，儘管並沒有討論「鄉土」一詞與國家認同的關係，但
就「鄉土神學」、「土著神學」、「實況」、「自決神學」、「認同」有了討論
或重申，因此具有代表性的意義。[79]

〈四〉世界台灣人宣教協議會

　　在 1987 年台灣宣教研討會獲得相當的迴響，緊接登場的是 1988 年
8 月 14 日至 17 日在新竹聖經學院舉行的世界台灣人宣教協議會，邀請

77　總會研究發展小組，〈台灣教會的反省與展望〉，《台灣教會公報》，第 1849 期
　　（1987 年 8 月 19 日），第 9 版。

78　《1987 台灣宣教研討會會議手冊》（1987 年 7 月 29 日 -31 日），無頁碼。

79　台灣的「實況神學（contextual theology）」一般認為是黃彰輝首先提倡，他主張
　　所謂的「後進教會」應將西方教會及其神學「去實況化」，然後才能在自己的處
　　境中將信仰與神學「再實況化」。黃彰輝（1914-1988）為長老教會二次大戰後的
　　領袖之一，討論「實況神學」的先驅者，1972 年與黃武東、宋泉盛等人共同發
　　起「台灣人民自決運動」。參見鄭仰恩，〈獻身普世運動的台灣本土神學家——黃
　　彰輝牧師小傳〉，鄭仰恩主編，《信仰與記憶的傳承——台灣教會人物檔案》，頁
　　301-309。

王成章、蕭欣義、彌迪理、黃彰輝等作專題演講。[80]黃彰輝返台以「自決、神學、宣教」為題做專題演講，此外該會更安排時間請國民黨與民進黨派員分別進行「懇談」，內容多集中於台灣現況的討論。與國民黨的懇談議題為「當前的外交政策」、「本土化與民主化政策」、「社會政策」，民進黨則是有「民進黨之理想、目標及政策」、「地方自治」、「國會改選」、「台灣前途」等，同時邀請朝野兩黨的會議形式可以說是頭一遭。[81]

但相當遺憾的是，國民黨政府有意拒絕王成章、蕭欣義、黃彰輝、彌迪理的入境，對此高俊明也拜會外交部次長章孝嚴表示關切，章孝嚴答覆「盡量予以協助」。後來大會臨時更改講員與題目，其中原先預定由黃彰輝主講的「自決、神學、宣教」之討論會改由董芳苑、黃伯和、童春發擔綱。《台灣教會公報》社論對此聲明：「當1949年國民黨政權在中國節節敗退流亡來台灣時，當時台灣人民收容他們，容他們用戒嚴法長久統治，如今既已解嚴，應該適當表達對台灣人的感激，讓台灣人的海外遊子可以回鄉。」該社論不僅扣住了國民黨敗退至台灣的歷史議題，並以此呼籲讓海外熱愛台灣的學者、專家與人權鬥士回台，最後也表明「台灣是屬於我們所有台灣人民的」。[82]

即便高俊明拜會了章孝嚴，總會還是在8月3日接到外交部（時部

80　彌迪理（Rev. Harry Daniel Beeby，1920-2013）為英國長老教會之海外宣教師，1950年入台，曾任台南神學院副院長，1972年因其參與〈國是聲明〉的起草與發表而被國民黨政府驅除出境。

81　〈世界台灣人宣教協議會擬訂專題演講題目及講員〉，《台灣教會公報》，第1890期（1988年5月22日），第1版。

82　〈所以台灣人都有權理回來〉，《台灣教會公報》，第1900期（1988年7月31日），第1版；〈1988台灣人宣教協議會八月十四日如期召開〉，《台灣教會公報》，第1900期（1988年7月31日），第1版；〈海外台灣人被拒回來 政府決策單位不協助〉，《台灣教會公報》，第1900期（1988年7月31日），第1版。社論，〈讓台灣的兒女回來〉，《台灣教會公報》，第1900期（1988年7月31日），第1版。

長連戰）的公文，正式決定不發給黃彰輝等人的入台簽證。[83]就連原先邀請「懇談」的國民黨幹部也以未獲「最高單位允許」而無法出席，改由沈君山與章孝慈前來交換意見。[84]會議中黃伯和在「自決、神學、宣教」專題中表示：「我們是什麼人？台灣人？中國人？這是一個必須正視的問題。這種身分不是由別人來決定，而是我們必須自己決定。」[85]

　　8月16日晚間7點半，協議會籌備會準備8個題目讓大家討論與參考，其中有「再思台灣教會的歷史角色——教會定根在台灣——今日台灣教會帶給台灣人什麼樣的福音？」、「自決包括『身分』與『自由』，兼顧『過程』和『目標』。在這種理解下，你如何看台灣前途及教會宣教之關係？」、「在台灣各色人種的共處歷史中，充滿了『歷史傷痕』與『利益衝突』，教會如何協助全體台灣住民來建立一個『新而健康』的台灣人意識、塑造新的『生活命運共同體』？」[86]當晚由總會委派陳南州擔任為召集人，針對海外牧者無法返國、教會宣教的定義以及教會對於台灣前途危機與人民尊嚴等問題之態度發表協議會的共同聲明。該聲明從16日晚間持續討論到17日清晨5點，分析近日的演講、討論，也經過了激辯與爭論，最後在每一位小組成員簽字後方成定稿。該期討論內容有「台灣人的定義」、「建立台灣人的自尊心與主體性」、「自決意識與自決運動的推展」與「台灣成為『新而獨立的國家』」、「與中國教會的關係」等十大項。[87]

　　世界台灣人宣教協議會根據以上討論發表了聲明，該聲明指出中共

83　〈外交部正式回函長老教會　拒絕黃彰輝牧師等人返台〉，《台灣教會公報》，第1900期（1988年8月7日），第1版。

84　〈世界台灣人宣教協議會閉幕　落實宣教運動關心台灣前途〉，《台灣教會公報》，第1903期（1988年8月21日），第1版。

85　〈自決、神學、宣教　禍福、生死、救贖〉，《台灣教會公報》，第1906期（1988年9月11日），第3版。

86　〈評　世界台灣人宣教協議會〉，《台灣教會公報》，第1904期（1988年8月28日），第1版。

87　〈1988世界台灣人宣教協議會〉，《台灣教會公報》，第1909期（1988年10月2日），第3版。

對台野心與國民黨「殖民統治」心態，使台灣的前途和命運面臨危急存亡的緊要關頭。為此，「世界台灣人教會應秉持基督信仰，積極合作，參與人民的掙扎與奮鬥，更新台灣人的靈性，與所有台灣的住民共存亡，爭取台灣人民的出頭天，建設台灣成為一個主權完整的國家，在國際享有獨立自主的國格，使人民享有民主、自由、平等、和平、公義的生活，進而參與普世的宣教工作，使上帝的愛與公義得以彰顯。」[88] 該聲明直接以「共存亡」這樣強烈的字眼形容教會對台灣的責任。

《台灣教會公報》認為協議會的成果之一在於「釐清台灣人的定義並清楚了解台灣與國際事務之間的關係」。關於「誰是台灣人」這個問題，在協議會中透過講師與分組討論被清楚地討論並取得共識，即「台灣人不是用語言、文化、種族、宗教來區分的，而是誰認同台灣，願與台灣共存亡的都是台灣人。」[89]

世界台灣人宣教協議會是長老教會首次以具體的形式在台灣本島討論「什麼是台灣人」的重要會議，甚至願意與國民黨就「本土化」議題來「懇談」，儘管最後並沒有成真。在會議結束後將其成果發表為白紙黑字的宣言公諸於世，《台灣教會公報》同樣給予報導、連載與評論，成為往後長老教會討論相關議題時的基礎。

第三節　1990 年代：「制憲」、「入聯」、「建國」與「正名」

1989 年 4 月 7 日，鄭南榕在其創辦的自由時代雜誌社中自焚身亡，《台灣教會公報》對此刊登了不少相關的文章，其中不少直接將「新而獨立」詮釋為台灣獨立建國。長老教會也發表牧函，除了表示對鄭南榕的敬佩與哀悼之外，並「盼望我全體教會關懷，且為遺族懇切代

88　〈宣教協議會發表宣教聲明　教會應與台灣住民共存亡〉，《台灣教會公報》，第 1903 期（1988 年 8 月 21 日），第 1 版。

89　社論，〈1988 世界台灣人宣教協議會〉，《台灣教會公報》，第 1908 期（1988 年 9 月 25 日），第 8 版。

禱，並積極參與爭取言論自由、司法之獨立公正及拓展台灣獨立自主國格之行列。」[90] 鄭南榕的自焚確實讓長老教會受到很大的刺激，《台灣教會公報》上諸多關於〈人權宣言〉中「新而獨立」個人的解讀與社論顯然從此偏向台灣獨立。儘管官方對於「新而獨立」或是「新國家」等討論走得比較慢，但似乎連帶影響之後長老教會官方所舉辦之相關會議的走向。

一、「制憲」、「入聯」、「新文化」

〈一〉「新而獨立的國家」研究會

　　1988 年 12 月 26 日，台南神學院附屬的基督教社會研究所在台北市總會事務所中召開了特別委員會，其研究委員由教會內外及知名學者所組成，意在探究 1977 年〈人權宣言〉中「新而獨立的國家」之意涵。[91] 在會議召開的前一個月，總會事務所公布了一份「新而獨立的國家」的詮釋文，當中「新」包含「新人民」、「新文化」、「新國會」、「新憲法」，以及「獨立」的意義與其完成「方式」。「新人民」指所有認同台灣的住民，共同決定台灣的前途與命運；「新文化」指除去陋習，揉合各種文化之優點以建立新的台灣文化。該詮釋文當時尚未定稿，總會總幹事羅榮光呼籲全體兄姊對該詮釋文表示意見，並且將其意見寄到總會在羅斯福路的事務所。[92] 該研究會的研究報告於 1989 年 4 月公布在《台灣教會公報》上，全文以中文與「白話字」呈現。該報告表示台灣是多元社會，國家應該建立在全體國民認同、互信、平等的基礎，凡居住在台灣且認同台灣為鄉土、國家者皆是其「新國民」，且極力反對

90　台灣基督長老教會總會資料中心，《1971-1998 台灣基督長老教會社會關懷文獻》（台南：人光出版社，1998 年），頁 57。
91　〈闡釋新而獨立國　南神社研所公布研究報告〉，《台灣教會公報》，第 1936 期（1989 年 4 月 9 日），第 2 版。
92　〈何謂新而獨立　長老教會詮釋闡明〉，《台灣教會公報》，第 1916 期（1988 年 11 月 20 日），第 1 版。

「黨國」或「家國」的觀念，並且應當制定「新憲法」並設立國會與政府。

〈二〉1989年台灣前途研討會

　　1989年4月，總會第一次總委會議決，將信仰見證小組更新重訂為「關懷台灣前途小組」，設立目的在於繼續發展與詮釋「新而獨立」之餘，也應該注意到台灣教會對中國宣教之原則與年底選舉（第11屆縣市長、省市議員及立法委員）對台灣的影響。該小組計畫在該年10月2日至3日在新竹聖經學院舉行「台灣前途研討會」，邀請本教會各界代表出席參加。[93] 大會也邀請呂秀蓮、盧修一等發表演說。

　　盧修一在會中表示，台灣獨立前途的發展是樂觀的，而長老教會這20年來扮演了先知的角色，1977年提出的「新而獨立的國家」使台灣獨立運動由早期模糊的理念轉變為具體的遠景。在國家認同方面，使所有居住在台灣的人民都能認同台灣，這是達成台灣獨立的基本要素。盧修一的演說獲得了全場的熱烈掌聲，並且引發與會者的討論，其中鄭兒玉認同盧修一對「新國家」、「新憲法」的見解，但是希望就「新國家」能有更清楚的定義。[94]

　　不過，該研討會對於「新而獨立」的意涵並沒有共識，例如鄭兒玉表示沒有必要再對「新而獨立」做詮釋，因為已有許多人使用並且當成競選訴求的標語，若詮釋被固定反而會限制人民去研究；翁修恭表示〈人權宣言〉是12年前總會通過的，12年後才認為「有問題」很奇怪，況且如此一來是否還需要再得到一次總會的通過？陳南州則回應當年出席總會的代表有共識，今天的人並不了解當年的背景與用字，因此

93　〈表達會台灣前途關懷之愛　長老教會成立專責小組〉，《台灣教會公報》，第1949期（1989年7月9日），第1版；〈關懷台灣政治前途——詮釋「新而獨立的國家」〉，《台灣教會公報》，第1957期（1989年9月3日），第1版。

94　〈1989台灣前途演討會報導1〉，《台灣教會公報》，第1962期（1989年10月8日），第3版。

有必要加以解釋，而這樣的解釋不一定是總會官方的，可以是該次會議的註解。[95] 儘管該會議對「新而獨立」並沒有共識，但已經在討論中清楚地看見「台灣獨立」的元素，以及過去即強調台灣人必須要認同台灣的基本意義。

〈三〉台灣住民國是會議與台灣國是研討會

　　1990 年 5 月 3 日至 5 日，台南神學院所屬之台灣社會研究所與台南基督教互談會假台北市基督教青年會會館舉辦「台灣住民國是會議」，該會議有「國家定義」、「國家主權」、「國會」、「政府組織」、「中央／地方」、「司法」、「制憲過程」等 7 個議題，在國家認同的結論上有很大的突破。5 月 5 日中午會議結束後即刻發表了〈台灣住民國是會議聲明〉，在「國家定義」方面表示：「國家認同的錯亂是當前台灣憲政危機的肇因」、「台灣係由多元文化、語言所構成的國家」、「台灣不代表中國」、「事實上，台灣一直是具有國際人格的獨立實體，早已自成一個國家。台灣的主權及土地，只屬於台灣全體住民。」[96] 在敘述國家定義時「中華民國」已不復見。

　　同年 11 月 5 日至 6 日，總會在新竹聖經學院舉行「台灣前途研討會」，主要目的是「以聖經、信仰來看台灣前途」、「由歷史的觀點來看台灣與中國的關係」以及「反省台灣教會可以在當前處境下的作為」。宋泉盛以「從自決的神學觀點探討台灣人民的文化建設」為題，呼籲教會應加強投入重建台灣文化心靈生活，認為長老教會的神學與教會組織對於重建台灣文化有良好的條件；蕭欣義主講「以歷史的觀點來看台灣與中國的關係」，以豐富的資料細數台灣與中國之間關係的演變，使與會的牧長們清楚了解硬將台灣劃進中國之一部分是違背歷史淵源與實況

95　〈1989 台灣前途演討會報導 2〉，《台灣教會公報》，第 1963 期（1989 年 10 月 15 日），第 3 版。

96　〈台灣住民國是會議閉幕　強調台灣乃一獨立實體〉，《台灣教會公報》，第 1993 期（1990 年 5 月 13 日），第 1 版「總會事工」。

的。儘管台灣人民尚未覺醒，但他懇請眾人要用不氣餒的心志，尋求台灣獨立自主；楊啟壽則就「台灣基督長老教會的角色」為題專講，他希望全體教會要以具體的行動參與蔡同榮所推動的公民投票，並從政治關懷層面擴大到各種環境層次，尤其是「本土語言、文化的重建、維護」。[97] 前述的演說日後《台灣教會公報》以逐字稿的方式全文刊登在第 2030、2031、2032、2034、2036、2037、2038、2039 與 2040 期內，篇幅相當完整。

如果說台灣住民國是會議將台灣進一步界定為「獨立的政治實體」，台灣國是研討會則更注意到台灣的「歷史淵源」與「文化建設」、「文化重建」等層面。1991 年 4 月 11 日，太平境教會舉辦了「建立台灣新文化座談會」，與會者有成功大學林繼雄教授、蕭石元老師；成大歷史系林瑞明教授、林宗正牧師等。太平境教會張宗隆牧師在會中表示，目前在台灣仍有許多人還不敢承認自己是台灣人，致使文化失落，但是也有些人開始放棄中國的傳承轉而認識台灣，而只要是認同台灣這塊土地的就是台灣人。因此「我們要做一個有尊嚴的台灣人，建立新而獨立合於聖經教訓的國家，另一方面，我們需要上帝來改造我們的心志。」[98] 儘管並無證據顯示太平境所舉辦的座談會是受到台灣國是會議的影響，但或許可以從中推論，當時的長老教會已經開始展開台灣文化的重建或是追尋的工程。

〈四〉全台教會與社會研習營、1991 年台灣前途研討會

1991 年 6 月 24 日至 25 日，由總會教會與社會委員會主辦的全台教會與社會研習營在聖經學院舉行，共有來自長老教會 16 個中會與社會部代表共 80 人參加。研習內容包括公民投票、制定新憲法等議題。

---

97 〈台灣人民必須自覺起來　建設獨立自新家園〉，《台灣教會公報》，第 2019 期（1990 年 11 月 11 日），第 1 版「總會事工」。
98 〈要重建台灣文化體系　須由認同與愛鄉土做起〉，《台灣教會公報》，第 2044 期（1991 年 5 月 5 日），第 6 版「教會消息」。

營會結束後，全體與會者共同發表了〈新人民、新憲法、新國家——致全國人民呼籲文〉，重點有「強化本土認同」、「制定台灣合理實際的新憲法」、「主張舉行公民投票」、「全力爭取言論自由」等 4 項。在本土認同方面，呼籲台灣住民認同台灣，把握機會建立新而獨立的國家及建立「令人稱羨的新文化」；新憲法則主張「揚棄不合時地的舊中華民國憲法，制定以本土認同、保障人權、立足台灣為基礎的新憲法」；公民投票方面則是強調「以台灣的名義進入聯合國」。[99] 就「新憲法」與「入聯」來看，已明確具有法理台獨的基礎。同年 8 月 5 日及 6 日，總會的關懷台灣前途小組在台北馬偕醫院召開「1991 台關懷台灣前途研討會」，討論議題同樣聚焦於「公投入聯」與「制定新憲」。[100]

〈五〉台灣主權獨立宣言與「入聯大遊行」

　　1991 年 8 月 20 日，長老教會總委會發表〈台灣主權獨立宣言〉，表示 1951 年舊金山和約簽訂後日本放棄台灣及澎湖的主權，依人民自決的國際法原則，台灣的主權即屬於台灣全體住民，並且宣告：「台灣主權獨立，台灣的主權與土地屬於全體台灣住民。台灣與中國是兩個不同的主權獨立國家。」基於前述原則，長老教會主張以全體住民為主體並且經由民主程序選出制憲代表制憲，並且依據新憲法「由人民直接選舉總統，組織新政府，建立新國家」，以及「以台灣的名義加入聯合國」。[101]

　　這份宣言除了重申「制憲」、「入聯」、「直選」之外，也從 1951 年舊金山和約的角度來解釋台灣的國際地位，為獨立增加法理與歷史的

99　吳信如，〈喚醒人民參與與開創台灣前途　長老教會教社委員會發表致全國人民呼籲文〉，《台灣教會公報》，第 2052 期（1991 年 6 月 30 日），第 1 版「教會事工」。

100　吳信如，〈總委會辦「台灣前途研討會」〉，《台灣教會公報》，第 2057 期（1991 年 8 月 4 日），第 1 版「教會事工」。

101　〈長老教會強烈聲明主張台灣主權獨立　制定新憲法　進入聯合國〉，《台灣教會公報》，第 2060 期（1991 年 8 月 25 日），第 1 版「總會事工」。

基礎。同年 8 月 22 日，總會發函給全體教會，呼籲全體牧長與會友在 9 月 1 日為台灣前途以及 9 月 8 日的進入聯合國大遊行動員與祈禱。該遊行是為了紀念 1951 年舊金山和約四十週年，並且強調這份和約並沒有說明台灣應由中國統治或代管，因此台灣人民有權決定自己的前途與命運。[102] 遊行將從中山足球場出發，最後抵達總統府與外交部，而長老教會被編在第三大隊第一區隊，總會特別請牧師記得穿牧師服，原住民盡量穿其傳統服飾。[103] 9 月 8 日當天，長老教會動員了 4 千餘人，下午 2 點從中山足球場出發，沿中山北路、民族西路、承德路、南京西路行走，但是到了中山北路與長安東路口時則被警方以拒馬與蛇籠阻擋。經過多次與總統府、警政署等單位協調談判後，晚間 11 點由總會宣布活動結束，11 點 45 分禱告後群眾才散去。[104] 對於在滂沱大雨中前來參加遊行的會友，教社委員會主委羅榮光牧師表示感謝。[105]

　　1992 年 2 月 23 日，長老教會、公民投票促進會、台灣教授協會等單位聯合主辦「二二三台中大遊行」，抗議 1972 年 2 月 28 日美國與中國發表的〈上海公報〉中「美國認知，台灣海協兩岸的中國人主張只有一個中國，而台灣是中國的一部分」此違反台灣人自決的主張。總會議長孫鴻鎮牧師強調「貫徹本教會於 1991 年 8 月 20 日〈台灣主權獨立宣言〉聲明文中主張我國應『立即公民投票』、『以台灣名義加入聯合國』。」[106] 遊行當天有數萬人參加，長老教會亦有數千名會友參與，在

---

102 〈長老教會教社委員會發函籲請各中會協助動員參加九八大遊行爭取台灣人民自決〉，《台灣教會公報》，第 2061 期（1991 年 9 月 1 日），第 1 版「總會事工」。

103 〈大家參加台北大遊行展現力量〉，《台灣教會公報》，第 2062 期（1991 年 9 月 8 日），第 1 版「總會事工」。

104 吳信如，〈九八大遊行長老教會動員四千名　關心台灣前途的心更加堅定〉，《台灣教會公報》，第 2063 期（1991 年 9 月 15 日），第 1 版「總會事工」。

105 吳信如，〈信徒踴躍參加九八大遊行　教社委員會發表感言與謝意〉，《台灣教會公報》，第 2063 期（1991 年 9 月 15 日），第 2 版「總會事工」。

106 〈大家來參加 2 月 23 日台中大遊行〉，《台灣教會公報》，第 2086 期（1992 年 2 月 23 日），第 1 版「總會事工」。

下午 6 點 30 分共同抵達終點台中市棒球場。[107]

〈六〉台韓斷交與「辜汪會談」

　　1992 年 8 月 23 日，大韓民國政府宣布與中華人民共和國建交，再次衝擊台灣的國際地位。長老教會在 8 月 24 日發表聲明，指出台韓斷交拆穿了國民黨政權宣稱的「『中華民國』主權及於全中國的世紀大謊言」，因此「本會確信台灣必須趕緊揚棄虛構的『中華民國』，建立一個新而獨立的國家，始能以名符其實嶄新的面貌與身分，進軍國際社會，為世人所尊重接納。」[108] 該聲明已表態應該「揚棄中華民國」。

　　針對台韓斷交一事，長老教會總會於該年 10 月 20 日至 22 日舉在新竹聖經學院辦「1992 年關懷台灣前途研討會」，主題是「現階段台灣基督長老教會對台灣扮演的角色」。該研討會分為「台灣教會與中國教會之關係」、「如何建立台灣的國際社會地位」、「政經變遷中如何重建台灣人心靈」等三大議題，邀請專家學者主講與回應。[109] 淡江大學日研所教授許慶雄主講「如何建立台灣的國際社會地位」時指出，國民黨政權主張「一個中國」是台灣的危機，應該「順其自然對內外皆使用『台灣』名號，確立台灣為主權獨立國家之本質與地位」。[110]

　　1993 年 4 月 27 日舉行的「辜汪會談」，長老教會在 4 月 14 日總會年會時通過臨時動議，發表「台灣基督長老教會對當前台灣與中國關係之聲明」，強烈要求國民黨政府終止該會談，並且廢除「國統會」與「國統綱領」。[111] 除此之外，該聲明亦主張「即時以台灣之名義申請加

107　徐佳韻，〈223 大遊行數萬人喊出心中願〉，《台灣教會公報》，第 2087 期（1992 年 3 月 1 日），第 2 版「總會事工」。

108　徐佳韻，〈針對台韓斷交長老教會教社委員會發表聲明〉，《台灣教會公報》，第 2113 期（1992 年 8 月 30 日），第 1 版「總會事工」。

109　徐佳韻，〈1992 年關懷台灣前途研討會〉，《台灣教會公報》，第 2117 期（1992 年 9 月 27 日），第 1 版「總會事工」。

110　徐佳韻，〈關心台灣前途基督徒責無旁貸〉，《台灣教會公報》，第 2121 期（1992 年 10 月 25 日），第 1 版「總會事工」。

111　徐佳韻，〈長老教會總會年會通過緊急臨時動議案　強烈要求政府即刻停止「辜

入聯合國」，以確保台灣主權之獨立。長老教會對於政府的舉措感到憂心，藉此再次強調應以台灣的名字加入聯合國。立法委員翁金珠認為這項聲明甚能符合與代表台灣民意，為了讓該聲明能夠列入國會記錄，成為台灣歷史文獻，因此特別在立法院朗讀了「台灣基督長老教會對當前台灣與中國關係之聲明」。[112]

二、「建國」與「正名」

〈一〉壽山中會的提案

　　1994 年 4 月 5 日至 7 日，第 41 屆總會在台北馬偕醫院召開，除了例行性改選總會幹部之外，該次年會通過了一項相當重要的議決：「為了落實 1977 年〈人權宣言〉的主旨，用實際行動支持台灣成為新而獨立的國家。通過壽山中會提案『支持台灣獨立建國案』，並議定實際步驟包括：1. 發動總會內各教會積極參與並邀請其他教派參與支持。2. 鼓勵總會內傳教者藉著選舉助講傳達台灣獨立建國的理念。3. 由教會與社會委員會執行。」[113] 除此之外，該次總會議通過對千島湖事件、組織宣達團至歐、美、亞各洲宣傳，以及譴責國內賄選風氣。[114]「台灣加入聯合國」宣達團於也在該年 5 月訪問加拿大，在國外確實表達了長老教會期待台灣能夠加入聯合國的立場。[115]

　　千島湖事件引發台灣軒然大波，總會為此起立默哀，並且通過臨時動議要求政府實質關懷，並且應督促政府將國家名稱正名為台灣以提

汪會談」〉，《台灣教會公報》，第 2147 期（1993 年 4 月 25 日），第 1 版「總會事工」。

112 〈翁金珠立委於立院朗讀 要求認同〉，《台灣教會公報》，第 2150 期（1993 年 5 月 16 日），第 1 版「總會事工」。

113 《台灣基督長老教會第 41 屆通常年會議事錄》（1994 年 4 月 5 日 -8 日），頁 57。

114 〈用實際行動支持台灣獨立建國〉，《台灣教會公報》，第 2198 期（1994 年 4 月 17 日），第 1 版「重點新聞」。

115 〈以台灣為名加入聯合國方可獲國際支持〉，《台灣教會公報》，第 2200 期（1994 年 5 月 11 日），第 1 版「重點新聞」。

升國際地位，以此確保台灣人民的安全自由與尊嚴。[116] 此事件讓長老教會響應台灣社會各界發起的「台灣人覺醒運動」，《台灣教會公報》在社論上呼籲全體國民也應該積極參與並且「丟下統一中國的包袱，追求一個有尊嚴、自由與安全的主權在民的獨立國家，如此，台灣人才有前途可言。」[117]《台灣教會公報》於第 2044 期刊登了長老教會教社委員會與「一中一台聯盟」製作的「台灣人覺醒運動傳單」，傳單開頭就問「您是中國人還是台灣人？」、「您要做中國人還是台灣人？」，並且呼籲應自稱台灣人以免失去國家認同。[118]

〈二〉國家與人民正名運動

　　1995 年 3 月 30 日，總會教會與社會委員會在常委會上議決，為了落實 1994 年第 41 屆總會「獨立建國」的決議案，將推動國家及人民的正名運動，稱呼自己為「台灣人」，稱國家為台灣全國或本國。其議案名稱為「加強關心台灣時局及台灣前途案」，該會委員認為總會的「獨立建國案」需要加強台灣人的心理建設及國民外交雙向並進。對內要教育會友，在外交上則加強文宣工作及在任何場合上宣傳台灣獨立建國理念。此案將提交總會年會討論。[119]

　　第 42 屆總會年會議決通過教社委員會這項提案，並且交由總委會執行。該提案強調在聖經與神學上同樣重視名實相符的重要，而台灣長期以來被「大中國沙文主義」影響，使台灣人產生輕視本土的偏差觀念，妨礙了台灣自主前途的開創，教會需要對此有所貢獻，在正名上分

---

116 〈用實際行動支持台灣獨立建國〉，《台灣教會公報》，第 2198 期（1994 年 4 月 17 日），第 1 版「重點新聞」。

117 社論，〈追求台灣人的尊嚴、自立與安全〉，《台灣教會公報》，第 2198 期（1994 年 4 月 17 日），第 2 版「總會事工」。

118 〈台灣人覺醒運動傳單〉，《台灣教會公報》，第 2204 期（1994 年 5 月 29 日），第 18 版「社會文化」。

119 蘇貞芳，〈推動國家及人民正名運動　總會教社委員會將提出臨時議案討論〉，《台灣教會公報》，第 2249 期（1995 年 4 月 9 日），第 1 版「重點新聞」。

成「國家」與「人民」兩個方向。例如「應稱為台灣全國、或本國；不應稱為台灣全省、或本省」;「應稱為台灣人，不應稱為中國人。」最後呼籲政府也跟著一起正名，「促請政府依民主程序速將與『中華人民共和國』混淆之『中華民國』改正為『台灣民國』或『台灣共和國』、『台灣國』等名實相符之國名。」[120] 同年 12 月 8 日，總會常置委員會發函各教會與機構要求使用「台灣」及「台灣人」來指稱本國及本國人，以免觀念混淆不清。[121]

　　長老教會用明確的定義進行正名運動，甚至「促請」國民黨政府也一同放棄「中華民國」此一國號，顯示該教派在台灣獨立的追求上深入到了日常生活的領域。

〈三〉〈新而獨立的台灣聲明〉

　　在通過「獨立建國」與「正名」這兩項重要的議案之後，教會與社會委員會、台灣獨立安全基督徒促進會、台南神學院基督教社會研究所三個單位於 1995 年 10 月 20 至 21 日在新竹聖經學院舉辦研討會，就「建立新而獨立的國家」進行深入的探討。該研討會分成三大重點，分別就「新」的意涵、「獨立」之意義以及「建立新政治文化」，由鄭兒玉、黃昭堂、許慶雄提出見解。研討會結束後，主辦單位移往台北總會事務所，發表了〈新而獨立的台灣聲明〉。其中「新」的意涵是「新國家建立」、「新國家領域」、「新國家主權」、「新國家理念」、「新國家國民」、「新國家文化」、「新國家語言」;「獨立」的意涵為「獨立的意義」、「獨立的程序」、「加入聯合國」、「外交關係」與「國際角色」。最後強調基於上述「新而獨立的國家」所說明之意涵，對於江澤民表示要

---

120 〈總會年會通過教社所提臨時動議案　先確立台灣國家、人民正確名稱〉,《台灣教會公報》，第 2252 期 (1995 年 4 月 30 日)，第 1 版「重點新聞」。
121 〈台灣是國家的名稱　不是一省〉,《台灣教會公報》，第 2285 期 (1995 年 12 月 10 日)，第 1 版「重點新聞」。

訪台與柯林頓會談，則必須重申台灣的主權。[122]《台灣教會公報》亦從第 2279 期開始推出「新而獨立專欄」，表示除了國旗與國號之外，要在更多方面都培養「新而獨立」的精神。[123]

〈四〉「建立新而獨立的台灣」研討會

1996 年 10 月 11 至 12 日，總會教會與社會委員會、台南神學院基督教社會研究所與台灣獨立安全基督徒促進會在新竹聖經學院共同舉辦了「建立新而獨立的台灣」研討會，並以「台灣總統」、「台灣國號」、「台灣魂」為演講主題，並於研討會結束後發表「建立新而獨立的台灣研討會呼籲文」。該呼籲文與以往較為不同的是提到了「有關對台灣人民及政黨的期待」，表示「台灣人民應積極支持一切主張並力行台灣獨立建國的政黨，以及早日建立新而獨立的台灣共和國」；關於新文化方面，「台灣要培養新國民的意識與氣質，並建立台灣特有的海洋文化，來塑造現代化國家的氣象。」[124]

三、展現並堅持新國家認同之立場

長老教會的國家認同在 1995 年發表〈新而獨立的台灣聲明〉便大致底定，之後官方發表的聲明也以此為基調。例如 1999 年 7 月 9 日，總會議長許天賢與總幹事羅榮光聯名發表〈台灣基督長老教會對李登輝總統「兩國論」的肯定與呼籲〉，表明支持李登輝宣稱台灣是主權獨立的國家，呼籲儘快制憲、公投立法、以台灣之名進入聯合國。[125] 2002

---

122 周克修，〈建構新而獨立的國家藍圖　總會教社等團體舉行研討會並發表聲明〉，《台灣教會公報》，第 2278 期（1995 年 10 月 29 日），第 1 版「重點新聞」。
123 〈為推廣新而獨立精神努力　本報推出「新而獨立專欄」〉，《台灣教會公報》，第 2279 期（1995 年 11 月 5 日），第 1 版「重點新聞」。
124 廖承恩，〈長老教會再度呼籲：以台灣之名加入國際組織〉，《台灣教會公報》，第 2329 期（1996 年 10 月 20 日），第 2 版「教會要聞」。
125 〈台灣基督長老教會肯定「兩國論」〉，《台灣教會公報》，第 2473 期（1999 年 7 月 25 日），第 1 版「重點消息」。

年 8 月 1 日，總會臨時總委會通過〈以台灣國名，行台灣路——台灣國家正名，加入聯合國運動宣言〉，支持陳水扁總統的「一邊一國」論，認為該論述也是長老教會「在信仰告白裡主張建立新而獨立國家的原因」。[126] 2011 年 12 月 9 日，長老教會在立委選舉前舉辦了「為台灣國祈禱會」，300 位牧師用祈禱祝福這以「台灣」為名的國家。[127]

儘管社會各界普遍認為長老教會「偏獨」或「偏綠」，但是當長老教會確定了國家認同的基本立場之後，也同樣以此標準來檢視政治人物。2000 年台灣首次政黨輪替，長老教會提出六項議題作為與新政府互動的立場原則，其中第一項就是「繼續堅持台灣為主權獨立的國家」。[128] 隔年元月，總統陳水扁在元旦文告中提出從兩岸文化與經貿的「統合論」，總會總幹事羅榮光即表示陳水扁的言論有向中國靠攏的趨勢，提醒他不要忘記支持者的期待；助理總幹事張德謙也說「統合論」將使台灣獨立建國的道路更加難走，但長老教會追求新而獨立國家的感動從未改變，因此「不會隨著執政者而變調」。[129] 2002 年陳水扁發表「一邊一國論」時，總會議長王光賜表示：「不用怕啦！上帝會保守台灣的」、「不要讓在野黨及中國政府的言詞攻擊，讓陳總統覺得很孤單」，認為陳水扁的論述是基於事實。[130] 2007 年 1 月，李登輝在接受《壹週刊》專訪時表示「從未主張台獨」，長老教會牧長們多表示「傷心難過」。牧師鄭英兒認為這深深傷害了長老教會，林宗正更直言「我

---

126 〈以台灣為名，行台灣路〉，《台灣教會公報》，第 2632 期（2002 年 8 月 11 日），第 1 版。

127 李信仁，〈族群共榮 各族孩童齊訴盼望〉，《台灣教會公報》，第 3120 期（2011 年 12 月 12 日 -18 日），第 2 版「教會消息」。

128 陳萬金，〈願新總統遵守上帝旨意〉，《台灣教會公報》，第 3120 期（2011 年 12 月 12 日 -18 日），第 2 版「教會消息」。

129 傅恩平，〈請總統莫忘支持者的期待〉，《台灣教會公報》，第 2551 / 2552 期（2001 年 1 月 21/28 日），第 2 版「重點消息」。

130 林宜瑩，〈嘸免驚 台灣勇敢向前行〉，《台灣教會公報》，第 2632 期（2002 年 8 月 11 日），第 1 版。

心甚是苦啊」，並強調處在艱苦困境時只能依靠上帝。[131]

　　不論是「新」或是「獨立」的意涵，〈新而獨立的台灣聲明〉皆連續使用「台灣國」作為國家名稱，並且說明獨立建國的程序，長老教會追求台灣獨立的意願與方法至此方告完備。往後長老教會對國家認同相關的論述，除了會因為當下的時事而在表達或是主張上出現些微差異之外，基本上並不會超過 1995 年〈新而獨立的台灣聲明〉的範圍。從官方的議決、文告與活動來觀察長老教會的國家認同，該教派在 1960 與 1970 年代普遍存在著「護教反共」與「愛國（中華民國）」的氛圍，這一點可以從請示國民黨政府關於普世教協的去留，以及反共委員會的組織與其活動來觀察。雖然一定程度上這是政府施壓之下的「表態」，不過在國際教會組織與反共「國策」中擇一的情況下，長老教會選擇了後者，而這樣的選擇與當時的國家認同並不衝突。

　　在中華民國多事之秋的 1970 年代，長老教會發表了三項宣言。此處姑且不論〈人權宣言〉的台獨意涵（另於第四章討論），該宣言倒是開啟了長老教會在《台灣教會公報》與 1980 年代諸多會議中，關於「鄉土」、「認同」、「自決」等名詞的討論，並且累積相當的成果。這些討論在會後以宣言、呼籲或報導的方式呈現在大眾面前，以白紙黑字一次又一次地明示長老教會認同鄉土、本土的走向。在長老教會聚焦於鄉土、本土的同時，《台灣教會公報》在 1979 年開始呼籲神學的本色化，但或許是因為討論尚未形成共識，因此「本色化」、「本地化」、「實況化」、「處境化」等詞交錯使用著，也沒有出現相當嚴謹的定義。[132] 儘管宗教與政治分屬於不同的領域，但宗教領域與政治領域的互動與影響卻是不可避免的，同樣不能忽略宗教信仰或神學思想產生的

131　林宜瑩，〈長老教會牧長評李登輝近日言論〉，《台灣教會公報》，第 2867 期（2007年 2 月 5 日 -11 日），第 4 版「教會消息」。

132　例如林本炫將「本土化」與「本色化」視為同義字，並認為台灣基督長老教會的本土化方向是神學或福音的的本土化（實況化）。參見林本炫，《台灣的政教衝突》（台北：稻鄉出版社，1990 年），頁 84。

社會處境（social context），甚至社會處境如何決定神學的方向（social determinants）。[133] 這些對鄉土、本土確認的過程往往受到國內外局勢變化的刺激，例如民進黨成立、鄭南榕自焚、國民大會修憲、千島湖事件等等，讓長老教會的國家認同在 1990 年代更進一步走向台灣獨立建國，並且透過總會的高度加以宣告。

　　從 1960 年代便逐漸開展的「反共護教」、「愛國」到 1995 年「台灣國」的出現，長老教會在國家認同方面確實出現了轉移，這樣的改變也反映著長老教會的焦慮。〈人權宣言〉之後啟動的鄉土論述中可見其「文化認同」逐漸開始轉變，到了 1980 年代延伸至「族群認同」的層面，最後則是提出對憲法、國號等「制度認同」的改變，甚至議決以實質行動支持台灣獨立，並且以此標準檢視政治人物的作為。或許也可以這樣說，長老教會官方國家認同的轉移是該教派與台灣現況（外交、內政、社會事件）不斷互動下的結果，漸漸從「大中華」走到了「台灣國」。

---

133 邢福增，《當代中國政教關係》（香港：建道神學院基督教與中國文化研究中心，2005 年），頁 6。

第四章
長老教會對〈人權宣言〉台獨意涵之詮釋演變

　　1977 年 8 月，台灣基督長老教會發表了〈台灣基督長老教會人權宣言〉，裡頭一句「使台灣成為新而獨立的國家」不僅在台灣引發軒然大波，更觸動了在戒嚴時期一個不僅敏感、甚至是危險的台獨議題。該宣言在台灣的民主發展史具有相當程度的分量，並且至今已被普遍認為是一份公開宣告長老教會支持台灣獨立的文件，「新而獨立的國家」一詞也成為該教派在國家認同與統獨立場的重要表述。但即便是長老教會的自我詮釋，如今該宣言的台獨成分其實也是隨著時代演進而不斷「加值」的結果，實非 1977 年的樣貌。

　　本章將羅列《台灣教會公報》中自〈國是聲明〉到〈人權宣言〉發表後，長老教會關於制度認同與文化認同的論述，並且提出〈人權宣言〉即宣告台灣獨立的質疑。另外透過《台灣教會公報》上關於〈人權宣言〉的文字來探討長老教會對該宣言的詮釋演變，觀察何時從「自決」走向「獨立」，回溯該教派對〈人權宣言〉意涵的建構過程，找出後設敘事與台灣社會時事互動的軌跡。

第一節　〈人權宣言〉三十週年的反思

一、熱鬧慶祝〈人權宣言〉三十週年

　　2007 年，台灣基督長老教會熱鬧慶祝〈人權宣言〉發表三十週年，〈人權宣言〉之所以如此受到長老教會的重視，主要是由於該宣言

至今被認為在台灣的民主發展史有相當程度的分量。[1] 1977 年的台灣尚未解嚴，但是當台灣持續被國際邊緣化，甚至可能成為中美建交之犧牲品的情況下，長老教會基於信仰的原則甘冒政治上的風險，透過《台灣教會公報》發表了這篇〈台灣基督長老教會人權宣言〉。該宣言最敏感的一段文字是「為達成台灣人民獨立與自由的願望，我們促請政府於此國際情勢危急之際，面對現實，採取有效措施，使台灣成為一個新而獨立的國家。」從此之後「使台灣成為新而獨立的國家」這句話便不斷進出台灣民主發展的過程中，甚至被認為是長老教會宣告台獨立場的肇始，也被各界書寫了至今依舊根深蒂固的台獨形象。

　　〈人權宣言〉在經歷了 30 個寒暑之後，長老教會為此舉辦了一系列的紀念活動，總委會行文給各中會、區會，要求動員參加「812 人權宣言三十週年大遊行」。[2] 2007 年 4 月 16 日上午 11 點，當時的總會議長潘慶彰牧師前往拜會高雄市長陳菊，討論紀念「人權宣言三十週年」萬人大遊行活動。陳菊表示其一向敬重長老教會長期以來對台灣民主和人權事務的參與和貢獻，尤其感佩該教派在白色恐怖期間依然能堅持以信仰原則行出真理。因此陳菊認為「人權宣言三十週年」的活動不應只在教會內部被紀念，更應該擴大成為全台灣社會可以共同參與的活動。[3] 當年推動〈人權宣言〉的重要人物，也是前總會總幹事的高俊明牧師表示，不要以為 30 年來台灣民主與自由的進步都是長老教會的功勞，而是全體人民共同打拚的成果。如今「建立新而獨立的國家」的目標尚未達成，仍應繼續努力以台灣之名加入聯合國以及制定新憲法，使台灣成為新而獨立的國家。[4]

1　〈人權宣言〉全文可參閱徐信德、施瑞雲等編，《台灣基督長老教會 1971-1992 總會社會關懷文獻》（台北：台灣基督長老教會總會資料中心，1992 年），頁 13-14。
2　《台灣基督長老教會總會第 53 屆通常年會報告書》（2008 年 3 月 25 日 -28 日），頁 3。
3　邱國榮，〈萬人遊行　紀念人權宣言〉，《台灣教會公報》，第 2878 期（2007 年 4 月 23 日 -29 日），第 3 版「教會消息」。
4　林宜瑩，〈人權宣言大遊行　將邀謝長廷、馬英九〉，《台灣教會公報》，第 2891 期

　　8月5日，「手護台灣大聯盟」在公務人力發展中心舉辦「人權宣言三十週年感恩之夜」，特別邀請了當時的總統陳水扁、總統候選人謝長廷、台獨聯盟主席黃昭堂、考試院院長姚嘉文、長老教會總會議長潘慶彰、前任總會總幹事高俊明等出席。陳水扁在致詞的時候表示，沒有長老教會就沒有今天台灣的民主與自由進步，並敬佩長老教會在戒嚴時期不畏獨裁者的威脅大聲說出「台灣要成為新而獨立的國家」；謝長廷也表示，〈人權宣言〉確實對台灣民主運動有重大影響，也給參與民主運動者很大啟示。[5]

　　8月12日下午4點前後，紀念〈人權宣言〉的大遊行在高雄市愛河正式展開，經過數個月的宣傳，估計約有5萬人參加。除了教會人士外，也有多位政治人物到場，如行政院長張俊雄、高雄市長陳菊、民進黨主席游錫堃、台聯主席黃昆輝等。黃昆輝表示現在提「台灣獨立」已不是禁忌，這是長老教會的功勞。[6]

　　相關的紀念活動並非只有遊行，也有文章刊登與資料展示、各教會或中會自訂紀念禮拜、書籍出版與舉辦研討會等等。[7] 該年8月總會出版了《台灣新而獨立的國家：台灣基督長老教會人權宣言聖經與神學論述》一書（以下簡稱《台灣新而獨立的國家》），內容主要是〈人權宣言〉的歷史回顧、聖經與神學的反省以及落實宣言的展望；12月3日到6日總會在新竹聖經學院舉辦了「人權宣言三十週年國際研討會」，會中邀請高俊明、鄭兒玉、宋泉盛、王南傑、黃昭堂等牧師與學者討論宣言的歷史與台灣建國問題。高俊明在會中表示，要在全人類與上帝、

　　（2007年7月23日-29日），第3版「教會消息」。

5　林宜瑩，〈潘慶彰：812遊行為國家正常化努力〉，《台灣教會公報》，第2893期（2007年8月6日-12日），第2版「教會消息」。

6　邱國榮、林宜瑩，〈五萬人繞行愛河　破長老教會動員紀錄〉，《台灣教會公報》，第2894期（2007年8月13日-19日），第2版「特別報導」。

7　高俊明等著，《台灣新而獨立的國家：台灣基督長老教會人權宣言聖經與神學論述》（台北：台灣基督長老教會總會信仰與教制委員會，2007年），頁11-12。

上帝與全人類間有真正和解的交集上追求台灣真實的獨立。[8]

二、慶典式的回顧：《台灣新而獨立的國家》

　　2007 年 8 月長老教會發行了《台灣新而獨立的國家》，該書關於〈人權宣言〉內容與歷史的詮釋被列為〈人權宣言〉三十週年紀念活動的重點之一，或許也可以視為宣言發表 30 年後的又一次總結。

　　《台灣新而獨立的國家》一書共有 17 位作者，多為長老教會的牧師與學者，主要章節分為三大項，分別是歷史回顧、聖經與神學的反省以及建構與展望。張宗隆〈追述「人權宣言」前後，再思領受上帝的應許〉一文中認為這份宣言不是只求「政治上的建國」，而《台灣教會公報》是當時「極其鮮少的本土及鼓吹民主、獨立的刊物」，並提到台灣建國尚未成功、建國和更新的路雖然漫長、崎嶇，可是成功指日可待；[9] 黃伯和〈放我的子民走〉表示長老教會於 1978 年在面對社會各界認為「台灣新而獨立的國家」是在搞「台獨」時所發表的澄清，「由於主張台獨在當時的社會情境是極度危險的行為，台灣教會在後來的『澄清文』中一再撇清長老教會與台獨的關係，並解釋此一宣言的『新而獨立』也非台獨主張」、「這種把人權宣言『新而獨立之國家』的主張與台獨劃清界線的作法，在當時的環境或有不得不然的客觀因素」。[10] 對於這樣的說詞也有學者支持，認為「澄清文」的發表是基於對各界抨擊之下的安全作法。[11]

8 　林宜瑩，〈人權宣言三十週年學術研討會〉，《台灣教會公報》，第 2911 期（2007 年 12 月 10 日 -16 日），第 3 版「教會消息」。

9 　張宗隆，〈追述〈人權宣言〉前後，再思領受上帝的應許〉，高俊明等著，《台灣新而獨立的國家：台灣基督長老教會人權宣言聖經與神學論述》，頁 61-64、73。

10 黃伯和，〈放我的子民走〉，高俊明等著，《台灣新而獨立的國家：台灣基督長老教會人權宣言聖經與神學論述》，頁 177。

11 Murray A. Rubinstein, "The Presbyterian Church in the Formation of Taiwan's Democratic Society, 1945-2004." in Tun-Jen Cheng ed., *Religious Organizations and Democratization: Case Studies from Contemporary Asia.* (New York: M. E. Sharpe Inc.,

高俊明在〈建設真善美的新台灣——新而獨立的國家〉則說他個人對台灣前途的祈禱是建立「新而獨立的台灣國」；[12] 宋泉盛〈自由、民主、獨立是台灣人民的人權〉一文認為〈人權宣言〉「跨越了一個最嚴重的政治禁忌而主張台灣獨立」，至於為什麼長老教會當時沒有對「新而獨立」作出解釋，宋泉盛認為可能是因為「宣言過於簡短」、「或許說不定還有其他的原因」；[13] 黃昭弘〈台灣基督長老教會政治關懷的里程碑——使台灣成為一個新而獨立的國家〉表示關於什麼是新而獨立的國家「大家似乎都明白，但卻沒有具體地說清楚。也許這是在戒嚴時期，白色恐怖的氛圍下，有意的模糊。」直到 1995 年 10 月 21 日發表「新而獨立的台灣」聲明，才向國內外清楚說明「新」與「獨立」之意涵。[14] 楊啟壽也認為教會事後對〈人權宣言〉的澄清雖然矛盾，但是「這些說明必須充分瞭解當時的政治環境才能正確解讀『宣言』的真正意涵，尤其是當時教會領導者的勇氣與苦心。」[15]

因此根據上述長老教會對於〈人權宣言〉歷史背景與其涵義的解釋，大致上可以得到一個結論：〈人權宣言〉的發表是長老教會基於信仰的勇氣向政府提出建言，內容陳述了台灣獨立的立場，也因此遭到了國民黨政府的迫害與社會團體的攻擊和誤解；而之後長老教會澄清該宣言與台獨無關是受到時代壓力影響不得不然的結果，所以對宣言中「新」與「獨立」的解釋才會在發表後 18 年才正式向外說明，說明

Press 2005), pp. 123-124.

12　高俊明，〈建設真善美的新台灣——新而獨立的國家〉，高俊明等著，《台灣新而獨立的國家：台灣基督長老教會人權宣言聖經與神學論述》，頁 255。

13　宋泉盛，〈自由、民主、獨立是台灣人民的人權〉，高俊明等著，《台灣新而獨立的國家：台灣基督長老教會人權宣言聖經與神學論述》，頁 277-278。

14　黃昭弘，〈台灣基督長老教會政治關懷的里程碑——使台灣成為一個新而獨立的國家〉，高俊明等著，《台灣新而獨立的國家：台灣基督長老教會人權宣言聖經與神學論述》，頁 292。

15　楊啟壽，〈台灣基督長老教會人權宣言的時代性、正當性、影響及今日教會應有的反思〉，高俊明等著，《台灣新而獨立的國家：台灣基督長老教會人權宣言聖經與神學論述》，頁 116。

〈人權宣言〉就是要求台灣獨立建國。

　　楊啟壽對於長老教會澄清〈人權宣言〉無關台獨的看法很正確，也就是必須要充分瞭解當時的政治環境才能正確解讀，不過其對於解讀的角度則有討論的空間。因此這就牽涉到另外一個問題：誰來解讀？如何解讀？一般在論述 1970 年代長老教會與國民黨政府的政教關係時，通常會把焦點放在與黨外人士的互動以及和政府衝突的脈絡中來討論，而忽略了同時期長老教會對中華民國的制度認同與文化認同程度。另外自 1971 年〈國是聲明〉到 1977 年〈人權宣言〉當中有將近 7 年的時間，在這 7 年當中難道長老教會已不存在對中華民國的制度、文化與族群認同？但是相關的敘述或研究卻較少提起這個區塊。原因或許是這些敘述與研究的重點在於凸顯長老教會與國民黨之間的「政教衝突」，因此一些與政教衝突不相干、而且有可能是相左的論述自然會被有意與無意地忽略。

三、幾個反思的方向

　　紀念〈人權宣言〉對長老教會來說算是常態，只是方式有所不同罷了。2007 年適逢〈人權宣言〉三十週年，因此長老教會決定擴大慶祝，活動規模與深度上前所未有，頗有一番不同於以往的氣勢。但是爬梳了 1970 年至 2007 年的《台灣教會公報》之後發現，目前長老教會對〈人權宣言〉的歷史敘事其實有著值得商榷的空間，至少可有三個不同的思考方向。

〈一〉1977 年昭告天下台獨立場？

　　〈人權宣言〉中的這一句「使台灣成為新而獨立的國家」在當時引發了不小的風波，包含國民黨政府的猜忌、不同立場的社會與教會團體的批評與誤解，甚至連長老教會內部也都有不同的聲音。也因此長老教

會在 1978 年的教會公報上發表「澄清」，明白表示〈人權宣言〉的發表是因為愛國，與台獨全然無關。[16] 但是在 1995 年 10 月 21 日，長老教會轄下的教會與社會委員會、台南神學院與台灣獨立安全基督徒促進會等三個單位聯合發表了「新而獨立的台灣」聲明，內容說明了「新」與「獨立」的內涵。關於「新」的部分明確地使用了「台灣國」三字，「獨立」則宣告獨立的程序，包含經由民主程序制定台灣憲法、國號、國旗與國歌。[17] 不管是對〈人權宣言〉的詮釋還是長老教會政教關係的研究，相關的著作與論文數量十分眾多，無法在此一一列舉。但是一般來講，目前〈人權宣言〉大致上已經被認為是一份含有台獨要求的公開聲明。

如果同一份宣言在兩個不同的時代中，出現了兩個截然不同的解釋，那麼 1977 年當下的「新而獨立」究竟是什麼意思？長老教會發表〈人權宣言〉的目的是否就是為了在當下表明追求台灣獨立的政治意圖？還是〈人權宣言〉的獨立論述實際上也需要隨著時代的脈動不斷建構？這是本章第一個要釐清的問題。

〈二〉宣言發表後方與政府對立？

長老教會或學術界對於〈人權宣言〉的歷史敘述上經常與 1971 年以及 1975 年發表的〈國是的聲明與建議〉與〈我們的呼籲〉連帶提及，並且在過程中穿插著政府壓迫與社會大眾不解等時事。例如 1978 年 2 月 11 日至 14 日長老教會台南區基督教大專服務中心假台南神學院舉辦大專春令營，13 日晚間當時總會總幹事高俊明演講「人權宣言的基本精神」，說明了「三次聲明」的意義以及發表後所引發的迴響；[18]

16　社論，〈台灣基督長老教會澄清外界對人權宣言之誤解〉，《台灣教會公報》，第 1362 期（1978 年 4 月 9 日），第 2 版。

17　周克修，〈建構新而獨立國家藍圖　總會教社等團體舉行研討會並發表聲明〉，《台灣教會公報》，第 2278 期（1995 年 10 月 29 日），第 1 版「重點新聞」。

18　社論，〈我們的哀歌與希望──發表「對國是的聲明與建議」七週年感言〉，《台灣教會公報》，第 1355 期（1979 年 1 月 7 日），第 2 版。

1979 年《台灣教會公報》一篇關於「對國是的聲明與建議」七週年的社論提到三個宣言的發表讓長老教會受到指責、騷擾以及傳教者出國受到限制，甚至長老教會的財團法人都有解體的危險；1997 年 4 月 7 日，〈人權宣言〉起草人之一的王南傑受邀演講於長老教會與獨安會在義光教會舉辦的「為台灣祈禱會」，題目為「『人權宣言』之始末」。王南傑在說明〈人權宣言〉始末之前，先提到了〈國是的聲明與建議〉、〈我們的呼籲〉以及發表後所遭受的壓迫；[19] 林本炫在《台灣的政教衝突》中提到民國 60 年代長老教會與國民黨政府關係惡化始於三宣言的發表；[20] 陳玉梅〈台灣基督長老教會的政治參與〉的第三章「1971 年至 1980 年台灣基督長老教會的歷史發展」中第二節「三次宣言造成的政教關係及教會變化」、第三節「政教衝突的高潮」便接連敘述三次宣言以及國民黨政府對長老教會的各種騷擾與干涉。[21]

　　因此這三個「宣言」的先後發表大致上被解讀為長老教會與國民黨政府關係惡化的開始，即長老教會與政府的緊張關係始於〈國是聲明〉，於是壓迫與批評便不斷發生，接著〈人權宣言〉的出現則是要求台灣獨立，高俊明牧師最終受到〈人權宣言〉的牽連，在美麗島事件被國民黨政府逮捕入獄。這樣的敘述在邏輯上並沒有錯誤，卻似乎顯得過於片面，忽略了 1960 與 1970 年代冷戰下的「反共」歷史脈絡，也把長老教會與國民黨政府衝突過於簡化，直接把原因推給了在 1970 年代的台灣其實不算存在，或是不甚明顯的國家認同議題。

〈三〉威權時代的公開陳述皆屬工具論？

　　最後，關於〈人權宣言〉中「新」與「獨立」最終詮釋的文告為什

19　陳文珊，〈凸顯「人權宣言」的歷史意義「為台灣祈禱會」邀請王南傑牧師談起人權宣言的起草始末〉，《台灣教會公報》，第 2355 期（1997 年 4 月 20 日），第 3 版「教會要聞」。

20　林本炫，《台灣的政教衝突》（台北：稻鄉出版社，1994 年），頁 97-102。

21　陳玉梅，〈長老教會的政治參與〉（台北：臺灣大學社會研究所碩士論文，1995 年），頁 61-87。

麼要等到 18 年後的 1995 年？ 1978 年長老教會對外發表的「澄清」以及和台獨劃清界線的態度能不能找到因身處於威權統治下「不得已」之外的解釋？[22] 本書在緒論中提到蕭阿勤對戰後受國民黨完整黨國教育的知識分子研究，這些二次大戰結束後出生的世代，其深受中國民族主義取向的歷史敘事影響，因此懷抱著相當程度的中國國族認同。因此該世代的公開言論一定程度上足以反映某種真實情感與認同，不然皆無法將活躍於 70 年代知識分子的世代認同、政治投入，以及其誠懇、激情的言論與歷史敘事給聯繫起來。[23] 因此長老教會在 1970 年代中所表現的中華民國認同似乎不是只用「威權時代」之下無奈的「工具論」就能解釋的，國民黨的黨國教育畢竟還是有其積極作用。

關於長老教會官方國家認同在第三章有完整論述，因此本章將藉由長老教會對〈人權宣言〉詮釋的演變來觀察該教派國家認同轉變，作為與該教派官方立場的比較與參照。

第二節　三民主義、偉大領袖與中華文化下的〈人權宣言〉

正如《台灣新而獨立的國家》一書中所申明的，〈人權宣言〉的發表就是要求台灣要獨立，而發表後關於「台獨」的「誤解」與「否認」則要回到當時的政治環境才能正確解讀。但是「回到當時的政治環境」光靠回憶等後設敘述是不夠的，其實只要走一遭 1971 年到 1978 年《台灣教會公報》，相信對於長老教會國家認同會有不同的感受，其制度、文化與族群認同偏向三民主義、中華民國與中華文化。

---

22 王昭文便認為〈人權宣言〉沒有超過支持中華民國獨立與要求民主改革的立場。參見王昭文，〈喊台獨之外——長老教會的政治關懷演變〉，《新使者雜誌》（2003年 4 月），頁 55-58；王崇堯同樣表示〈人權宣言〉說出了長期被壓抑的聲音，也就是臺灣人有權決定自己的前途，而作為一個人最寶貴的就是「自決」。參見王崇堯，《台灣本土情境中的聖餐》（台南：復文，2006 年），頁 248-253。

23 蕭阿勤，〈威權統治下的國族認同：隱蔽與公開、連續與斷裂〉，《思想 4，台灣的七十年代》，頁 149-157。

　　1971 年 12 月 16 日，長老教會總會發表〈台灣基督長老教會對國是的聲明與建議〉，主要訴求是反對任何國家罔顧台灣地區一千五百萬人民的人權與意志，並希望中央民意代表全新改選，〈國是聲明〉一般被解釋為長老教會與國民黨政府關係惡化的開始。

　　1972 年初，《台灣教會公報》刊載了一篇屬名「台南神學院師生一仝」的文章〈基督徒對國家民族存亡的責任：響應『我們的呼籲』〉，開頭便自稱「作為中華民國的一份子」，並且認為基督徒在國家面臨憂患之際，也必須把愛同胞、愛民族、愛社會、愛國家的福音傳給週遭的人。其中一段更慷慨激昂地說「三民主義的新中國有待每一位有熱血、有智慧的中華兒女去共同努力與建設。作為基督徒、我們深信一切以民為本的民族主義、民權主義、民生主義不是口號而已。它確實能夠也曾經有足夠的力量使中華民國誕生。」文末則以「對此時此地的中國基督徒」自我表述，最後宣告「我們是基督徒，是國家的一份子。我們願意跟所有同胞站在同一線上，對國家民族的存亡盡共同的責任。」[24]

　　1973 年 2 月 34 日，行政院長蔣經國以「對國家成敗負全責之心情」向立法院提出施政報告，而《台灣教會公報》在 3 月 4 日第 1098 期頭版中的「橫斷面」做出了回應。文中指出政府除了發展經濟之外，更應該在國家制度上做重大的革新，如此才能面對新的挑戰。最後認為每一位生存在「自由中國台灣」的國民都應該有蔣院長「對國家成敗負全責」的心情。[25]

　　1973 年 4 月 8 日，美國長老教會駐日宣教師率領日本的大學生共 15 人抵台，進行為期一週的訪問，行程之一是參觀故宮博物院。教會

24　台南神學院師生一仝，〈基督徒對國家民族存亡的責任〉，《台灣教會公報》，第 1706 期（1972 年 1 月），第 22 版。這裡所響應的〈我們的呼籲〉是指臺大、政大與師大廿三位社團負責人的聯合聲明，內容大致是希望青年們站起來，共赴國難。

25　橫斷面，〈對國家成敗負全責〉，《台灣教會公報》，第 1098 期（1973 年 3 月 4 日），第 1 版。

公報在第 1104 期的封面刊登相關報導，標題是〈加強了解增進中日情誼，日本大學生來華訪問，盛讚我國歷史文化宏偉〉。[26] 同年 5 月 26 日，蔣經國在清晨約 5 點 30 分前往玉山神學院參觀，該次參觀並未事先通知，等到步行至教務主任李嘉嵩牧師宿舍前才被李牧師認了出來。之後楊啟壽代理院長向蔣經國報告校務概況，並送行至校門。[27] 隔一期《台灣教會公報》的橫斷面對此表示敬佩，並認為好的行政長官應深入基層才能獲得全民的擁戴，蔣經國的作風確實搏得了社會的讚賞。[28] 6 月 17 日，《台灣教會公報》第 1113 期的橫斷面以「反共、愛國之心不容置疑」為題，指出希望政府自立自強爭取國際上的聲譽與地位，亦期望教會與政府取得更密切的聯繫，不致使教會遭到無謂的困擾。[29]

　　1973 年 9 月 10 日，長老教會總會於陽明山嶺頭山莊召開「教會與社會研究會」，為期共三天，主題為「教會的整體性」、「基督徒對共產主義應有的認識」、「基督徒的愛國心」等三個方向，並以演講與討論的方式進行。經過三天的議程，關於「基督徒的愛國心」的結論為基於聖經啟示的愛與公義表現真正的愛國心，加強與政府的溝通以及負起善意批評的責任。[30] 1974 年 10 月 20 日《台灣教會公報》第 1182 期刊出社論〈英明果斷・精誠負責——談台灣教會公報的展望〉，裡面談了經營《台灣教會公報》的艱辛，其中有一段「我們誠願見到由於您們的奉獻支持，加上我們的努力，能使這份報紙真正成為代表全球中國基督徒發言，宣揚福音、伸張公義、維護自由和平、尊重人權的一份報紙。」期

26　〈加強彼此了解增進中日情誼〉，《台灣教會公報》，第 1104 期（1973 年 4 月 15 日），第 1 版。

27　〈消滅特權運動〉，《台灣教會公報》，第 1111 期（1973 年 6 月 3 日），第 1 版。

28　〈從蔣院長下鄉訪問說起〉，《台灣教會公報》，第 1112 期（1973 年 6 月 10 日），第 1 版。

29　〈反共、愛國之心不容置疑〉，《台灣教會公報》，第 1113 期（1973 年 6 月 17 日），第 1 版。

30　〈處在瀕臨分裂的世界應如何保持教會的一體性 教會與社會研究明隆重揭幕〉，《台灣教會公報》，第 1125 期（1973 年 9 月 9 日），第 1 版。

許《台灣教會公報》能為「全中國」的基督徒代言。[31]

　　1975 年 4 月 5 日，總統蔣介石逝世，總會議長王南傑發函表示蔣介石的逝世是痛失一位偉大的領袖，更使全世界人類失去了一位最堅強的反共鬥士，並稱「我國雖經日本侵略者八年的蹂躪，勝利後故總統以基督無限寬恕的心情以德報怨，更不為世人所忘記。」[32] 蔣介石離世大概半年後，同一位議長代表長老教會發表〈我們的呼籲〉，「鑑於國家正處危急存亡之秋」提出對政府的建言。[33]

　　1976 年 1 月 11 日，《台灣教會公報》第 1245 期的社論〈培養新觀念建立新制度〉，內文在檢討長老教會已入台 111 年，但是最近十餘年卻因行政制度不夠健全、地方觀念守舊等等原因，造成目前沒有呈現蓬勃的朝氣，因此長老教會需要建立新的制度，並以孫文領導革命推翻滿清為例。如「國父孫中山先生倡導革命推翻滿清也是基於強烈的基督教思想」、「國父革命的理由，堅信這種新中國的理想，必須由新的社會制度去實踐。」又認為「當然，以我國五千年的帝王政治的背景要轉變為真正的民主社會，著實不是一件容易的事……」、「教會除了追求自己的靈性生活之外仍願積極協助國家成為開放民主的國家」。[34]

　　1977 年 1 月 20 日，民主黨的卡特（Jimmy Carter，1924-）就任美國第 39 任總統，其人權外交路線受到長老教會的重視。第 1305 期的教會公報社論〈為維護人權而戰〉就表示了對卡特總統的期待，並且認為「我政府為維護人權的努力不遺餘力，尤其我們為了恢復大陸人民之人權自由奮戰不懈，而且這種維護大陸人權的工作成為一項神聖的任

31　社論，〈英明果斷・精誠負責──談台灣教會公報的展望〉，《台灣教會公報》，第 1182 期（1974 年 10 月 20 日），第 2 版。

32　〈故總統　蔣公崩殂〉，《台灣教會公報》，第 1206 期（1975 年 4 月 13 日），第 1 版。

33　台灣基督長老教會總會資料中心，《1971-1998 台灣基督長老教會總會社會關懷文獻》（台南：人光出版社，1998 年），頁 6-10。

34　社論，〈培養新觀念建立新制度〉，《台灣教會公報》，第 1245 期（1976 年 1 月 11 日），第 2 版。

務。」、「我們應與政府同一陣線來保護人權，我們所有的政治、經濟、文化各項措施均以維護人權為大前提，教會是實踐上帝旨意的共同體，我們秉著對上帝的信心、努力貢獻自己，協助政府建立一個公義、和平、安樂的社會。」[35] 4 月 26 日，國民黨中央黨部社會工作會於台北中心餐廳召開座談會，藉此祝賀總會新任幹部與歡迎總幹事高俊明牧師回國，並邀卸任的總會議長莊經顯牧師、新任正副議長、正副書記、總幹事赴會，並請牧師陳溪圳、王南傑、王再興等列席參與。總會議長趙信㥁表示，教會將直接或間接協助政府為大陸同胞靈魂得救來努力，並與國內外熱愛祖國之僑胞、外國教會等保持聯繫，「積極協助政府推行公義，建設三民主義、自由、民主的國家。」[36]

1977 年 5 月 12 日，卡特總統宣布將與中國進行外交正常化，引發台灣社會不小的風波，長老教會為此在《台灣教會公報》在頭版刊登了〈人權宣言〉全文，主張台灣的前途應由自己決定，那一句關鍵的「使台灣成為一個新而獨立的國家」終於問世。頭版的角落刊了一則〈又訊〉，內容是「蔣院長曾於 8 月 17 日聯合報中表示，政府亟求國是宣言，勉勵全國同胞共同負擔起拯救國家、復興國家的責任。我總會並以此人權宣言呈蔣院長、內政部長及其他有關政府官長。」[37]

9 月 8 日，國民黨中央黨部社會工作組邀請長老教會成員到中南部進行為期三天的國家建設參觀，受邀的有總會代議長、各中會議長、各單位代表及總會事務所各組幹部。《台灣教會公報》在 9 月 18 日第 1333 期頭版報導了這三天的行程，並於第 2 版小篇幅刊登〈長老會牧長國家建設訪問團花絮〉，並表示感謝中央黨部社會組主任邱創煥的全

35　社論，〈為維護人權而戰〉，《台灣教會公報》，第 1305 期（1977 年 3 月 6 日），第 2 版。
36　先驅者，〈慶祝母親節〉，《台灣教會公報》，第 1315 期（1977 年 5 月 8 日），第 7 版。
37　〈憑著基督徒信仰良心，關切國家與同胞前途，總會常置委員會發表人權宣言，主張台灣前途應由自己決定〉，《台灣教會公報》，第 1329 期（1977 年 8 月 21 日），第 1 版。

程陪同。[38] 隔一期的《台灣教會公報》社論〈從劉銘傳明快的作風說起〉提到，「經過這一次認識國家重要建設之後，我們寄望於政府領袖與教會領袖之間，互相信守；有更多方面的溝通。因為缺少瞭解，容易引起懷疑而誤會，教會協助國家建設，乃無庸置疑之事，今後教會更應該盡最大的力量來建設我們自己的國家。唯願我教會全體，更能積極地參與國家的建設，來歸榮耀於天父上帝。」[39] 如果說公開在《台灣教會公報》上訴說所謂之「誤解」，這應該算是第一次，因為比起隔年總會發表澄清〈人權宣言〉的誤解還要來的早。

　　所以從觀察上述《台灣教會公報》的報導可以發現，當時的長老教會在制度、文化與族群等認同依舊偏向「中國」與「中華文化」，屬名「台南神學院師生一全」的文章認為自己是中華兒女，同時也是「中國基督徒」；日本留學生來台灣參訪，也不忘自豪他們盛讚「我國」宏偉的歷史文化，這個「我國」指的應該不是「台灣國」；談到《台灣教會公報》經營的艱辛，自我期許《台灣教會公報》可代表全世界的基督徒發聲，檢討教會制度時也以國父（今日的長老教會已不認孫文是國父）精神為勉勵，而蔣介石在當時依舊偉大；卡特就任美國總統，《台灣教會公報》呼籲讀者繼續支持政府維護大陸人權的神聖任務；在總會與國民黨社工部的互動中，也表示支持國民黨政府建立三民主義、真正自由民主的國家。這些論述與長老教會的三個宣言不是身處兩個平行時空，只是甚少在回顧時被注意，《台灣新而獨立的國家》一書自然也不會提及。

38　〈促進政府與教會的了解　社工會邀我長老會代表　參觀國家重要經濟軍事建設，咸認為此有助於彼此的融通〉、〈長老會牧長國家建設訪問團花絮〉、〈中國人科技實力〉，《台灣教會公報》，第 1333 期（1977 年 9 月 18 日），第 1-2 版。

39　社論，〈從劉銘傳明快的作風說起〉，《台灣教會公報》，第 1334 期（1977 年 9 月 25 日），第 2 版。

第三節　解嚴前後長老教會對〈人權宣言〉詮釋的差異

一、1970 年代末期：與台獨無關的愛國建言

〈人權宣言〉發表後，長老教會受到外界與教會內部自身的壓力，質疑宣言中「新而獨立的國家」是否具有台獨的傾向。長老教會針對「台獨」的指控，《台灣教會公報》提供了與社會大眾對話的平台，不只一次在報中提出關於發表〈人權宣言〉的「精神」與「澄清」。假使解嚴使台灣的言論與民主走向自由，那麼本節便以解嚴前後作為論述的分界線。

1977 年 11 月 20 日，《台灣教會公報》第 1341 期刊出了〈答覆中華基督教長老會信友堂公開信——澄清對人權宣言的誤解〉，也完整登載信友堂的來函。信友堂認為〈人權宣言〉中「促使台灣成為新而獨立的國家」是混淆視聽又極具煽動性的荒謬言論，內文提到「天底下只有一個代表中國八億同胞的合法政府，那就是以三民主義立國的中華民國」、「如果說這個復興基地人民沒有獨立、自由，不是睜著眼睛說瞎話，故意挑撥人民與政府感情，製造叛亂，甘受共匪利用嗎？」長老教會則回應其〈人權宣言〉之發表是基於純正愛國與保衛台灣的動機，建議國民黨政府於此緊要關頭努力爭取自主與獨立，對信友堂的「曲解」表示遺憾。[40]

信友堂原先與長老教會的關係其實並不壞，由於皆屬長老宗，1971 年長老教會七星中會（教區範圍涵蓋基隆市、宜蘭縣與部分台北市與今部分新北市）曾派人前往信友堂研究雙方的歷史淵源。該年 12 月 17 日信友堂回覆七星中會，謂：「本堂國、英語部長執聯誼會第五十次會議討論以本堂雖與貴中會無名義隸屬關係而共同合作興旺主工精神原屬一體，廣傳福音不尚形式，今後仍當與貴中會永遠保持良友之友誼

40　總會函，〈答覆中華基督教長老會信友堂公開信——澄清對「人權宣言」之曲解〉，《台灣教會公報》，第 1341 期（1977 年 11 月 20 日），第 2 版。

關係。」因此七星中會將此結果呈總會報備，第 19 屆總會年會公決接納。[41] 信友堂原先打算與長老教會保持的「良友之友誼關係」，卻因為〈人權宣言〉的發表而生變，至今依舊少有較高層級的事工往來。

1977 年 12 月 9 日，長老教會第 24 屆總會第 2 次常置委員會在台中基督教青年會會議室召開，總幹事高俊明牧師在會中強調〈人權宣言〉的發表純粹是出於愛國、愛同胞與愛上帝的動機，毫無政治野心，並表示：「不幸有少數教會外雜誌及敏感的人士故意曲解本宣言之動機，甚至做不實的報導與惡意批評，令我們深感遺憾。」總會常置委員會聽完後接納為該委員會立場，等於是用議事規則首次否定了〈人權宣言〉的台獨內涵。[42] 隔年在台南神學院召開的第 25 屆總會，〈人權宣言〉的接納與否成為重要的議案。反對的聲音主要是認為〈人權宣言〉會危害教會與國家的安全，也未能在該宣言中包含大陸八億同胞人權，並且認為內容影射台獨思想。常置委員會為此不斷「解釋」與「澄清」許多「誤解」，認為宣言與「海外台獨分子」無關，其發表完全基於愛國家、愛同胞的心情，並要求各新聞媒體更正錯誤的報導，因為這些消息嚴重分化教會與政府互信互賴的關係。[43] 為了有更具體與口徑一致的說詞，長老教會在《台灣教會公報》的發表了至今仍經常被引用的〈台灣基督長老教會澄清外界對人權宣言之誤解〉，對〈人權宣言〉的發表程序、動機與精神以及信仰的依據做出完整的解釋，說明到「新而獨立的國家」實際上完全與台獨無關。[44]

41　《台灣基督長老教會總會第 19 屆通常年會議事錄》（1972 年 4 月 4 日 -7 日），頁 43。

42　〈基於愛上帝　愛國家和愛同胞　重申保障人權彰顯社會公義　總會第二次常置委員會表明立場　並議決廿五屆年會假南神召開〉，《台灣教會公報》，第 1346 期（1977 年 12 月 18 日），第 1 版。

43　社論，〈建立互信與互賴的關係〉，《台灣教會公報》，第 1361 期（1978 年 4 月 2 日），第 2 版。

44　社論，〈台灣基督長老教會澄清外界對人權宣言之誤解〉，《台灣教會公報》，第 1362 期（1978 年 4 月 9 日），第 2 版。

　　1979 年 8 月 16 日，長老教會為了紀念〈人權宣言〉發表兩週年，總會總幹事發表特別文告，呼籲全體教會以信仰勇氣積極行動，促使台灣成為新而獨立的國家。其中也提到宣言發表後，教會受到國內大多數的新聞雜誌以顛倒是非、歪曲事實、指白為黑的筆法惡意攻擊，但長老教會仍堅信發表的動機是正確的，為愛上帝、愛鄉土。[45] 另外也在同一期的社論中，呼籲國民黨政府應該對鄉土有所認同，以開明的作風使人民能自由自在地參與討論「新而獨立的國家。」[46]

　　第 1440 期《台灣教會公報》的曠野之聲回應《聯合報》對「新而獨立的國家」所作的批評，認為這是長老教會為了台灣前途的建言，也只是千百個建言中的一個而已，何必曲解教會的好意？[47] 1979 年 9 月 14 日，聯合報在報導中指出〈人權宣言〉中「新而獨立的國家」是主張「台獨」，《台灣教會公報》資料室以專文反駁，認為教會沒有反對「反共復國」，復國也是一致的願望，但是要靠實力而不是口號。期待政府拿出勇氣面對現實，努力打開一條新的途徑，「重建我國在國際上的國格與獨立的地位」。[48] 另外總會議長李約翰於 11 月 17 日在台中民族路教會接受公報記者的採訪，說明參加國建會文教組的會議過程。會議中李約翰澄清長老教會無時無刻都在為國家的前途著想，但是這樣的善意都被誤解了，並說：「長老教會對國家的關心，表現於期望內政的革新與外交的突破。在這個危機中，努力爭取國際上獨立的國格。」[49] 就在長老教會苦口婆心地要各界相信〈人權宣言〉無關台獨，只是基於

45　〈長老教會「人權宣言」兩週年　總幹事高俊明特別發表文告〉，《台灣教會公報》，第 1433 期（1979 年 8 月 19 日），第 1 版。

46　社論，〈論政府、人民、與鄉土的認同〉，《台灣教會公報》，第 1433 期（1979 年 8 月 19 日），第 2 版。

47　曠野之聲，〈生產前的劇痛──中泰賓館事件的積極意義〉，《台灣教會公報》，第 1440 期（1979 年 10 月 7 日），第 2、3 版。

48　資料室，〈我們關心台灣的政治前途〉，《台灣教會公報》，第 1448 期（1979 年 12 月 2 日），第 3 版。

49　〈訪李約翰牧師　談參加國建會文教組會議實況〉，《台灣教會公報》，第 1447 期（1979 年 11 月 25 日），第 5 版。

信仰而向國家提出的建言，結果在 1980 年 4 月 24 日晚間約 9 點，高俊明因藏匿施明德被逮捕，長老教會至此與台獨劃上了一個更深的等號。

二、解嚴之前的 1980 年代：愛國、愛鄉與自決

　　1982 年第 1591 期的《台灣教會公報》刊載了一份尤清在美國公開發表的演講稿，其中提到了長老教會的三個宣言。尤清認為這三次宣言有兩個重點，第一是台灣人民有權決定自己的命運，第二為台灣的未來應由一千八百萬的住民來決定，不管是統一還是獨立，都應該以民意為基礎。[50] 7 月 12 日，國民黨社工部邀請長老教會代表於台北市中山北路聯勤俱樂部參加座談，希望增進彼此的了解。而長老教會當時較關懷的問題是高俊明等人的釋放與再次重申外界的誤解，並表達關心國家前途與外交關係。[51] 該年也是〈人權宣言〉的五週年紀念，總會書記商正宗對此發表談話：「在這短短的五年，教會所遭受的批評、攻擊、曲解、誣陷、分化、圍剿，遠勝過於過去任何時代……」、「願我教會信徒，基於基督的信仰與愛心，祈禱我主，使我們的國更能完全實行民主憲政、保障人權、行公義仁愛，建立國家的新形象，而獲得國內外同胞的肯定與認同，並得到國際間民主國家的尊重及支持，阿們。」[52] 可見〈人權宣言〉發表了 5 年之後，長老教會依舊認為該宣言不管是在動機或是內容上，都是被社會與國民黨政府所曲解。

　　1983 年，〈人權宣言〉發表六週年，《台灣教會公報》的曠野之聲發表紀念感言，提到 6 年前美國卡特政府有出賣台灣給中共的危險，因此長老教會才會致信給卡特，並且「促請政府要採取有效措施，以建立

50　尤清，〈人權，敢是咱們的向望？〉，《台灣教會公報》，第 1591 期（1982 年 8 月 29 日），第 6 版。

51　〈國民黨中央檔部社工會　邀請長老教會人士座談　教會人士表達對高牧師、國家前途的關懷〉，《台灣教會公報》，第 1568 期（1982 年 7 月 25 日），第 1 版。

52　〈人權宣言五週年紀念　確信人權乃上帝所賜　台灣前途應由人民決定　我總會領袖再次重申〉，《台灣教會公報》，第 1589 期（1982 年 8 月 15 日），第 1 版。

新而獨立的形象，以免被中共的統戰『地方化』，而不能屹立於世界列邦之中。」、「人權與鄉土是上帝所賜的，任何政權都不能剝奪之。」[53]《台灣教會公報》第 1642 期也在頭版的社論發表紀念文章，認為過去三次聲明已受到廣泛重視與採納，並相信「台灣的前途，應由全體台灣的居民在自由下來做決定，因為這是上帝所賦予的人權。」[54]

　　1984 年 8 月 15 日，因美麗島事件入獄的高俊明獲釋，獲釋的日子與〈人權宣言〉七週年相當接近，因此該次的週年紀念對長老教會來說別具意義。總會議長商正宗對〈人權宣言〉發表談話，確信該宣言的發表是「基督教會站在人道與信仰的立場，追隨基督精神，成為世上光鹽，表現愛國家、愛同胞的赤忱，而發表的忠直之言」、「全體台灣住民有權利決定台灣的前途（權「利」為原文）……」高俊明也發表獲釋感言，表示他將繼續「為著愛上帝、愛真理、愛教會、愛同胞、愛國家、愛人類而奮鬥。」[55] 第 1696 期《台灣教會公報》的曠野之聲表示自〈國是聲明〉到〈人權宣言〉以來，皆本於聖經愛人愛台灣愛國家的心，以爭取全球人士對台灣人的關懷。而按〈台灣關係法〉，「中華民國」一詞於 1979 年 1 月 1 日在美國官方辭典中即不存在，「這是對中華民國政府最大的侮辱」。因此再論國民黨政府應取消戒嚴令，以真正民權的統治爭取國際友人支持，「破除中共把中華民國政府『地方化』的統戰詭計，重建我國在國際社會的形象與地位。」[56] 隔年（1985）年是長老教會入台宣教 120 年，高俊明在台灣宣教協議會的演講時提到了長老教會在台灣社會的使命，以及 60 與 70 年代所推行的各項如「新世紀宣教運

53　曠野之聲，〈一千八百萬「人」──「人權宣言」六週年感言〉，《台灣教會公報》，第 1640 期（1983 年 8 月 7 日），第 5 版。

54　社論，〈以信、以望、以愛開創我們的前途〉，《台灣教會公報》，第 1642 期（1983 年 8 月 21 日），第 1 版。

55　社論，〈愛能消除許多罪過──祝賀高牧師等人獲釋〉，《台灣教會公報》，第 1694 期（1984 年 8 月 19 日），第 1 版。

56　曠野之聲，〈求人不如求己──「人權宣言」七週年紀念〉，《台灣教會公報》，第 1694 期（1984 年 8 月 19 日），第 5 版。

動」、「忠僕運動」等運動。而談到三項宣言的時候，再次申明這都是基於愛主、愛同胞、愛鄉土的動機，但仍舊認為是被有關單位與部分人士誤解而遭到猛烈的攻擊。[57] 簡言之，長老教會搞台獨真的是個誤會。

1986 年《台灣教會公報》第 1778 期的窗口眺望比較了台灣與南韓教會對民主的貢獻，認為應該學習南韓教會的神學洞察力，不合時宜、有利於專制的憲法就應該修改。延續 70 年代三大宣言的精神，促進台灣教會的成長與台灣的民主化。[58] 同年高俊明與高李麗珍在 6 月 7 日到 11 日前往訪問華盛頓台灣長老教會，並且應邀訪問美國國務院。高俊明在 6 月 8 日於該教會的主日崇拜上以「愛的行動」為證道題目，勉勵大家要實行愛，主動關心鄰居與社會的需要，以及國家的前途，並說過去發表的聲明與宣言都是「憑著信仰良心所發出愛國家、愛鄉土、愛社會的心與行動。」[59] 8 月 10 日第 1797 期的《台灣教會公報》曠野之聲刊出〈自由而獨立——紀念人權宣言九週年〉一文，呼籲在這九週年之際，全世界應該尊重台灣的自決權，教會也要以先知性的行動來參與救國救民的行列。另外「政府應該取消戒嚴令，把一切黨化及僵化的組織公器，還權於民，使台灣成為真正自由而獨立的國家。」[60]《台灣教會公報》第 1801 期也談論到國格與主權，認為中華民國因為缺乏統治的民心依據，所以失去國格將不會受到世界的尊重，這樣的文字是由於傳聞國民黨政府將取消戒嚴，但是又擬定「國家安全法」予以取代。因此「我們全力支持中華民國唯一主權完全獨立的國家，但是更期待國格的

57　高俊明，〈「背負十字架，與主同行」——台灣教會的宣教使命〉，《台灣教會公報》，第 1754 期（1985 年 10 月 13 日），第 7 版。

58　林安仁，〈修改憲法　促進民主　教會增長　請學韓國教會〉，《台灣教會公報》，第 1778 期（1986 年 3 月 30 日），第 4 版。

59　高俊明，〈「背負十字架，與主同行」——台灣教會的宣教使命〉，《台灣教會公報》，第 1754 期（1985 年 10 月 13 日），《台灣教會公報》，第 1754 期（1985 年 10 月 13 日），第 7 版。〈高俊明牧師伉儷抵華府　主持佈道會接受各界歡迎　應邀訪美國國務院〉，《台灣教會公報》，第 1790 期（1986 年 6 月 22 日），第 1 版。

60　漢見虹，〈自由而獨立——紀念人權宣言九週年〉，《台灣教會公報》，第 1797 期（1986 年 8 月 10 日），第 6 版。

提升」、「希望有一天，拿著中華民國的護照可以自由出入世界各國，這就可以表明國格提升了。」[61] 同年 11 月 10 日，長老教會總會在第 3 次常置委員會上通過〈台灣基督長老教會牧函——對國家民主化的呼籲〉，期待政府積極加入國際組織、澈底實施民主、促進司法公正以及釋放政治犯與良心犯。[62]

　　從〈人權宣言〉發表後一直到解嚴之前，長老教會對〈人權宣言〉的定位是「自決」而非「台獨」，並且十分在意社會與政府的「誤解」。因此不斷的公開「澄清」，言明〈人權宣言〉中「新而獨立」完全無關台獨，而是基於國家的危機而向政府發出革新的建言，期望「中華民國」國格的提升。所以這十年間不管是長老教會與社會事件的互動（美麗島事件、高俊明入獄），還是對〈人權宣言〉週年的感想，可以觀察出長老教會有一種期待與一種失落，期待國民黨政府銳意革新以求卓然獨立於世，但又失落其始終都被政府誤解。

三、解嚴後之「蔡許案」與鄭南榕自焚：從愛鄉自決走向獨立建國

　　1987 年，長老教會開始用文字與禮拜來紀念二二八事件，同年國民黨政府宣布解嚴。同年 7 月 26 日與 28 日，台灣海外基督徒自決運動的領導人物黃彰輝與前總會總幹事黃武東分別抵達台灣。黃彰輝特別藉著《台灣教會公報》發表感想，表示欽佩台灣長老教會的三個聲明文件，「咱也在海外發起『自決運動』來回應」。黃武東也對總會堅決「自決」立場而表示敬佩。[63] 而長老教會對〈人權宣言〉發表的目的與「新

61　陳以理，〈主權・國格・人格〉，《台灣教會公報》，第 1801 期（1986 年 9 月 7 日），第 6 版。

62　〈台灣基督長老教會總會 召開第三次常置委員會通過台灣基督長老教會牧函 對國家民主化的呼籲〉，《台灣教會公報》，第 1811 期（1986 年 11 月 16 日），第 1 版。

63　〈教會前輩闊別故鄉十數載　黃彰輝、黃武東牧師平安抵台發表感言向教會全體請安致謝〉，《台灣教會公報》，第 1848 期（1987 年 8 月 2 日），第 1 版。

而獨立的國家」的詮釋，也在解嚴後逐漸出現變化。

〈一〉以「言論自由」為基調聲援蔡有全與許曹德

1987 年 8 月底「台灣政治受難者聯誼會」成立大會上，蔡有全、許曹德等人提案將「台灣應該獨立」列入章程而獲得通過，10 月中旬政府以台獨叛亂罪將兩人起訴。

由於蔡有全是長老教會的傳道人，因此長老教會傾全力聲援蔡、許二人，主要的訴求是「言論政治主張自由」。以南區聯禱會在 9 月 29 日發表的聯合聲明為例，認為憲法明文規定言論的政治自由，人民也有權利提出不同的政治主張，也稱許兩人對台灣鄉土的愛心，最後重申〈人權宣言〉的主張，促請政府使台灣成為新而獨立的國家。[64] 北區聯禱會亦有相同的主張，強調憲法保障的集會遊行自由，並質疑〈人權宣言〉中「促使台灣成為新而獨立的國家」在戒嚴時期執政當局尚可容忍，為何在解嚴後反而發生蔡、許兩人的事件。[65]

值得注意的是，林宗正牧師代表各單位宣讀南區聯禱會聲明時特別指出，「早在 1977 年人權宣言裡，即發表『新而獨立的國家』，10 年來台灣基督長老教會沒有一人因此被移送偵辦。」[66] 這個地方可以說明兩件事，第一是透過「蔡許主張台獨案」開始將〈人權宣言〉與台獨意識連結，第二為高俊明的入獄似乎與〈人權宣言〉無關，至少就林宗正的觀點來看或許是如此。

除了發表文字來聲援蔡、許二人之外，「台灣基督長老教會傳教師會」所組成的「人人有主張台灣獨立之自由」牧師聲援團在 10 月 19 日下午 2 點發動遊行抗議，從羅斯福路的總會大樓出發，目的地是臺灣高

64 〈南區祈禱會關懷蔡有全許曹德 發表聯合聲明再次確認人民有思想言論自決權利〉，《台灣教會公報》，第 1857 期（1987 年 10 月 4 日），第 7 版。
65 〈北區聯禱會發表嚴正聲明 堅持言論政治主張自由〉，《台灣教會公報》，第 1858 期（1987 年 10 月 11 日），第 5 版。
66 〈南區祈禱會關懷蔡有全許曹德 發表聯合聲明再次確認人民有思想言論自決權利〉，《台灣教會公報》，第 1857 期（1987 年 10 月 4 日），第 7 版。

等法院檢察處（今臺灣高等法院檢察署），這是長老教會的牧師首次走上街頭抗議。遊行的訴求同樣是思想言論自由，羅榮光牧師在大約 4 點進入高等檢查處宣讀抗議書，並要求「為了向全世界證明台灣實在已經解嚴，人人有言論思想之自由，人人有主張台灣獨立之自由，要向全世界證明台灣解嚴後真有言論思想之自由。」[67]

〈二〉首次〈人權宣言〉紀念大會

　　1987 年 12 月中，長老教會在全台分區舉辦「人權宣言十週年感恩紀念大會」，這是首次為〈人權宣言〉舉辦紀念活動，或許可以從中觀察這十年來對「新而獨立」或是「台灣獨立」之間關聯的演變。該次紀念大會由總會「世界教會關係小組」負責籌畫，不知是否自知該活動的敏感性，籌備時議決要求各區「應組織糾察隊以處理衝突事件」。[68] 各地感恩大會的時間與地點分別是花蓮光復教會（12 月 6 日下午 3 點）、台東更生教會（12 月 6 日下午 3 點半）、台北馬偕醫院大禮堂（12 月 6 日晚 7 點半）、台中柳原教會（12 月 13 日晚上 7 點半）、彰化教會（12 月 13 日下午 7 點）、台南市體育館前廣場（12 月 13 日晚上 7 點半）、鳳山市國父紀念館（12 月 13 日晚上 7 點半）。籌備會的呼籲是「內求民主改革、內爭獨立國格、政權歸返人民、國會全面改選、實施地方自治、省市長民選、消除文化歧視、建立本土共識、堅持住民自決、開創台灣前途。」[69]

　　台北地區的紀念大會由李約翰牧師證道，會後並請尤清專講，尤清認為「我們希望建立新而獨立的國家」、「台灣前途除了自決以外無別

---

67 〈人人有言論思想自由　籲即釋放蔡有全許曹德〉，《台灣教會公報》，第 1860 期（1987 年 10 月 25 日），第 2 版。

68 《台灣基督長老教會總會第 35 屆通常年會報告書》（1988 年 4 月 5 日 -8 日），頁 19。

69 〈你的心內若有台灣咱的前途就有希望　總會人權宣言十週年　感恩大會今在花東北〉，《台灣教會公報》，第 1866 期（1987 年 12 月 6 日），第 1 版。

路」；[70] 身為長老教會信徒的張俊雄立委在東部中會南區紀念大會上針對「台灣前途應由住民自決」提出他的看法；[71] 教會公報社社長李健福在嘉南區紀念大會上提到蔡有全和許曹德因主張台獨而入獄，呼籲全體會眾以愛心與實際行動關懷政治受難者與其家屬。[72] 年底《台灣教會公報》一篇短文〈誰有權「不容忍」自決〉裡頭也寫到，「自決雖不等於獨立，但國民黨政府與中共強悍與恫嚇與壓制台灣獨立之言論自由與機會，事實上是阻撓了自決權行使之可能性，因此乃是反民主、反民意與反人權的作法。」[73] 綜合上述《台灣教會公報》關於〈人權宣言〉的報導，大部分的論述還是集中在「自決」，認同方面依舊停留在「鄉土」。

〈三〉鄭南榕自焚與「新而獨立的國家」的台獨詮釋

　　1989 年 4 月 7 日，鄭南榕為了言論自由而自焚於其所創辦的自由時代雜誌社中，不僅引發台灣社會相當大的震撼，更對長老教會產生不小的影響。總會為此發表牧函表示關切，並且聲明：「鄭南榕先生為爭取言論自由及關心台灣前途主張台灣獨立而捐軀，其行動已打破台灣人民長久以來自私怯懦、貪生怕死的性格，誠願通過他的殉難，喚醒千萬台灣人民沉睡的心靈。」[74] 鄭南榕生前應該料想不到，他的自焚火焰點燃了〈人權宣言〉走向台獨的引信，該宣言在《台灣教會公報》上的相關詮釋自此明顯從「自決」轉移至「台灣獨立建國」。

　　《台灣教會公報》第 1937 期在頭版報導了鄭南榕自焚的消息，並

---

70 〈台灣基督長老教會　人權宣言十週年感恩大會〉，《台灣教會公報》，第 1867 期
　　（1987 年 12 月 13 日），第 3 版。

71 〈台灣基督長老教會　人權宣言十週年感恩大會〉，《台灣教會公報》，第 1867 期
　　（1987 年 12 月 13 日），第 3 版。

72 〈台灣基督長老教會　人權宣言十週年感恩大會〉，《台灣教會公報》，第 1868 期
　　（1987 年 12 月 20 日），第 3 版。

73 碧河，〈誰有權「不容忍」自決〉，《台灣教會公報》，第 1869 / 1870 期（1987 年
　　12 月 17 日 / 1988 年 1 月 3 日），第 5 版。

74 《台灣基督長老教會總會第 37 屆通常年會報告書》（1990 年 4 月 17 日 -20 日），頁
　　6-7。

刊登若干討論的文章。社論〈從鄭南榕的「自焚」，傳道人應該感到羞恥〉一文最後提到，「1977年長老教會率先喊出『使台灣成為新而獨立的國家』，然而有哪位牧師真正在推動這項運動？蔡有全、許曹德為『台灣獨立』坐牢，鄭南榕為台灣獨立而『自焚』，台灣基督長老教會的傳道人，你呢？醒醒吧！」[75] 同期第8版刊載了4篇與鄭南榕自焚相關的文章，田年豐〈勇敢的台灣人——鄭南榕〉稱所有熱愛台灣的民主同志應該以打倒任何殖民政府為要務，心無旁騖地建設台灣成為新而獨立的國家；李勝雄〈致敬鄭南榕烈士〉說鄭南榕照亮了言論自由的空間，也燃起台灣建國的希望；羅榮光〈鄭南榕先生的死與復活〉謂鄭南榕為主張台灣獨立而奮鬥眾所皆知，對一些害怕關心政治的牧師是一大諷刺，並期望台灣人效法他的精神，共同為台灣拓展光明前途。[76]

　　蔡有全也在獄中投書《台灣教會公報》，呼籲具有台灣魂的台灣人要退出國民黨，並期待完成「台灣獨立建國大業」；[77] 許天賢說「如果台灣的獨立，攸關全台灣人的安全與幸福，那麼，以進一步的實際行動來付之實踐，達成實現，才是我們應該努力以赴的，如此，南榕的『殉台灣』才有代價！」[78]《台灣教會公報》第1940期關於鄭南榕追思禮拜的報導也稱呼他是「台灣建國烈士」。[79]

75　社論，〈從鄭南榕的「自焚」，傳道人應該感到羞恥〉，《台灣教會公報》，第1937期（1989年4月16日），第1版。

76　田年豐，〈勇敢的台灣人——鄭南榕熱血豈能任他白流〉，《台灣教會公報》，第1937期（1989年4月16日），第8版。

77　蔡有全，〈感念南榕同志殉道聲明書〉，《台灣教會公報》，第1938期（1989年4月23日），第9版。

78　許天賢，〈我所認識的鄭南榕先生〉，《台灣教會公報》，第1939期（1989年4月30日），第9版。

79　〈寧願燒盡不願朽壞　鄭南榕先生19日入殮〉，《台灣教會公報》，第1940期（1989年5月7日），第5版。

第四節　「加值」為獨立建國的〈人權宣言〉

一、明確的台獨論述

　　《台灣教會公報》在鄭南榕逝世後便開始不避諱地公開支持台灣獨立的言論，就連高俊明對〈人權宣言〉也出現與以往不同的解釋。1989年 5 月 12 日，高俊明於台美文化交流中心發表「建立『新而獨立的國家』」演說，過去三個強調支持國民黨政府改革與自決的聲明，在這次的演說轉變為「主張新而獨立的國家——三大聲明」，並謂「這些年從第一次到第二次的聲明中，台灣基督長老教會只主張『自決權』。」對於高俊明這樣的表示，可以很清楚地看到他將「自決」的訴求停留在〈我們的呼籲〉，因此第三次的〈人權宣言〉也變成「我們也要求政府能面對現實，依照台灣人民希望獨立的願望，採取有效措施，使台灣成為新而獨立的國家。」接著又替國民黨政府對「新而獨立的國家」的不悅找到了理由，認為正是因為〈人權宣言〉從先前兩聲明的「自決」變為主張「新而獨立的國家」，言下之意似乎認為當年的〈人權宣言〉就是要台灣獨立。而為什麼第三次的宣言不主張自決了呢？答案是「自決」也包含「與中國統一」和「繼續主張中華民國代表中國十一億人」等兩個選項，因此使台灣走向「新而獨立」才能讓國際關心台灣的人知道台灣人民真正的主張是什麼。[80] 高俊明在演講中提到當時有人臆測長老教會要結合國外勢力謀反，這個說法特別可以注意的是，過去一向在意〈人權宣言〉被「抹黑」為台獨的敘述消失了，因為如果提到就顯得自我矛盾了。[81] 該次演講高俊明認為〈人權宣言〉的訴求就是台灣獨立，所以過去抨擊長老教會支持台獨的「抹黑」就不是「抹黑」了。

80　高俊明，〈建立新而獨立的國家〉，《台灣教會公報》，第 1955 期（1989 年 8 月 20日），第 12 版。

81　高俊明，〈建立新而獨立的國家〉，《台灣教會公報》，第 1956 期（1989 年 8 月 27日），第 10 版。

那麼〈人權宣言〉發表的時候，長老教會為什麼沒有解釋「新」與「獨立」是什麼意思？高俊明說「我們一直保持安靜，讓人去思考這個問題，不論別人下何種結論，我們一直保持沉默。」[82] 這樣的說法也有待商榷，因為長老教會過去多次強調該〈人權宣言〉無關「台獨」，乃是基於信仰與愛鄉土而希望政府革新，讓世界承認中華民國有獨立的國格，所以長老教會對此並不沉默。另外 1989 年的常置委員會也首次對「新而獨立的國家」做出詮釋，包含了「新的人民」、「新的文化」、「新的國會」、「新的憲法」、「獨立自主的國格」，並以民主的方式達成上述目標。[83]

因此鄭南榕自焚的 1989 年，等於〈人權宣言〉從「自決」加值為「台獨」的關鍵年，不僅長老教會官方與〈人權宣言〉起草人對「新而獨立的國家」出現不同於以往的詮釋，支持台灣獨立的言論更是此起彼落。例如 1990 年 5 月 3 日至 5 日，在台北市基督教青年會館舉行由台南神學院之台灣社會研究所與台南基督教互談會合辦的「台灣住民國是會議」，會中強調台灣早已自成一個國家；[84] 楊啟壽在 1990 年 11 月 5 日到 6 日的「台灣前途研討會」中表示，〈人權宣言〉代表長老教會排除掉了「中華民國情結」。[85] 1991 年 8 月 20 日，長老教會總會發表〈台灣主權獨立宣言〉，主張制定新憲法、組織新政府、建立新國家，並以台灣的名字加入聯合國。[86] 1991 年 9 月自海外歸國的台獨人士李應元遭國民黨當局逮捕，高檢署檢察長陳涵表示對於參加台獨為宗旨

82　高俊明，〈建立新而獨立的國家〉，《台灣教會公報》，第 1956 期（1989 年 8 月 27 日），第 10 版。

83　高俊明，〈建立新而獨立的國家〉，《台灣教會公報》，第 1956 期（1989 年 8 月 27 日），第 10 版。

84　〈台灣住民國是會議閉幕，強調台灣乃一獨立實體〉，《台灣教會公報》，第 1993 期（1990 年 5 月 13 日），第 1 版「總會事工」。

85　〈台灣基督長老教會對台灣前途的立場（中）〉，《台灣教會公報》，第 2037 期（1991 年 3 月 24 日），第 10 版「副刊」。

86　〈長老教會強烈聲明主張台灣主權獨立、制定新憲法、進入聯合國〉，《台灣教會公報》，第 2060 期（1991 年 8 月 25 日），第 1 版「總會事工」。

的組織將依法嚴辦。1992 年第 2079 期《台灣教會公報》一篇〈大家一起來叛亂！〉則認為「如果參加以『台獨』為宗旨的組織，即是叛亂犯，那麼陳涵無異於是鼓勵台灣廿多萬長老教會信徒一齊叛亂」，因為 1977 年的〈人權宣言〉與 1991 年的〈台灣主權獨立宣言〉即宣告與主張「台灣獨立」。[87] 1991 年 5 月 25 日，蕃薯詩社為了紀念最早主張建立「新而獨立的國家」的台灣基督長老教會，因此選擇了台南神學院舉行成立大會。[88] 從上述刊載於《台灣教會公報》的消息或文章來看，除了長老教會對台灣獨立的立場愈來愈明確，最重要的地方在於「新而獨立的國家」就是要求「台灣獨立」的概念，似乎也開始朝向往昔的「誤解」靠攏，承繼了先前外界書寫的台獨印象。

二、作為「獨立建國」的〈人權宣言〉紀念文字與活動

　　鄭南榕的自焚不但引發了長老教會對〈人權宣言〉中台獨意識的討論，之後大致也成為了確定的詮釋方向，並且提出許多更具體的說明。1992 年長老教會為了紀念〈人權宣言〉發表十五週年，總委會決定於 8 月 16 日在各區舉行紀念大會。高俊明表示當年的「新」的意義是「新的國家」、「新的人民」、「新的文化」、「新的國會」、「新的憲法」，「獨立」方面就是在國際上受尊重，加入聯合國，成為主權獨立的國家。[89] 該次的紀念活動分為東區、北區、台中區、彰化區、嘉義區、台南區與高屏區等七區，除了禮拜之外亦邀請講員講述台灣獨立、台灣前途、〈人權宣言〉回顧等專題。[90] 北部地區在台北市艋舺教會舉行，陳勝三

87　鄭國忠，〈大家一起來叛亂！〉，《台灣教會公報》，第 2079 期（1992 年 1 月 5 日），第 5 版「社會文化」。

88　林央敏，《臺語文學運動史論》（台北：前衛出版社，1996 年），頁 98。

89　徐佳韻，〈記取人權宣言的時代意義，回顧過去以不斷革新的精神展望未來〉，《台灣教會公報》，第 2111 期（1992 年 8 月 16 日），第 1 版「總會事工」。

90　〈台灣基督長老教會人權宣言十五週年紀念活動〉，《台灣教會公報》，第 2111 期（1992 年 8 月 16 日），第 2 版「總會事工」。

牧師在講道時指出，宣言發表後高俊明牧師被「誣指」為台獨分子，但時間證明當時教會具有先知的眼光；高屏地區於高雄市新興教會舉行紀念活動，會後請李勝雄律師專講「台灣獨立建國與公共政策的比重」；嘉義地區則在嘉義市中正公園，演講請蔡同榮以「長老教會人權宣言與公民投票」為題，闡述他多年來在美國運用〈人權宣言〉向《紐約時報》證明台灣人民追求獨立的意願，亦特別強調〈人權宣言〉是「台灣對抗外來政權，非常重要的歷史文獻」。[91] 所以 5 年前〈人權宣言〉十週年紀念的主軸依舊強調自決，但這次的紀念活動則是大談台灣建國。

　　1993 年〈人權宣言〉十六週年，《台灣教會公報》第 2163 期的社論〈「新」的國家應有新的內涵——人權宣言十六週年紀念〉，內容說明長老教會因為發表三個宣言，特別是〈人權宣言〉中「使台灣成為一個新而獨立的國家」是台灣島內提出台灣獨立的第一個組織。[92] 1994 年〈人權宣言〉十七週年，總會總幹事楊啟壽強調「現在台灣所走的方向，就是朝著當時長老教會所堅持的『新而獨立的國家』之方向邁進。」台灣獨立安全促進會會長羅榮光也指出，雖然〈人權宣言〉的內容與精神還無法讓信徒充分了解，但是已有許多牧長與會友積極地參與台灣獨立建國的行列，而總會更在 4 月初的年會通過「支持台灣獨立建國」的議案。[93]

　　1995 年 10 月 21 日，長老教會發表〈「新而獨立的台灣」聲明〉，再次也是最後補強了對「新而獨立的台灣」中「新」與「獨立」的詮釋。1997 年〈人權宣言〉二十週年，《台灣教會公報》第 2363 期在一篇報導中指出長老教會將在 8 月中舉辦紀念性活動，過去在蔣家政權下

91　鍾曉音、陳淑萍等報導，〈各地人權宣言紀念大會報導〉，《台灣教會公報》，第 2113 期（1992 年 8 月 30 日），第 8 版「宣教特稿」。

92　社論，〈「新」的國家應有新的內涵——人權宣言十六週年紀念〉，《台灣教會公報》，第 2163 期（1993 年 8 月 15 日），第 2 版「總會事工」。

93　黃貞芳，〈人權宣言發表屆滿十七週年　總會總幹事楊啟壽牧師籲請繼續關心台灣前途〉，《台灣教會公報》，第 2215 期（1994 年 8 月 14 日），第 1 版「重點新聞」。

的戒嚴時代，台灣獨立被視為洪水猛獸，教會勇敢發出這樣的呼聲，雖受政府施壓卻也引起國際的重視。[94] 當年總會在 8 月 15 日於濟南教會舉辦〈人權宣言〉紀念禮拜暨講座，主題是「新而獨立的台灣共和國」，另外嘉義中會、台中中會等亦舉辦紀念禮拜。[95] 之後《台灣教會公報》也不定期刊出與〈人權宣言〉相關活動的報導與文章，高俊明、王南傑、林本炫、鄭兒玉皆有投稿，關於「新而獨立的國家」的解釋已大致定型，〈人權宣言〉的發表就是要求「台灣獨立」。

　　2002 年 8 月 1 日，也就在〈人權宣言〉二十五週年前夕，總會臨時總委會通過〈以台灣國名，行台灣路——台灣國家正名，加入聯合國運動宣言〉，並認為當時的陳水扁總統喊出的「一邊一國」本來就是事實，也是長老教會「在信仰告白裡主張建立新而獨立國家的原因」。七星中會教社部牧師陳文欽表示「一邊一國」與李前總統的「兩國論」是「了無新意」，並奉勸民進黨回到長老教會〈人權宣言〉的主張，落實建立新而獨立的國家。[96]

　　2007 年〈人權宣言〉三十週年，長老教會熱鬧慶祝主張台灣獨立建國已經過了 30 個年頭，當時外界對其「台獨」的指控再也不是誤解了。

　　經過對《台灣教會公報》的爬梳可以發現，長老教會從 1960 到 1980 年代，對於做為實質政權的中華民國或是抽象的中國文化其實有著有一定程度的認同，而這樣的認同貫穿於三個宣言的發表期間，而這樣的現象不應單純被解釋為威權時代的逼迫。是故將〈人權宣言〉的發表放在如此的歷史脈絡中，其高舉台獨大旗的可能性存在多少？長老教

94　〈人權宣言二十年　台灣前途未解決〉,《台灣教會公報》，第 2363 期（1997 年 6 月 15 日），第 2 版「教會要聞」。

95　楊明華，〈再思人權宣言　向新而獨立的國家邁進　長老教會總會舉行人權宣言廿週年紀念禮拜　各中會亦有活動〉,《台灣教會公報》，第 2370 期（1997 年 8 月 3 日），第 2 版「教會要聞」。

96　林宜瑩，〈台灣建國　才是長治久安之道〉,《台灣教會公報》，第 2632 期（2002 年 8 月 11 日），第 4 版「教會要聞」。

會的政治認同是否能夠完全與文化、族群認同切割？回到史料上應該有
更清晰的答案。

　　楊啟壽的看法沒有錯，確實應該將〈人權宣言〉與事後澄清，以及
台獨無關的聲明放在當時的環境才能夠正確解讀。但是問題就在於誰來
解讀？如何解讀？長老教會與學界不能忽略國民黨政府長期壟斷教育與
媒體所教化的國家認同，而當時的環境是否真能提供一個明確且完整的
獨立建國論述亦值得反思。其次，長老教會對〈人權宣言〉的詮釋出現
前後不一的情況，但是在諸多可能性當中，該教派選擇了外力因素如威
權時代的壓迫作為解釋，並且在鄭南榕自焚後開始建構 1977 年的台獨
淵源。如此的敘事模式不僅與過去社會大眾對該教派的認知吻合，但此
一共識的建構成分並沒有受到太多注意，隨著時間逐轉化為歷史常識，
甚至儼然成為長老教會的政治神話。從美麗島事件、蔡許案與鄭南榕的
自焚來看，長老教會無法置身於時代之外，重大社會事件對於該教派的
衝擊同樣會改變對以往的認知。另外鄭南榕由於並非長老會信徒，因此
甚少研究者注意到鄭南榕與〈人權宣言〉之間的關聯。

第五章
《台灣教會公報》中孫文形象之轉變

Chapter 5

　　由於〈人權宣言〉具有政治敏感性，長老教會只能在台獨議題上
與批評者進行攻防，儘管 1980 年代末期該教派對〈人權宣言〉的詮釋
開始轉向，但那仍舊是對台獨「有」與「無」的解釋。戒嚴時期確實限
制了一定程度的言論自由，因此〈人權宣言〉中的台獨意涵一般會放在
威權統治的時代脈絡來理解，並沒有從國家認同是否轉向的角度進行分
析。所以僅以〈人權宣言〉來觀察長老教會的國家認同是不夠的，必須
加入其它軟性的標的物一併處理。

　　孫文身為中華民國的開國者，不僅被尊為國父，也是重要的黨國圖
騰。有趣的是孫文與長老教會並沒有關係，但是《台灣教會公報》上經
常可以找到孫文的蹤跡，那麼孫文出現在該報上究竟具有何意義？本章
主要探討 1970 年代後孫文在《台灣教會公報》上的形象轉變，並分析
如此轉變與長老教會國家認同之間的關聯。

第一節　孫文在《台灣教會公報》的今昔兩端

一、太陽旗落下時：偉大的基督徒、中華民國創立者與民主光照

　　1945 年 8 月 15 日，大日本帝國宣布投降，第二次世界大戰結束，
國民政府接收台灣，島嶼人民與台灣基督長老教會迎接新時代的來臨。
在這改朝換代之際，該年 12 月，高金聲牧師獨立出資的《台灣教會月
刊》（今《台灣教會公報》）第 685 期，封面的年號也從「昭和」換成了

「民國」。¹該期還新增了「歷史」專欄，一系列介紹中國歷史名人與歷朝歷代，大約持續到 1948 年的第 713 期（5 月）才停止，前後共 29 期。第 685 期到第 688 期，刊載了 4 回〈孫文先生的略歷〉，內容包含孫文的家庭成員、赴夏威夷求學、信仰基督教、在澳門與廣東行醫、投身革命事業、倫敦蒙難過程、創立三民主義等不同之人生階段。到後來革命成功、讓位袁世凱、組織護法政府、1925 年 3 月 12 日病逝北京，完整地回顧了孫文的一生。

　　第 685 期專欄開頭便稱「總理孫文先生的略歷若要詳細來寫，報紙的全面容允不下，現將最重要須知幾項來寫。有孫文先生才有中華民國，就是先生一生 60 年當中，為了中國 4 萬受壓迫的民族來獻身努力，推翻清朝的皇帝，排除從外國的不平等條約，創設中華民國。」、「……在那時他為人類生死的問題產生很大的疑問，後來深思此問題，唯獨耶穌，以外無人能解脫，從那時，他就受洗入教，來信耶穌……」²1947 年 12 月第 708 期的《台灣教會公報》頭版刊出了〈聖誕與民主〉一文，談到有兩件事可以「歡喜」，首先是 12 月 25 日的聖誕節又要到了，其次是中國憲法的實施，後者為「我們中華空前一項大歡喜的事」，也提到「到 36 年前孫中山先生的革命成功，中國才得到民主的光照」。³

　　從這幾期的《台灣教會公報》來看，對孫文生平的介紹是基於新時代的來到，向全體會友介紹這位新國家的創立者，另一篇出現孫文則是紀念行憲，教育與宣傳意味十足。所以當時《台灣教會公報》上的孫文是一位基督徒，當過醫生，被尊為中華民國的創立者，沒有他就沒有中

1　該期《台灣教會月刊》為高金聲牧師在戰後以個人名義發行，之後將公報社無條件奉還台灣南部大會，南部大會議決向高牧師感謝其繼往開來之辛勞。參見台灣基督長老教會總會歷史委員會編，《台灣基督長老教會百年史》（台南：新樓書房，1984 年），頁 291。
2　〈孫文先生的略歷〉，《台灣教會月刊》，第 685 期（1945 年 12 月），第 8 版。
3　〈聖誕與民主〉，《台灣教會公報》，第 708 期（1947 年 12 月），第 1 版。

華民國，也不會有中國的民主。這些敘述與日後台灣社會大眾接受的孫文生平相去不遠。另外，在《台灣教會公報》第 708 期發表〈聖誕與民主〉慶祝行憲的當下，二二八事件已經過了 9 個月，耐人尋味。

二、「建國百年」前：支持台灣獨立的政治家

　　2011 年，台灣島內熱鬧慶祝「建國百年」，但是當各界普遍沉浸在「建國」喜悅的時候，長老教會卻不想與之同歡。早在「建國百年」前一年的 10 月，第 3060 期《台灣教會公報》的社論就批評國民黨準備慶祝「建國 100 年」，但是國民黨的建國與台灣並沒有關聯，當時台灣所說的語言是「日語」而不是「華語」，使用的年號是「明治 45 年」而不是「民國元年」。[4] 同年 12 月 16 日，神學雜誌《道》認為政府與部分教會合力宣揚「建國百年」，這樣的現象實在需要發出神學的反省，於是在台北市東門長老教會主辦了一場「上帝國的理念看建國百年」座談會，邀請學者出席發表看法。鄭仰恩從歷史的角度指出，在台灣慶祝「建國百年」是相當弔詭的事，認為「馬政府」硬是將中華民國的建國過程與台灣牽連一起，百年的中華民國對台灣的貢獻是空洞的，教會應該提出批判而不應與之附和。[5] 該月 28 日，長老教會在羅斯福路的總會事務所也舉辦了一場「民國百年座談會」，與會人士有牧師、學者、教會青年與前國防部長蔡明憲等人，該座談會從神學、歷史、法理（憲法與國際法）與原住民等諸角度檢視所謂的「建國百年」。例如台南神學院教會史老師王昭文直言馬政府大肆宣傳「建國百年」是為了選舉鋪路，中華民國對台灣人而言是在受迫情境下接受的結果。[6] 第 3070 期

4　社論，〈棄殖民心態，走自己的路〉，《台灣教會公報》，第 3060 期（2010 年 10 月 18 日 -24 日），第 3 版「教會消息」。

5　邱國榮，〈民國百年？教會省思重尋意義〉，《台灣教會公報》，第 3069 期（2010 年 12 月 20 日 -26 日），第 7 版「教會消息」。

6　陳韋鑑，〈評價民國百年 省思教會角色〉，《台灣教會公報》，第 3072 期（2011 年 1 月 10 日 -16 日），第 4-5 版「專題報導」；但王昭文也在該會中指出中華民國在

《台灣教會公報》的社論〈慶祝百年，不如省思禧年〉談到孫文建立中華民國的時候，國土的想像並不包含台灣，而是將台灣與高麗（韓國）視為相同的邊陲。到了蔣介石退據台灣後，國民政府（事實上已行憲）才將台灣納入其範圍，並將歷史與對岸接軌。[7] 該社論將孫文搬了出來，以「中華民國國父」的理論切割其建國時與台灣之間的關聯。

三、《台灣教會公報》視角下的孫文

不論「建國百年」還是「辛亥百年」，兩者皆與孫文有絕對直接的關係。孫文信仰基督教起源於檀香山的求學生活，1883 年在美國公理會阿厚學院（Oahu College）就讀時欲受洗入教，卻被其兄命令返國。後來因毀壞家鄉佛像而離鄉赴港，才由美國公理會牧師喜嘉理博士洗禮，成為基督徒。[8] 日後許多基督徒的老師、朋友皆對孫文有很大的影響，基督徒同道對他的革命事業也有不少貢獻，孫文臨終時也向家人與好友表示他是個基督徒，秉耶穌救世的使命感而來，也是以基督徒的身分離開人世。[9] 就一般的尋常論述而言，孫文年少時便立志救國，成年後是位醫生與基督徒，後來組織了興中會、同盟會，發動 11 次的革命行動，最後終於推翻了滿清政府，建立了中華民國，成為中華民國的國父。姑且不論上述歷史敘事的真實性與其建構過程，但至少在台灣這屬於常識的範疇，也為一般民眾所認知。

關於孫文的國父形象，潘光哲《華盛頓在中國——製作「國父」》

台灣為既成事實，目前也因民主化而具有民意基礎，認為「這也是令我們為難的地方」。王昭文，〈喊台獨之外——長老教會的政治關懷演變〉，《新使者雜誌》（台北：新使者雜誌社，2003 年），頁 55-58。

7　社論，〈慶祝百年，不如省思禧年〉，《台灣教會公報》，第 3070 期（2010 年 12 月 27 日 -2011 年 1 月 2 日），第 6 版「教會消息」。
8　陳錫祺主編，《孫中山年譜長編（上冊）》（北京：中華書局，1991 年），頁 33-36。
9　莊政編著，《孫文革命思想發展史論》（台北：國立編譯館，2007 年），頁 163-178。

一書中有精闢的分析，並提到各種不同目的之政治力量都在塑造各自的孫文，進而建構了人們對於孫文的歷史記憶。[10] 陳蘊茜則鉅細靡遺地論述孫文過世後，國民黨如何以壟斷其喪葬儀式來建立自身的正統性，並運用各種的紀念與傳播方式加強了當時中國民眾對孫文的認同。[11] 王爾敏則曾撰文表示，即便國父名號只是大眾表白心意的符號，對孫文本人來說並不重要，但該稱號依舊具有歷史基礎與其正當性。[12] 目前關於孫文在台灣的國父形象傳播與建構尚未出現全面性探討的著作，但國民黨政府長期透過學校教科書的編輯、大眾媒體的壟斷、紀念日與公共空間的設置等方式灌輸台灣人民黨國意識型態，孫文被認知為「國父」當然也不意外。

　　那麼《台灣教會公報》是如何看待這位國父呢？為何從最初介紹孫文生平並歌功頌德，但卻在「建國百年」前夕將其搬出來切割台灣與中華民國的關係，當中究竟存在著什麼樣的轉折？以目前長老教會的政治立場來看，孫文或許是中華民國的國父，但卻不是台灣的國父，這並不是太令人吃驚的答案。但粗估自 1970 年至 2011 年之間，《台灣教會公報》提到孫文的次數至少超過 105 處（尚未包括僅提到三民主義的文章），而孫文與長老教會基本上沒有任何的關係。辛亥革命成功於 1912 年，台灣當時還是日本的殖民地；孫文逝世的 1925 年，台灣依舊是日本的殖民地；國民黨在 1949 年全面退敗至台灣，當時孫文也已離世將近四分之一個世紀。一位與長老教會毫不相干、且離世已久的政治人物，卻能夠不時地出現在該教派的機關報上，當中確實有值得玩味之處，進而從「基督徒認同」、「國家認同」與「評論時事」三個角度來切入觀察，期望釐清長老教會對孫文論述「變」與「不變」背後的意義。

10　潘光哲，《華盛頓在中國——製作「國父」》（台北：三民書局，2006 年），頁 184。

11　參見陳蘊茜，《崇拜與記憶：孫中山符號的建構與傳播》（南京：南京大學出版社，2009 年）。

12　王爾敏，《思想創造時代：孫中山與中華民國》（台北：秀威資訊，2011 年），頁 273-288。

第二節　1970 年代至解嚴之前的孫文形象

一、1970 年代：與孫文同為中國人與基督徒為榮

　　孫文在 1970 年代《台灣教會公報》的出現通常以其「誕辰」或「逝世紀念日」為主軸，有的會再輔以時事評論。1969 年 11 月，當時《台灣教會公報》中文版的《瀛光月刊》為了紀念 11 月 12 日的孫文誕辰，摘錄了當時中國廣播公司董事長梁寒操的一篇演講，題目是〈三民主義與基督教〉，稱三民主義是「國父」孫文發明的偉大真理，該主義也與基督教思想息息相關，所以《台灣教會公報》期待讀者因著該演講「更明白時代所賦予基督徒的使命」。[13] 1970 年 1 月，《台灣教會公報》第 1052 期轉載 1969 年 11 月 12 日《民族日報》第 8 版的〈國父與基督教〉，內容提到孫文在倫敦蒙難時基督教信仰帶給他的平安，也認為孫文創立中華民國與「耶穌救世精神之感召尤大」。[14]

　　1973 年，《台灣教會公報》第 1101 期提到孫文年少時跑到廟裡打斷泥人的手臂，打破了封建也打破了宗教的崇拜與迷信。[15] 同年 5 月底因為大學聯考將近，《台灣教會公報》為了服務考生開闢了「如何闖越大學聯招的『窄門』」的短期專欄，講解如何準備各個考科，第 1110 期則提醒考生「三民主義之博大精深」、也要注意「國父遺教是整體的、相互關聯的」。[16] 以大專聯招的考科作為與孫文連結的議題，在《台灣教會公報》上應該是頭一遭，用以打斷廟中塑像象徵破除迷信在今日

13　梁寒操講、本刊摘錄，〈三民主義與基督教〉，《瀛光月刊》，第 247 期（1969 年 11 月），第 3-5 版。

14　易笑儂，〈國父與基督教〉，《台灣教會公報》，第 1052 期（1970 年 1 月），第 24-25 版。

15　陳鼎環，〈劃亮良知的火柴──談宗教與民主之（三）〉，《台灣教會公報》，第 1101 期（1973 年 3 月 25 日），第 6 版。

16　梁獻龍，〈如何闖越大專聯招的「窄門」三民主義一科應注意的問題〉，《台灣教會公報》，第 1110 期（1973 年 5 月 27 日），第 5 版。

可能會挨告。該年第 1118 期的《台灣教會公報》刊載〈立志做大事〉一文，內容講述孫文「民國 12 年」在廣州嶺南大學「立志做大事不要做大官」的演講，並且連結《聖經》〈馬可福音〉第 10 章 35-45 節，雅各與約翰要求坐在耶穌左右邊的事。因此認為孫文「人生以服務為目的」，乃是「基於基督為首當為僕的道理」。[17]

1975 年，第 1239 期社論〈基督徒對國家的責任（下）〉，引述孫文晚年撰寫的〈勉中國基督教青年〉一文，謂「觀中國今日社會之團體，其結合之堅，遍布之廣，有過於中國基督教青年會乎？」，最後呼籲這些言詞雖然是對當時的基督教青年會的期望，但也無異於今天全國基督徒的期望。因此應該有所警惕，與上帝同工，來建設理想的國家與理想的世界。[18] 同年 11 月 17 日，長老教會北部大會議長張清庚親臨淡水工商管理專科學校（今真理大學）校慶感恩禮拜，以「創業的精神」為講道題目，並自認該校創立精神與 80 多年前「國父」領導革命以及 17 世紀的清教徒精神相同，有明確的目標與相信真神上帝。而「國父所領導的國民革命由總統　蔣公來繼承，今天他已被接進天國，留下遺言要我們完成建國大業。」如同摩西死後將帶領以色列人的責任交由約書亞繼承一般，因此張議長要在座的青年朋友將創校的精神代代傳下去。[19] 就在張清庚以「國父」與「蔣公」事蹟勉勵在座學子的隔天，長老教會發表〈我們的呼籲〉，期待政府接納該教派對於國內信仰自由與國際外交困境等問題之建議。

1976 年，《台灣教會公報》第 1245 期刊載社論〈培養新觀念建立新制度〉，該文認為長老教會已入台 111 年了，但近 10 多年來卻有著太

---

17 許興仁講、許惠珠筆錄，〈立志做大事〉，《台灣教會公報》，第 1118 期（1973 年 11 月 18 日），第 7 版。

18 張群，〈基督徒對國家的責任（下）〉，《台灣教會公報》，第 1233 期（1975 年 10 月 19 日），第 3 版。

19 張清庚，〈創業的精神（二）〉，《台灣教會公報》，第 1239 期（1975 年 11 月 30 日），第 6 版。

多口號，許多觀念與制度都不夠健全。而「國父孫中山先生倡導革命推翻滿清政府也是基於強烈的基督教思想」、「國父革命的理由，堅信這種新中國的理想，必須由新的社會制度去實踐。」[20] 於是長老教會的革新也和孫文的革命拉上了關係。

　　1977 年 8 月 16 日，長老教會發表〈人權宣言〉，主張住民自決，並促請政府面對現實，使台灣成為一個「新而獨立的國家」。[21] 同年 12 月，當時任教於台南神學院的王憲治在《台灣教會公報》第 1295 期發表了一篇〈孫中山，中國最偉大的基督徒政治家〉，從基督教信仰與其救國大志、基督教信仰與其主義、基督教信仰與其做人處事風格等三方面論述孫文。最後的結論是「沒有基督教信仰，就沒有孫中山，就沒有民國。」並且強調當時台灣處危急之境，許多基督徒也以拿綠卡移民為榮耀，不知盡基督徒參與建設鄉土與社會的責任，因此「孫中山先生無論私德或公德，都是我們追隨的模範，沒有社會，哪有個人。」[22]

　　1978 年 5 月，李元簇上任司法部長，他認為該部首要之急，應是改革司法的道德風氣，對此《台灣教會公報》在第 1374 期給了回應。該期的曠野之聲引述孫文借用美國首任財政部長漢米爾頓（Alexander Hamilton，1755 或 1757-1804）的論點，謂「性惡的人便拿政權去作惡……無論國家的甚麼道德法律正義秩序，都不去理會，弄到結果，不是一國三公，變成暴民政治，就是把平等自由走到極端，成為無政府。」最後強調司法者的道德修養與百姓的守法精神兩者必須並重。[23] 同年 11 月第 1392 期的《台灣教會公報》為了紀念孫文 112 歲冥誕，

20　社論，〈培養新觀念建立新制度〉，《台灣教會公報》，第 1245 期（1976 年 1 月 11 日），第 1 版。
21　〈憑著基督徒信仰良心　關切國家與同胞前途　總會常置委員會發表人權宣言，主張台灣前途應由自己決定〉，《台灣教會公報》，第 1329 期（1977 年 8 月 21 日），第 1 版。
22　王憲治，〈孫中山　中國最偉大的基督徒政治家〉，《台灣教會公報》，第 1344 期（1977 年 12 月 4 日），第 7 版。
23　無標題，《台灣教會公報》，第 1374 期（1978 年 7 月 2 日），第 3 版。

刊出社論〈紀念孫逸仙冥誕有感〉一文，開頭同樣強調他是偉大的政治家與基督徒，並且略述其生平相關六事做為讀者效法的模範。這六事分別為：受洗屢遭逼迫、當牧師不成而做「大醫生」、「大寇」變成了「國父」、大總統讓位、真才實學且研讀不倦，以及頗值得玩味的最後一事「臨終不忘台胞自由」。該文最後以「我們紀念孫文的冥誕，當效法他本耶穌救世之精神典範，不忘其臨終之期待，使台灣一千七百萬人民進入『新天新地』。」[24] 該期第 8 版則是「紀念基督徒孫逸仙第一一二週年冥誕專輯」，刊載了孫文在民國元年於北京教會歡迎會與廣州「耶教聯合歡迎會」的演講。[25] 此外，《台灣教會公報》也沒有在孫文逝世紀念日的時候缺席，並且結合時事評論。1979 年 3 月 4 日，《台灣教會公報》社論擔憂台灣社會風氣的敗壞，認為應由孫文的學說以及基督教的信仰作為良方。例如「所以，要拯救台灣當前社會風氣敗壞的危機，首先當從孫文主義『心理建設』中『革命之精神做起』。而孫文革命精神的基礎在基督教的信仰。」也就是說台灣社會需要孫文，當然也同樣需要基督教。[26]

　　從上述《台灣教會公報》關於孫文的文章可以發現，只要提到孫文必定會連結其基督徒身分，甚至會論述基督教信仰與三民主義的誕生有著密不可分的關係，有位「國父」等級的「教友」確實值得沾光；關於國家認同與社會時事，這段時間提到孫文通常會順帶論及中華民國與三民主義，這也部分反映出 1970 年代的長老教會的國家認同。

24　社論,〈紀念孫逸仙冥誕有感〉,《台灣教會公報》, 第 1392 期（1978 年 11 月 5 日）, 第 2 版。

25　孫逸仙,〈以宗教上之道德補政治之所不及〉,《台灣教會公報》, 第 1392 期（1978 年 11 月 5 日）, 第 8 版。

26　社論,〈基督教信仰與孫文的「心理建設」——並論傳統道德主義和權威主義的危險〉,《台灣教會公報》, 第 1409 期（1979 年 3 月 4 日）, 第 1、2 版。

二、解嚴前的 1980 年代：以「孫文之矛」攻「國民黨之盾」

　　1980 年代是孫文在《台灣教會公報》最活躍的年代，粗估至少有 62 處，大約平均兩個月就會出現一次，成為曝光機率極高的歷史政治人物，並集中於「曠野之聲」與「社論」兩專欄。曠野之聲專欄開闢於 1978 年 6 月，主要由時任台南神學院教師的王憲治執筆，也會不時跨刀社論與「窗口眺望」（起初由美籍宣教師郭大衛負責。David Gelzer，1919-2016）。[27] 而同為南神教師的鄭兒玉也在 1979 年中出任教會公報社理事長（實際編務則由林培松牧師負責）兼主持社論，期許《台灣教會公報》成為「時代的米該雅」，在威權時代勇敢發聲。[28] 不論是曠野之聲、社論還是窗口眺望，其撰文皆為匿名，因此轄下文章難以精確判定出自何家之手。但從王憲治之前在《台灣教會公報》的文章來看，社論與專欄之孫文論述應多出自其手筆。[29] 而 1980 年代孫文在《台灣教會公報》上的連結主軸主要是評論時事，而且議題相當廣泛，從國家政治到社會事件，或者是長老教會本身的改革等等，儼然成為《台灣教會公報》評論時事的最佳利器。

　　關於孫文的基督徒身分同樣也會不時提及，只是不像 1970 年代那樣的強調，一般也還是稱呼他為「國父孫中山」。由於 1980 年代與孫文相關的文章為數甚多，因此以下僅就政治、社會事件等議題為主，依時序排列《台灣教會公報》對孫文的「使用」情形。

27　高俊明等著，《台灣新而獨立的國家：台灣基督長老教會人權宣言聖經與神學論述》（台北：台灣基督長老教會總會信仰與教制委員會，2007 年），頁 64；莊雅棠，〈台灣鄉土神學的開拓者——王憲治牧師〉（台南：人光出版社，2001 年），頁 344。

28　吳仁瑟，〈時代的米該雅：鄭兒玉牧師〉，《新使者》，第 147 期（2015 年 4 月），頁 41-46。

29　王憲治，〈孫中山　中國最偉大的基督徒政治家〉，《台灣教會公報》，第 1344 期（1977 年 12 月 4 日），第 7 版。

〈一〉1980 至 1981 年：美麗島大審、基督徒參政與三重加油站舞弊案

1970 年代台灣內外發生許多重大事變，1979 年 12 月 10 日的美麗島事件更是餘波盪漾。因此第 1455 期《台灣教會公報》之社論〈以信仰真理一起來建造〉提到，「孫文學說論及主義是一種思想、信仰、力量；人由思想而分辨真假是非……」、「基督教認為一個人的信實更是建立在他對真理的信仰上……」，強調「在世局變幻莫測的情況下，世人對真理的認識模糊不清，或灰心喪志，更需要信仰的力量……」而台灣基督長老教會受上帝託付見證耶穌所啟示的真理，應以信仰為原則，建設真誠的人格與國格，團結台灣內部並取信於國際。[30] 在內憂外患的時代，《台灣教會公報》用孫文的精神來幫自己打氣。

第 1649 期《台灣教會公報》的社論則敘述「近年國內不斷的興訟，對國家的發展或對人民的福祉，都構成了損害」，「如何才能建立人民對政府的支持愛戴呢？這就是孫文學說所闡釋的。孫逸仙所以推翻滿清政府，創立民國，正是要以三民主義做為藍圖來建設一個政府聽從民意，人民信任政府而具有和諧團結的國家。所以實踐三民主義，建設健全的國本，乃是『使無訟』的最根本之道。」該社論並呼籲長老教會要扮演「好牧人」的角色，盼執政當局體察基督的精神，使國家走向無訟坦途，建設三民主義的理想國度。[31] 內文所指的「興訟」可能是暗指美麗島大審，甚至是更之前的「橋頭事件」或「中壢事件」，但不論所指為何，皆透過孫文與三民主義軟性地給予國民黨政府施政上的建議。

第 1479 期《台灣教會公報》的曠野之聲則因中央選舉委員會提名淡水工商管理專科學校校長葉能哲為台北市的選舉委員，葉能哲本身也是長老教會的牧師，因此借題論述了宗教人士是否可以參政的萬年議題。該論稱「政治家如果缺乏宗教的超然信仰往往會成為害人害己

30　社論，〈以信仰真理一起來建造〉，《台灣教會公報》，第 1455 期（1980 年 1 月 20 日），第 2 版。

31　社論，〈願主重聽我們的禱告：「必也，使無訟！」〉，《台灣教會公報》，第 1469 期（1980 年 4 月 27 日），第 2 版。

的政客……」，並引「中華民國國父孫中山先生」的遺訓「我是一個基督徒，受上帝之命，來與罪惡之魔宣戰，我死了也要人知道我是基督徒。」該文把孫文找來，替基督徒是否可以參與政治做了有力的回答。又，該年適逢孫文114歲冥誕，第1497期《台灣教會公報》的頭版刊登總會議長張清庚的專文，內容提到應以基督徒的信仰來認同孫文所從事的革命事業，實現民有、民治、民享的政治理想，效法天下為公的精神。並「努力協助政府從事民主精神的建設，來建立民主政治國家的新形象，增進世界各國對我國的尊重和平等互惠的邦交，以達成世界大同的理想。」[32] 換言之，《台灣教會公報》透過國父冥誕告訴國民黨政府，民有、民治、民享尚未實現，國民黨也缺少民主政治國家的形象，也說明了台灣艱難的外交困境。

　　1981年1月25日，第1508期的社論與曠野之聲皆對三重加油站集體舞弊案發表看法，兩專欄不約而同地搬出了孫文。社論認為該事件乃在乎一個「利」字，而「國父」一再強調天下為公，不可假公濟私；曠野之聲則是認為中油從推三拖四到主動移送調查局，這是國營事業第一個「知恥近乎勇」的表現，但這種「心蟲」卻需要時時警惕才能除掉，「孫中山先生」受洗時取名「孫日新」意即在此。[33] 同年5月13日，國民黨召開中常會，總統蔣經國勉勵全體黨員貫徹孫文三民主義建國的使命，第1525期的曠野之聲對此深以為是。該論謂「正當中共叫他們是『孫中山先生革命事業最好的繼承者』，並指『台灣根本未實行三民主義』之際，此番談話無異是堅強嚴厲的答覆。」、「有很多中國人堅信當國家的命運、前途遭橫逆阻撓，若要重獲希望，再現生機，必須以三民主義的模式來貫徹實施。」此論一方面表現了對中華民國的制

32　〈紀念孫逸仙先生114年冥誕　長老教會總會議長張清庚　呼籲兄姊效法其信仰精神　協助政府建立國家新形象〉，《台灣教會公報》，第1497期（1980年11月9日），第1版。

33　曠野之聲，〈調查局抓油蟲的意義〉，《台灣教會公報》，第1508期（1981年1月25日），第3版。

度認同，認為中共的主張只是種叫囂，但另一方面也是對國民黨政府當前無所作為的無奈。[34] 而關於國民黨的一黨獨大，第 1546 期的「曠野之聲」稱「孫文所創民有、民治、民享之三民主義，在理論上是舉世政治信仰中之極傑出者。蓋一切以『民』為中心……」，但在諸多「安全與法統」的顧慮下，農、工、商及出版與傳播事業皆不以民而以黨為中心，「此誠為三民主義實踐之危機」。[35]

〈二〉1982 至 1983 年：賄選風氣、王迎先案與教育體罰

　　1981 年底再逢孫文 115 歲冥誕，總會議長謝敏川牧師呼籲主內兄弟姊妹效法這位「偉大的基督徒政治家」的精神，以信仰促使鄉土同胞享有民有、民治、民享之民主政治。另外也提到加爾文（Jean Calvin，1509-1565）參與了日內瓦的政治建設，因此該文的重點在於地方公職人員選舉在即，希望選舉要公正、公平、公開，早日實現「孫先生」建立民國的理想。[36] 而該期第 2 版社論的冥誕紀念感言〈先求祂的國和義〉也以孫文的建國理想為主軸，希望該次選舉沒有「拜金」、「拜力」等情事。[37] 同樣的選舉議題，1982 年第 1560、1561 期《台灣教會公報》合刊中一文〈神學對台灣政治買票問題之應答〉指出買票賄選對台灣社會造成深遠的惡劣影響，而神學於台灣本土落地生根，更應該關心各種社會議題，接著表示應當按「孫先生的三民主義」的指導使台灣向理想的國家邁進。[38] 3 月 14 日第 1567 期的《台灣教會公報》以紀念孫

34　曠野之聲，〈永不毀壞的根基〉，《台灣教會公報》，第 1525 期（1981 年 5 月 24 日），第 3 版。

35　曠野之聲，〈信仰與實踐的危機〉，《台灣教會公報》，第 1546 期（1981 年 10 月 18 日），第 3 版。

36　〈紀念孫逸仙先生一一五冥誕　長老教會總會議長呼籲信徒效法其精神與民主建設　協力促使選舉誠實聖潔〉，《台灣教會公報》，第 1549 期（1981 年 11 月 8 日），第 1 版。

37　社論，〈先求祂的國和義──孫逸仙先生冥誕紀念感言〉，《台灣教會公報》，第 1549 期（1981 年 11 月 8 日），第 2 版。

38　卓宗仁，〈神學對台灣政治買票問題之應答〉，《台灣教會公報》，第 1560 / 1561 期

文誕辰為名，發了一篇〈十年樹木　百年樹人〉的社論，當中抨擊孫文創立民國的理想被自私自利的「豬仔議員」軍閥財閥之類的政客不斷破壞，令人痛心疾首。[39]

1982 年 4 月，李師科犯下台灣首宗持槍銀行搶劫案，但另一計程車司機王迎先卻在刑求逼供下自白犯案，後跳秀朗橋自殺身亡。[40]第 1577 期曠野之聲一篇〈哀王迎先　諫行政院〉提到了該事件，強調《台灣教會公報》曾經在美麗島事件發生時，建議蔣經國總統徹查其中是否有刑求而羅織下獄的情況，情治與警政單位的作為令人懷疑至今是否仍活在民國以前的專制時代。而戒嚴法讓行政院獨大，立法院成橡皮圖章，「三民主義統一中國」也是口號。因此「孫中山打倒了帝王專制，撕碎了帝王的『龍袍』，希望『三民主義的傳人』不要再為自己製造一套。」[41] 到了年底的雙十節，《台灣教會公報》第 1597 期的社論又再次緬懷多位基督徒革命先烈，並首推創立中華民國的孫文。因此期望大家繼承先烈們的精神，在這國際列強出賣的危險以及中共的和平統戰中，負起建設民主與救國的使命。[42]

針對當年台南某間以升學率出名的私立學校以藤條揮打學生數十下，家長因此至法院提告，並激起輿論對打罵教育與升學主義的不滿，對此《台灣教會公報》與孫文也有話要說。第 1611 期的曠野之聲稱中國文化雖博大精深，但刑罰的嚴酷也世界聞名，加上秦始皇「君尊臣卑」的威權主義，把中國的教育也壓得變形了。而「孫中山先生提倡『三民主義』的教育，就是以人性的尊嚴為出發點的，而今日的打罵教

（1982 年 1 月 24 / 31 日），第 6 版。

39　社論，〈十年樹木　百年樹人〉，《台灣教會公報》，第 1567 期（1982 年 3 月 14 日），第 2 版。

40　薛化元，《戰後臺灣歷史閱覽》（台北：五南出版社，2010 年），頁 299-230。

41　曠野之聲，〈哀王迎先　諫行政院〉，《台灣教會公報》，第 1577 期（1982 年 5 月 23 日），第 3 版。

42　曠野之聲，〈人民有言論、講學、著作及出版之自由——憲法第十一條〉，《台灣教會公報》，第 1597 期（1982 年 10 月 10 日），第 3 版。

育，卻摧殘了人性的健全發展。」因此愛的教育使人格完全，十字架上基督的愛使人類的愛完全。[43] 從學校體罰也可以談到酷刑，就算是從今日的角度也可以說是種創新。另外當時國民黨的中央委員會秘書長蔣彥士在勉勵三民主義論文得獎人時說，不但要闡揚三民主義，更要實行三民主義。但《台灣教會公報》第 1613 期的曠野之聲卻說全國的風氣腐化敗壞不堪，而國民黨依舊是一黨獨大，期待國民黨員們把「孫中山先生倡導的民主、法治、人權的理論真正『行』出來，不可為『私』和『利』所遮蓋，以致使全國陷在罪惡之中。」[44]

10 月 23 日，第 1651 期的《台灣教會公報》又對選舉開砲了。社論〈以基督信仰作光作塩淨化政治〉當中提到，台灣這 30 幾年來，舉行了無數次選舉，但卻因賄選與暴力的介入，使人不想碰政治以免受汙染。「但是在基督信仰中，『政治』並不是要統治人民，而是要服務人民，所以執政者，並不是『統治者』而是『公僕』，孫文就是根據這種信仰來建立民國的」，所以鼓勵基督徒根據信仰的原則淨化政治，不應以政治的骯髒而置身事外。[45]《台灣教會公報》第 1654 期的頭版同樣以孫文 117 歲冥誕表示對基督徒參政的看法，總會議長戴忠德牧師認為全體教會、基督徒要效法孫文「天下為公」精神參與民主政治的建設。特別是增額立法委員的選舉將至，更應該紀念「國父孫逸仙先生」的建國精神，積極關心國是與參與政治，完成其建國的目標。[46] 而該期的社論也提到「國民政府」來台 30 餘年，將「國父」的民有、民治、民享的政治理想教育國人，但這個理想卻給國人一個「遙不可及的焦慮

43 曠野之聲，〈打罵教育的代價〉，《台灣教會公報》，第 1611 期（1983 年 1 月 16 日），第 4 版。

44 曠野之聲，〈談「知而不行」之病〉，《台灣教會公報》，第 1613 期（1983 年 1 月 30 日），第 4 版。

45 社論，〈以基督信仰作光作塩淨化政治〉，《台灣教會公報》，第 1651 期（1983 年 10 月 23 日），第 1 版。

46 〈孫逸仙先生一一七週年誕辰紀念〉，《台灣教會公報》，第 1654 期（1983 年 11 月 13 日），第 1 版。

心情」。因此應澈底實施中央到地方的民意代表選舉，不應以動員戡亂臨時條款凍結「國父」建立民國的精神與理想，如此促使民心振奮與增加對國家的認同。[47] 同期的曠野之聲則因近日發生黨外雜誌被查扣、黨外候選人被騷擾以及賄選傳言，希望選舉選風公正，不要違背孫文的精神，因為孫文相對於清朝，也算是「黨外的創始人」，孫文就這樣與黨外牽了上邊。[48] 另外第 1655 期《台灣教會公報》的曠野之聲稱「真理是不能用特權加以消滅，正義是不能用審判加以歪曲的。提倡『天下為公』的孫文就是真理與正義的維護者，盼國民黨本『天下為公』精神，辦一次光明正大的選舉，才是孫文的真正傳人。」[49]

12 月 10 日是「世界人權日」第三十五週年紀念日，對此第 1567 期的《台灣教會公報》表示，國民黨本是一個救國的政黨，而長老教會過去發表了三個宣言也沒有排斥政府的企圖，只是希望政府能夠遵照「國父」的救國與建國精神，以「民」與「國」為念，而不是因「黨」而棄「民」棄「國」。[50]

〈三〉1984 年：呼籲中央民意代表改選、言論自由、廢除戒嚴與動員戡亂

國民黨為了維持「法統」而不全面改選中央層級的民意代表，這些「老國大」不但成為民主國家怪異的現象，監察院也有名無實。因此《台灣教會公報》第 1664 期的曠野之聲寫到「孫中山先生」是位虔誠的基督徒，深知人性自私會造成政治權力的腐化，因此設計了監察

47　社論，〈以「民有、民治、民享」落實台灣來紀念國父誕辰〉，《台灣教會公報》，第 1654 期（1983 年 11 月 13 日），第 1 版。

48　曠野之聲，〈以光明正大的選舉發揚孫文精神〉，《台灣教會公報》，第 1654 期（1983 年 11 月 13 日），第 5 版。

49　曠野之聲，〈受刑人家屬及辯護律師參政的意義〉，《台灣教會公報》，第 1655 期（1983 年 11 月 20 日），第 5 版。

50　社論，〈人權是國家的基石——世界人權日感言〉，《台灣教會公報》，第 1657 期（1983 年 12 月 4 日），第 1 版。

權。而孫文的五權在台灣空有架構，在立法院卻以「舉手」而行專斷之事，連監察委員也沒有置喙的餘地，也難怪時任監委的尤清會說：「不幹了，如果選我的人同意的話。」[51]而國民黨第 12 屆二中全會上，蔣經國以黨主席的身分致詞，一再強調「一切以人民為本位」。但話雖這麼說，國民黨入台 30 餘年卻用「戡亂」挾住了憲政的實施，許多人民的基本權利如言論、出版、集會、組黨等自由都被漫無標準地限制住了。早年追隨「中華民國國父孫文」的殉道者，其中有不少的基督徒，不被權力所迷惑，展現了大公無私的精神。[52]似乎是希望國民黨可以念在孫文與其追隨者的奉獻，背上台灣民主的「十字架」，盡快還權於民。

1984 年是台灣的「綠化年」，因此到了孫文逝世紀念日的時候（植樹節），第 1671 期《台灣教會公報》的社論〈綠化台灣，必先落實台灣〉便從「植樹」出發，再轉化到對政治的批評。該社論首先指出，要綠化家園並不是一個「綠化年」就可以達成的，乃是要常期的栽植與保護。若是有一代貪於一時的私利，殺雞取卵地耗盡自然資源，帶給後代的災情是何其慘重。接著話鋒一轉，提到台灣這 30 幾年來由於政治的因素，「許多人存著客居的心態」，因此認為政府應該先認同台灣，落實台灣，在台灣實施民主政治的建設。另外「國父孫逸仙」所創之中華民國不但國會議員多年來未改選，人民在「戒嚴令」、「黨禁」、「報禁」之下沒有充分的自由，要如何培養新生代來振作國家元氣。[53]

除了台灣的時事之外，美國總統大選辯論孫文也可以在《台灣教會公報》登場，相當具有國際觀。1984 年 10 月 22 日，雷根（Ronald Wilson Reagan，1911-2004）與孟岱爾（Walter F. Mondale，1928-）展

---

51 曠野之聲，〈尤清的怒吼〉，《台灣教會公報》，第 1664 期（1984 年 1 月 22 日），第 5 版。

52 曠野之聲，〈國民黨的十字架〉，《台灣教會公報》，第 1668 期（1984 年 2 月 19 日），第 5 版。

53 社論，〈綠化台灣，必先落實台灣〉，《台灣教會公報》，第 1671 期（1984 年 3 月 11 日），第 1 版。

開第二場的電視辯論會，雙方各自發揮特色爭取選民，使曠野之聲聯想到台灣的現況。例如台灣缺乏政黨法來組織新黨，反對者立足點並不平等；美國的國策可以辯論，但在台灣則會被扣帽子；雷、孟兩人需要走向人群爭取選民認同，而台灣的總統選舉卻只能「引頸仰望」電視上的投票。因此民主就是以民為主，故人民是國家的主人，政府是僕人，這一點「孫中山先生也說得淋漓盡致」。[54] 所以遠在美國的總統大選，觸動了《台灣教會公報》對台灣的關懷，也讓孫文講過的話有再次發揮的機會。該年立法委員許榮淑與費希平分別提出自決權與「中國邦聯」，卻被宣告違反國策「三民主義統一中國」，這讓《台灣教會公報》找到機會從歷史切入挖苦國民黨一番。曠野之聲引述了 1938 年 4 月 1 日蔣介石在國民黨臨時全代會的演說：「總理的意思，以為我們必須使高、台的同胞能夠恢復獨立自由，才能鞏固中華民國的國防，奠定東亞和平的基礎。」另外也提及戴季陶 1927 年在黃埔軍校的演講：「在台灣的中國同胞，被日本人壓迫欺侮，就像高麗人被壓迫一樣。因此，我們鼓吹台灣獨立。」[55] 所以不用等到「建國百年」，孫文支持台灣獨立的論述就已經出現在《台灣教會公報》上了。

　　年底聖誕節將近，同時也是行憲紀念日，但《台灣教會公報》第1711 期的曠野之聲卻說這部憲法 37 年來已被「戒嚴法」與「臨時條款」所束縛，因此「孫中山先生地下有知，也要嘆三聲無奈了。」[56] 本章最初提到 1947 年 12 月《台灣教會月刊》那篇〈聖誕與民主〉，在這裡或許可以遙相呼應。

54　曠野之聲，〈第二回合的聯想〉，《台灣教會公報》，第 1705 期（1984 年 11 月 4 日），第 5 版。

55　曠野之聲，〈我的牧人不尋找我的羊──以西結卅四：8〉，《台灣教會公報》，第 1706 期（1984 年 11 月 11 日），第 5 版。

56　曠野之聲，〈聖誕與行憲〉，《台灣教會公報》，第 1711 期（1984 年 12 月 16 日），第 5 版。

〈四〉1985 至 1986 年：十信案與江南案、經濟管制、亞銀更名危機與
　　呼籲行憲

　　1985 年 2 月 3 日，第 1718 期的曠野之聲認為台大教授李鴻禧將情
治單位比喻為白血球過於狹隘，認為反對黨及輿論界才是白血球，政
府與執政黨則是紅血球，兩者之間應該取得一定程度的平衡，才能構成
一個健康的國家。所以目前當務之急就是培養健全而有力的白血球，也
就是輿論界與反對黨。所以呼籲教會要善盡責任，以「孫中山入世的信
仰、以巴克禮認同和愛台灣的精神，以史懷哲奉獻犧牲而超越於政黨之
私利私鬥之外的偉大人格，來實踐上帝國的義理於此鄉土。」如此白血
球會健壯，紅血球也會正常，人體也會健康。[57]

　　第 1720 / 1721 期的《台灣教會公報》再度回應江南案以及十信超
貸案等事件，認為這些反映了台灣先天不足又後天失調，只是這回登場
的是孫夫人宋慶齡。宋慶齡曾經對戴季陶表示，中國國民黨將她的名字
列在中央執行委員會中，難道是用她的名字去欺騙公眾嗎？接著又說：
「你們對於中國革命的歷史，留下多少的玷辱，民眾將有一日要和你們
算帳啊！」而該文認為國民黨丟掉大陸，關鍵就在於是否有真正的愛
中國的老百姓，而國民黨如果丟掉台灣，可沒有另一個台灣了。[58] 孫文
「使用」多了，這回就改派夫人登場吧。

　　11 月孫文冥誕，《台灣教會公報》第 1758 期的社論開頭不外乎先
稱孫文是中華民國的創立者，以及其民主政治理論是來自基督信仰的理
念。接著就說到這 40 年來政府雖然以三民主義為號召，但「民有、民
治、民享的理想一直被放置在『統一中國』之遙遙無期的空幻中，未曾
落實。」、「使人民對『三民主義』的印象充滿了矛盾，對民主的認識
也極為混淆不清。」而當時台灣正舉行公職人員選舉，基督徒更有責任

57　曠野之聲，〈「白血球」是誰？〉，《台灣教會公報》，第 1718 期（1985 年 2 月 3
　　日），第 5 版。
58　〈北中 34 屆春季議會 謝禧明膺任新議長鼓勵推行人人傳道〉，《台灣教會公報》，
　　第 1720 / 1721 期（1985 年 2 月 17 / 24 日），第 4 版。

闡明發自耶穌基督信仰的民主精神，使基督的信仰落實在鄉土上。[59] 到了年底又要紀念聖誕與行憲了，第 1764 / 1765 期的曠野之聲表示「國父孫文」以歐美之民主基礎與基督教的信仰推翻滿清，建立民主的共和國，如此也有了後來的憲政與行憲。但是「退守台灣的國民黨，想振興『中華』，卻壓了憲政——戒嚴與行憲幾乎一樣長，使『民國』縮水了。」所以聖誕節是種提醒，提醒行憲是絕對正確的方向，希望「國民黨珍惜中華憲政之根在於基督教人權的信仰，凡與上帝為敵的，必然滅亡；凡與上帝為友的，必然興旺。」[60]

　　時間進入 1986 年，第 1767 期的曠野之聲對台灣長期以來的管制經濟提出批判，認為儘管過去在特殊條件與台灣人民辛勤刻苦下，經濟出現繁榮的一面。但是另一方面則造成社會風氣敗壞，特權鉅富營私，毀壞了整個社會的品質。而「公權力」失去民意的制衡，不是變成少數特權的「私權力」，就是不能反映民意，與時代環境脫節。而要超克這種罪性，「我們必須在上帝面前悔改，正如孫文的重生，使他能以信仰的力量去力行『天下為公』，而創造出以『民』為『主』的政治理想」。盼獨大的國民黨政府悔改，解除管制。[61]

　　台灣自 1970 年代開始面臨外交危機，邦交國更是只剩下 22 國，如此危機到了 1980 年代依舊，連身為「亞銀」發起國的「中華民國」都有可能被改名為「中國台北」。對此曠野之聲在第 1776 期的《台灣教會公報》表示這都是在「戡亂」的國策下，以一成不變的頑固態度面對萬變世界所造成的結果。而「國民黨在開創之初，如孫文、陸皓東、黃興、宋教仁等等皆為本基督十字架信仰以救國救民為己任的血性青年，

59　社論，〈基督信仰的落實——願主的國降在世上〉，《台灣教會公報》，第 1758 期（1985 年 11 月 10 日），第 1 版。

60　曠野之聲，〈聖誕・行憲・斷交〉，《台灣教會公報》，第 1764 / 1765 期（1985 年 12 月 22 / 29 日），第 12 版。

61　施約翰，〈管制的代價——自毀〉，《台灣教會公報》，第 1767 期（1986 年 1 月 12 日），第 6 版。

權力對他們如天上浮雲。如今以權力和既得利益為中心的國民黨,已幾乎失去這種信仰的活力和偉大的政治情操。」也擔心該年 3 月所要召開的「二中全會」淪為人事的安排,而不能臨危求變,希望國民黨悔悟並改造憲政結構,台灣不是中共也不是國民黨的「國內殖民地」。[62]

〈五〉1987 年:回應安徽學潮、呼籲解嚴、國會改選與落實民主

1986 年 12 月 5 日,位於中國安徽合肥的中國科學技術大學發起學潮,對此《台灣教會公報》在第 1820 期的窗口眺望專欄回顧了孫文在廣州奔走革命時,曾對廣州青年會談了他的革命事業,把推翻滿清比喻為摩西帶領以色列人出埃及。「孫中山先生這種心路歷程可以說是他從事革命工作的信仰基礎,可見孫中山先生對年青知識分子推動改革的重視。」接著反論國內,認為台灣的本質與對岸沒有太多不同,也都是「民為輕、君為重」,認為中國大陸的教會應該出來聲援學運。[63]

到了 6 月的畢業季節,神學院的畢業生即將離開校園,並進入教會傳道,《台灣教會公報》第 1841 期的社論也對這些新鮮人勉勵一番。當中提到了年輕人有理想來改變現實,但這卻也是不容易的事情,正如同「孫文要推翻腐敗、專橫的滿清政府,也是經過了幾十年十多次的流血、失敗之後,才勉強成功的。」隨後竟將話鋒轉向對「國安法」的批判,謂國民黨在台灣戒嚴了 39 年的軍事統治,人民要求解除也不是輕而易舉的事情。[64] 從畢業到青年理想,從青年理想到孫文革命,從孫文革命再到國安法的解除,這一轉實在轉得有點硬。

該年的雙十國慶,第 1858 期的社論依舊以此為題發表社論,抨擊勞師動眾的物資與人事花費,以及參加完 10 月 1 日「中共國慶」後,

62　史迪範,〈不要使台灣成為「國內殖民地」〉,《台灣教會公報》,第 1776 期(1986 年 3 月 16 日),第 6 版。
63　西門竹,〈中國大陸教會,此時你在那裏?〉,《台灣教會公報》,第 1820 期(1987 年 1 月 18 日),第 4 版。
64　社論,〈參與上帝國偉大事業——給神學院畢業生的信息〉,《台灣教會公報》,第 1841 期(1987 年 6 月 14 日),第 1 版。

又到台灣參加「中華民國」的雙十國慶的「華僑們」，但這回孫文卻沒有登場。[65] 月底的「光復節」，第 1860 期社論〈人權與政權的光復〉質疑「台灣究竟光復了什麼？」當時的國民黨驕傲自大且腐敗無能，以致引起了二二八事件，事後更以武力鎮壓並捕殺無辜，致使恐怖的政治陰影籠罩民心。而為了所謂的「法統」造成的「萬年國會」，「嚴重地失喪依據中山先生遺教與憲法，人民應享有的政權」。因此「厲行民主就必須澈底保障人權，實行三民主義就必須將政權還諸人民。能如此慶祝光復節，才有其真實的意義。」[66] 關於國會全面改選與還政於民的訴求，《台灣教會公報》第 1866 期的社論同樣引孫文為奧援，先提及洛克（John Locke，1632-1704）與美國清教徒的政治思想，再謂「虔誠基督的孫中山先生，其思想及順應此思想潮流而提出的，是與西洋民主政治的理念相互發明的」但是檢視國民黨這 40 年來在台的政治作為，「實在令人悲痛憤慨而為中山先生哀傷」。因此敬告國民黨政府「不要再把三民主義當口號了，應速將中山先生為謀人民福祉而手創，也是憲法所保障的『政權』歸還人民。」[67]《台灣教會公報》呼籲國民黨政府確實行憲，同一個版面《台灣教會公報》也刊登了〈人權宣言〉十週年的紀念消息，要求國會全面改選。

　　總結 1980 年代至解嚴之前《台灣教會公報》視角下的孫文，不管是他的言行還是思想，甚至是其夫人宋慶齡女士，都可以成為《台灣教會公報》上批評時事的良好素材。但是在 1987 年之後，「孫文之矛」的使用則開始呈現下降的趨勢，到了 1990 年代更是明顯，熱潮一去不復返。

65　社論，〈這種節日　這種人〉，《台灣教會公報》，第 1858 期（1987 年 10 月 11 日），第 1 版。

66　社論，〈人權與政權的光復〉，《台灣教會公報》，第 1860 期（1987 年 10 月 25 日），第 1 版。

67　社論，〈政權歸還人民　國會全面改選〉，《台灣教會公報》，第 1866 期（1987 年 12 月 6 日），第 1 版。

第三節 解嚴後的孫文形象

一、解嚴後與 1990 年代：「孫文之矛」漸歸倉庫

孫文在 1990 年代的《台灣教會公報》中大約只出現了 12 處，並且也開始有文章質疑孫文「國父」的頭銜以及「紀念日」放假的意義，加上解嚴後言論自由逐漸開放，因此孫文的「使用」已非當時《台灣教會公報》評論時局的主要模式。到了 1990 年代中後期，過去被尊為「國父」的孫文本身也成為被攻擊的箭靶，不僅尊榮不再，這支「矛」也不若以往鋒利。

〈一〉1988 至 1989 年：澳門回歸、李登輝演說、反對三民主義崇拜與政治銅像

1988 年葡萄牙與中國簽訂了 1999 年歸還澳門的協定，曠野之聲在第 1873 期反對國民黨官方「台灣在國民黨的領導下，已成為三民主義的模範省，是三民主義統一中國的基地所在」之不變論述，但也欣喜這樣的神話在民主化與本土化的政治運動中已逐漸被打破。[68] 同年 7 月 21 日，在台南神學院綜合大樓舉行了一場「台灣教育問題」座談會，由師大教授林玉体主講。林玉体稱台灣黨化教育嚴重，三民主義不僅做為教科書與各種考試必考科目，又將三民主義理論化，甚至出現在研究所、博士班的課程。他認為三民主義「高深莫測」，若為「優良的思想」學術界人士會自行去研究，不需要強制灌輸，言下之意即反對黨化教育。

1988 年底，李登輝以國民黨黨主席與中華民國總統的身分發表了對國家問題的演說，指出解決當前重大問題的良方，《台灣教會公報》第 1924 期的曠野之聲認為了無新意。以「國會改革方案」來說，「中山先生主張，政府擁有治權，人民享有政權。人民之有政權，是掌握政

---

68 蘇沐台，〈由澳門看台灣前途〉，《台灣教會公報》，第 1873 期（1988 年 1 月 24 日），第 6 版。

治上的制衡權，期使政治能在軌道中運行，並以此具體表現人民是國家的主人。」、「中山先生如此精闢的人民政權思想並具體明文的被規定在『中華民國憲法』第十一條中，並通過各中央民意代表的任期制度以圖體現『主權在民』的民權主義最高理念。」最後希望明年（1990）選出的總統要具有民意基礎。[69] 1989 年 3 月 20 日，台灣教會公報社在總會事務所七樓舉辦的「走出政治銅像陰影」座談會，與會的董芳苑牧師強調「三民主義崇拜」，而「孫中山」就是該教教主，自然會產生政治銅像讓人民去拜，以表明其「忠」與「孝」。[70] 該座談會後發表聲明，希望政府應立即拆除數以萬計的孫文與蔣介石銅像。

　　1989 年 1 月，鄭仰恩牧師在第 1948 期《台灣教會公報》發表了〈拆除政治銅像──象徵性的信仰行動〉，回應了前回座談會的聲明。認為孫文與台灣歷史並沒有太多直接的關聯，但是他所營造的「中華民族意識」卻成為國民黨政府壓制台灣人民的意識型態。而三民主義名目雖佳，卻也變成國民黨「遂行己意、施行獨裁專制統治的口號和工具」。[71] 第 1954 期的窗口眺望同樣提到以「三民主義」作為其「國家神學」國民黨政權，對異議分子扣予「匪諜」以及各種莫名其妙的罪名，「台灣」之名不能用，一定要用中華民國。但是現在這樣的「國家神學」已「搖搖欲墜」，強調台灣人民還能忍受多久？[72]

69　黃慕義，〈對李總統的期待〉，《台灣教會公報》，第 1924 期（1989 年 1 月 15 日），第 4 版。

70　編輯室，〈記「走出政治銅像陰影」座談會〉，《台灣教會公報》，第 1936 期（1989 年 4 月 9 日），第 10 版。

71　鄭仰恩，〈拆除政治銅像──象徵性的信仰行動〉，《台灣教會公報》，第 1948 期（1989 年 7 月 2 日），第 12 版。

72　東方星，〈揭開「國家神學」的面紗〉，《台灣教會公報》，第 1954 期（1989 年 8 月 13 日），第 4 版。

〈二〉1990 年代：呼籲中止戡亂與國會改選、台獨建國、反對政治銅像崇拜

1990 年元旦，李登輝總統循例發表談話，他提到「三民主義在復興基地實踐的成果，更為苦難的中國，踏出了前路，創造了所有中國人所一致認同的生活方式。」窗口眺望則是在《台灣教會公報》第 1975 期給予回應，評論「民權主義最重要的精神，也是『中山先生』所獨自創立者即是『權能區分』的理論」，在國民黨 40 多年的統治下並沒有實踐。所以該文的結論是希望政府能宣布終止動員戡亂並回歸憲政，全面改選國會，使政府組成堅實的民意基礎。[73]

1989 年 12 月，解嚴後第一次三項公職人員選舉結束，第 1976 期《台灣教會公報》刊載了一篇〈請尊重民意吧！〉的投書，指出司法機關在選後搜集所謂的「犯罪」證據，打算將主張「新國家」的候選人提起公訴。該文強調既然多數票支持「新國家」主張的候選人，就表示較多百姓期待看到「新國家」的實現，國民黨應該反省其「國策」。因為「政府本來就是人民的公僕（國父孫中山先生的政治思想），是人民同意才能夠做的，政府並不是人民的主人。」[74]

1991 年《台灣教會公報》第 2028 期的「聖經伴讀」引述了一篇蘭陽女中楊姓同學的週記，她以第一人稱寫信給孫文，說台灣已被稱為「貪婪之島」，謂「島上宣稱是用了您的主義，但實施得亂七八糟，扭曲了您的學說，重現了您當時軍閥割據中國人勇於內鬥的習性，無法團結。」、「您的學術理論，在這兒已實施四十多年了，但『民有、民治、民享的民主共和國』，仍然是個曖昧模糊的影像。」[75] 而關於基督徒參政

---

73 窗口眺望，〈讀李總統元旦祝賀感言〉，《台灣教會公報》，第 1975 期（1990 年 1 月 7 日），第 4 版。

74 靜，〈請尊重民意吧！〉，《台灣教會公報》，第 1976 期（1990 年 1 月 14 日），第 9 版。

75 謝慶祥，〈上帝愛的顯露〉，《台灣教會公報》，第 2028 期（1991 年 1 月 13 日），第 11 版。

的老問題，一篇〈重拾教會的主動性〉一文認為，基督徒參政不應「消極」地批評，而是要「積極」地參與。例如教會支持台灣獨立不能只是喊口號，而是要考量現況、建構理論等，尋求國際的支持。所以教會中「該出現一位『革命的孫中山』，奔走各國、尋求支持，若大多數國家支持，且足以保障和平、安全，台灣不得不獨立。」[76]

　　該年 10 月 13 日，第 2067 期「窗口眺望」專欄刊登了一幅插圖，該圖中髒亂的地板擺著一張 10 月份月曆（10 號給畫上了圈）與一面疑似國民黨黨旗的旗幟，一群人站在這兩樣物品前面，其中一人腳踩著月曆。該文名為〈「光輝十月」的省思〉，抨擊「刑法 100 條」以及國民黨造成的外交困境，但這次孫文並沒有出現。[77] 而對於國民黨震怒於民進黨在 10 月 12 日通過的台獨黨綱，並逮捕多位台灣建國人士，《台灣教會公報》在第 2069 期的社論敬告國民黨，台灣獨立建國已儼然成為一種信仰。並舉孫文為例，「孫中山當年創立國民黨時就是個例證，與其說他是虔誠的基督徒，不如說他是將革命運動當作一種宗教信仰看待來得恰當。今日從事台灣獨立建國運動的人士亦復如此。」[78]

　　1994 年《台灣教會公報》第 2194 期，羅榮光發表〈早日掙脫偶像崇拜的束縛〉一文，以台北市 7 號公園內的觀音佛像是否遷離為開頭，轉論當時到處林立的蔣介石與孫文銅像，不但浪費民脂民膏，也質疑這些銅像的豎立是否按照法定程序申請。該文也提到多年前《台灣教會公報》呼籲當局拆除政治銅像，不過當局卻「老神在在」。[79] 1995 年 5 月，羅榮光在第 2253 期《台灣教會公報》又發表了一篇〈何時能揚棄

76　劉清虔，〈重拾教會的主動性〉，《台灣教會公報》，第 2050 期（1991 年 6 月 16 日），第 8 版「事工特稿」。

77　東方星，〈「光輝十月」的省思〉，《台灣教會公報》，第 2067 期（1991 年 10 月 13 日），第 7 版「普世教會」。

78　社論，〈不要怕被抓，大家來坐牢〉，《台灣教會公報》，第 2069 期（1991 年 10 月 27 日），第 2 版「教會事工」。

79　羅榮光，〈早日掙脫偶像崇拜的束縛〉，《台灣教會公報》，第 2194 期（1994 年 3 月 20 日），第 2 版「教會事工」。

「吾黨所宗」的圖騰？〉表示年初參加福爾摩沙基金會在「孫文紀念館」（指國父紀念館）舉辦的募款音樂會，開場時館方播放「國民黨黨歌」（指現行國歌）。羅榮光瞥見大部分的民眾皆起立，甚至包括一些台獨運動人士也是一樣，他感到不可思議。因此表示長年來國民黨把孫文與蔣介石神話，到處豎立銅像讓人民膜拜，使台灣人至今仍然被這些「國家宗教」的圖騰束縛，誠然是種悲哀。[80]

1997 年，《台灣教會公報》第 2300 期之「新而獨立」專欄，柯志明一篇〈從「實體」到「自我」〉談到台灣確實是一個獨立的國家，但卻不叫台灣而叫中華民國，這並非台灣人民的決定。而國民黨 50 年來的中國式教育文化政策，成功地把大部分台灣人民「中國化」，不僅學生學不到台灣史，還要繼續放「雙十國慶日」、「蔣公誕辰紀念日」、「國父誕辰紀念日」。因此還有台灣人稱蔣介石為「蔣公」，稱孫中山為「國父」，「國歌」是「黨歌」，國號是「中華民國」，「台灣就屬於無形之『中國』的殖民地，台灣就還是中國的一部分。」[81]

相較於政治議題如國會改選等，孫文與原住民議題的連結是比較少的。1999 年 12 月，〈從「原住民聯考加分」論民族平等〉認為在漢文化為主的教育體制與升學教育掛帥的情況下，使原住民產生對自我文化認同的危機。在缺少營造少數民族自我認同的情況下，聯考加分是沒有認清事實的誤解，也充斥了大漢沙文主義。而「民族平等是孫中山先生在民族主義的基本主張之一，國內各民族在法律上受到同樣的保護，享有相同的權利且盡相同的義務。」[82] 在孫文基本上幾乎消失在《台灣教會公報》的時代裡，總算出現了一個不同的援引角度。

---

80 羅榮光，〈何時始能揚棄「吾黨所宗」的圖騰？〉，《台灣教會公報》，第 2253 期（1995 年 5 月 7 日），第 8 版「宣教特稿」。

81 柯志明，〈從「實體」到「自我」〉，《台灣教會公報》，第 2300 期（1996 年 3 月 31 日），第 3 版「教會消息」。

82 馬千里，〈從「原住民聯考加分」論民族平等〉，《台灣教會公報》，第 2480 期（1999 年 9 月 12 日），第 21 版「原的啟示」。

二、2000 年之後：「孫文之矛」束之高閣

　　從 1990 年代後開始逐漸「淡出」《台灣教會公報》的孫文，在進入 2000 年之後仍然沒有回溫的跡象，相關的記述鳳毛麟角，與 1980 年代相比可謂天差地遠。或許是言論自由漸開，曠野之聲也不再需要藉由「使用」孫文迂迴發聲，往日盛況已成追憶。

　　2000 年台灣舉辦了第二次的總統直選，由陳水扁勝出，台灣即將完成首次的政黨輪替，但當時中華人民共和國國家主席江澤民卻發表談話，要求當選人要在就職演說中承認「一個中國」。因此有讀者投書第 2513 期的《台灣教會公報》，挖苦中國當時才舉辦村里長選舉，根本就不民主。因此「主內先輩孫逸仙」看到法國花了 80 年才完成三大革命，於是精心研究三民主義，打算畢其功於一役，如今已過了 100 年，中國人學民主究竟學到了什麼？[83]

　　另外當年國民黨輸掉了總統大選，似乎不太習慣當在野黨，當屆總統敗選人連戰在不少場合公開表示要把失去的政權「拿回來」，令第 2526 期的社論感到不解。該社論認為國民黨忘了「他們的孫中山總理」幾十年前就說過「政權屬於全體人民」的教導，因此必須用心教育下一代，澈底丟棄「中國傳統」那一套政治權術學，使其不再受死舊思考的汙染，這樣才有希望為台灣開拓出一片乾淨的政治淨空，讓子孫有較好的生存空間。[84]

　　2004 年，台灣舉行第三次總統直接民選，長老教會因著明顯的政治光譜，經常遭到對立陣營的攻擊。因此《台灣教會公報》第 2706 期有篇名為〈先知教會的民主十字架〉的投書，認為有人批評長老教會應該「政教分離」是因為缺乏對歷史的理解所致。又指出在國民黨的統

83　陳進益，〈笑看中國人學民主〉，《台灣教會公報》，第 2513 期（2000 年 4 月 30 日），第 15 版「公報廣場」。

84　社論，〈520 之後的台灣政治生態〉，《台灣教會公報》，第 2526 期（2000 年 7 月 30 日），第 2 版「教會要聞」。

治下，發生黨國不分、長期戒嚴統治、凍結國會選舉等問題，實在違背「孫文倡議民權之初衷」。而長老宗源於加爾文改革宗，約翰諾克斯（John Knox，1514-1572）創立以代議制度聞名的長老教會，後來受此影響的清教徒移民新大陸，成為美國民主政治的基石。因此「孫文的三民主義乃襲自林肯民有民治民享之美國立國精神，本是源自同一民主傳統，惜遭蔣介石背叛，延至蔣經國晚期方漸付實行。」[85]

2011年，長老教會反對慶祝「建國百年」，相關的座談會從信仰精神省思所謂的慶祝活動，並從神學、政治、歷史與族群觀點討論台灣建國，但已不見孫文蹤影。這支過去《台灣教會公報》曾經高舉並引以為傲的「矛」，如今已束之高閣，不再受該報與其讀者的青睞。

第四節　另一黨國圖騰的對照：蔣介石

蔣介石在當今長老教會的形象甚為負面，被認為是二二八事件的「元凶」，也是威權與白色恐怖統治的獨裁者。但是如果回到將近40年前的台灣，長老教會同樣向他祝壽與哀悼其離世，紀念活動頻仍。蔣介石實質統治台灣近半甲子，比起僅被拿掉「國父」頭銜的孫文，蔣氏在《台灣教會公報》的形象反差巨大不僅是觀察長老教會制度認同的良好標的物，兩者的對照亦值得深思。

一、解嚴之前：偉哉基督信徒，總統「蔣公」

1971年12月16日，長老教會總會發表〈台灣基督長老教會對國是的聲明與建議〉，對蔣介石領導的中華民國政府呼籲國會全面改選。兩年後的8月5日，花蓮市各界基督徒假花蓮港長老教會，舉辦為蔣介石「政躬康泰感恩禮拜」，花蓮國語禮拜堂王德蔭牧師在講道中指出，

---

85 陳博政，〈台灣是主權獨立的國家，再鄭重向全球人民宣告〉，《台灣教會公報》，第2706期（2004年1月5日-11日），第11版「公報廣場」。

「蔣總統是位虔誠的基督徒，具有堅定的信仰，使我們的國運在風雨飄紗中獲得安定。」[86] 該年的雙十國慶，長老教會總會議長姚正道呼籲「全省的基督徒，思念國父孫中山先生完成國民革命之艱難偉業，以創立自由、民主的中華民國」、「在這國家遭到莫大危機時，我們更要支持政府的革新政策，為蔣總統、政府文、武官員，以及全世界人類的正義、和平而禱告。」[87] 該年年底恰逢蔣介石 87 歲誕辰，第 1133 期的《台灣教會公報》以頭版向他祝壽，標題為〈欣逢　總統八秩晉七華誕，三千基督徒齊集祝壽，恭祝　總統政躬康泰萬壽無疆〉，並且報導了 10 月 31 日晚間 7 點半在國父紀念館所舉行的慶祝大會，共有近兩百個基督徒團體參加。大會由長老教會牧師陳溪圳擔任主席，陳溪圳指出蔣介石「是一位虔誠的基督徒，是上帝自己所揀選最合意的領袖，是一位繼承國父事業的忠黨愛國者，他更是我們國家民族的救星，在今天赤魔橫行世界的黑暗中，他是光明的燈塔。」[88] 陳溪圳牧師的與國民黨政府的關係一向良好，愛國反共不餘遺力。

　　1974 年 4 月 7 日，《台灣教會公報》第 1109 期第 7 版刊載了蔣介石在 1958 年 4 月 4 日復活節的講道詞，題目是「耶穌受難與復活的意義」，甚為應復活節的景。[89] 同年 10 月 27 日，《台灣教會公報》第 1138 期同樣在頭版向蔣介石祝壽，標題是〈仁心淑世與日月爭相競輝，謙卑事主同松鶴共享遐齡〉。但與去年比較不一樣的地方是報導下方多了一處「按」，內文說明蔣總統與其夫人都是虔誠的基督徒，危急患難中也不忘讀經、靈修、禱告，「願我們以誠心為這位精誠的基督徒祝壽，也

---

86 〈總統政躬康泰舉國歡欣　向總統表達擁戴心意　張靜愚籲各教會舉行感恩禮拜〉，《台灣教會公報》，第 1115 期（1973 年 8 月 19 日），第 3 版。

87 〈教會各界熱烈迎接雙十國慶　姚正道議長呼籲全省基督教支持政府為正義和平禱告〉，《台灣教會公報》，第 1129 期（1973 年 10 月 7 日），第 1 版。

88 〈欣逢　總統八秩晉七華誕　三千基督徒齊集祝壽　恭祝　總統政躬康態萬壽無疆〉，《台灣教會公報》，第 1133 期（1973 年 11 月 4 日），第 1 版。

89 鄭連坤講、莊欽展錄，〈賢妻良母〉，《台灣教會公報》，第 1109 期（1973 年 5 月 20 日），第 7 版。

為我們多難的國家禱告，求主幫助。」[90]總統夫妻倆同心為國，愛主甚深。

1975 年 4 月 5 日，蔣介石以 88 歲的高齡告別人世，《台灣教會公報》第 1206、1207 等兩期可以說是蔣氏的紀念與相關活動報導專刊，有許多懷念與回顧的文字、照片、各地追思禮拜的消息。總會議長王南傑牧師（1977 年〈人權宣言〉起草人之一）於 4 月 8 日發函各教會，通告國內外全體信徒追思這位偉大的領袖，總委會並議決舉行地方性、總會性、全國性等三階段的追思禮拜，並且列為年度重要行事。[91]王南傑在文中表示蔣介石的逝世是痛失一位偉大的領袖，更使全世界人類失去了一位最堅強的反共鬥士。對中華民國的論述也可以在通函文中略知一二：「我國雖經日本侵略者八年的蹂躪，勝利後故總統以基督無限寬恕的心情以德報怨，更不為世人所忘記。」[92]第 2 版的社論〈師法遺範・奮銳革新──敬悼故總統 蔣公主裡息勞〉，內文稱蔣介石過世的消息傳出「不僅我全體中國人民，為之深切懷憂含悲……」、「唯願我教會能夠敬尊故 總統的信仰遺範，追踵他獻身真理，維護公義的偉烈行徑，來奮興教會，造福同胞，幫助國家幫助國家度過這風雨飄搖的逆境，而為這苦難的世界保留一塊安靜樂土。」[93]《台灣教會公報》更鼓勵信徒「踴躍參加同襄盛舉」由中華民國基督教協會主辦的追思禮拜。[94]

90 〈仁心淑世與日月爭相競輝 謙卑事主同松鶴共享蝦齡 欣逢總統蔣公八秩晉八華誕 全國教會舉辦祝壽感恩禮拜 蒙恩告白皈依基督 失志獻身救國救民 信行偉烈舉世同欽〉，《台灣教會公報》，第 1183 期（1974 年 10 月 27 日），第 1 版。
91 《台灣基督長老教會總會第 23 屆通常年會報告書》（1976 年 4 月 20 日-22 日），頁 1、180。
92 〈故總統 蔣公崩殂〉，《台灣教會公報》，第 1206 期（1975 年 4 月 13 日），第 1 版。
93 社論，〈師法遺範・奮銳革新〉《台灣教會公報》，第 1206 期（1975 年 4 月 13 日），第 2 版。
94 〈追思故總統 蔣公安息禮拜〉《台灣教會公報》，第 1206 期（1975 年 4 月 13 日），第 7 版。

同年 4 月 22 日，長老教會北部大會在士林教會召開，開會禮拜時同樣為「故總統　蔣公默禱三分鐘」。[95]

　　就連身為學術與教育單位的台灣神學院，也在 4 月 8 日上午 10 點舉行追思禮拜，「大家均為巨星的殞落哀痛不已，頓時籠罩著一片愁雲」，黃加盛院長帶領全體師生一起朗讀「蔣公遺囑」，並勉勵全校師生追隨蔣公獻身維護和平、公義與自由的精神，服務貢獻我們的國家與社會。[96] 或許因為如此氛圍的影響，同年 6 月，該校學生在其學生會刊物《嶺頭小語》上發表〈敬悼偉大的蔣公〉，表達對蔣介石逝世的哀痛與懷念其親民的作為，最後的結語是：「蔣公雖已離去，但他的精神、意志時時刻刻在指導我們，願海內外同胞更加團結，化悲痛為力量，遵循蔣公遺訓，使他在天之靈得著安慰，相信憑著他給我們的精神及中國人的萬眾一心，是任何邪惡所打不倒，任何景況所磨不掉的。」[97] 該校學生對「蔣公」相當懷念，因為兩年後依舊有學生在《嶺頭琴韻》中發表〈敬愛的蔣公〉來懷念這「中國的創造者」，並且寫道：「那位幫助他上帝也必會幫助我們！帶領我們！」[98] 這樣的文章是發自內心，還是應付刊物的篇幅，大概也只有當事人才能解答。

　　不少地方教會也舉辦了追思禮拜或相關活動，如虎尾教會於主日禮拜中接到蔣介石過世的消息，全體信徒肅立靜默 3 分鐘，追思「偉大總統的行為及信仰」，其任職會議決籲請總會組團致哀；[99] 而台北公館教會、台中民族路教會、高雄新興教會、屏東和平教會等亦有相關紀念活

95　《第 28 屆台灣基督長老教會北部大會議事錄》（1975 年 4 月 22 日 -23 日），頁 1。

96　〈台灣神學院開追思禮拜〉，《台灣教會公報》，第 1206 期（1975 年 4 月 13 日），第 2 版。

97　洪金鑾，〈敬悼偉大的蔣公〉，《嶺頭小語》（台北：台灣神學院牧杖會，1975 年），頁 71-72。

98　趙純雅，〈敬愛的蔣公〉，《嶺頭琴韻》（台北：台灣神學院牧杖會，1977 年），頁 22-23。

99　〈虎尾教會任職會籲總會組團致哀〉，《台灣教會公報》，第 1206 期（1975 年 4 月 13 日），第 2 版。

動，台東教會牧師張清庚亦開始著手籌備台東區「聯合追思禮拜」的事宜。[100] 總會層級的追思禮拜於 4 月 13 日晚間假台北雙連教會舉行，總幹事高俊明牧師（1977 年〈人權宣言〉起草人之一）在講道中稱頌蔣介石「畢生獻身於救國、救民的艱鉅事業，並且是耶穌基督最忠實的信徒。」總會書記莊經顯牧師及前任議長王再興牧師分別為蔣介石遺族、國家前途與世界和平懇切代禱，寬敞的雙連教會被前來參加禮拜的信徒擠得水洩不通。[101]

對於長老教會在蔣介石過世後的各項紀念與追思活動，蔣宋美齡特別於 5 月 16 日親筆致函總會議長及總幹事，答謝長老教會「對國家元首之崩殂所致殷舉之悼意」，並在《台灣教會公報》刊登致謝文原件。[102] 同年年底，長老教會發表〈我們的呼籲〉。

1976 年 3 月 12 日下午 3 點，中華民國基督教協會在雙連教會舉行蔣介石逝世週年紀念禮拜的籌備會，會議由該協會理事長陳溪圳擔任主席，副主席與其他工作亦有多位長老教會牧師例如王南傑、胡茂生、賴俊明牧師等擔任。[103]《台灣教會公報》第 1257 期以頭版刊載〈紀念總統蔣公安息週年，全省各地舉行佈道大會〉，內文「為尊奉 蔣公遺囑『余自束髮以來；無時不以耶穌基督及總理信徒自居』之遺訓……今年四月適逢 蔣公歸主一年，全國基督徒在沉重的心情下，體念 蔣公遺志舉行聯合布道大會，誠如蔣夫人所云：『我今天的祈禱就是願 總統的信仰，也能成為你的信仰』這也是我們的願望。」文中充分表現了對

100〈總會所屬各地方教會追念　蔣公信仰偉跡〉，《台灣教會公報》，第 1206 期（1975 年 4 月 13 日），第 7 版。

101〈總會追思蔣公安息禮拜〉，《台灣教會公報》，第 1207 期（1975 年 4 月 20 日），第 1 版。

102〈蔣夫人親筆謝函，達謝我教會之悼意〉，《台灣教會公報》，第 1215 期（1975 年 6 月 15 日），第 1 版。

103〈紀念總統　蔣公安息週年 基督教各界將舉行禮拜〉，《台灣教會公報》，第 1255 期（1976 年 3 月 21 日），第 2 版。

蔣介石的懷念。[104] 蔣介石逝世當年為他起立默禱 3 分鐘的北部大會，一年後同樣在開會禮拜中為「逝世一週年默禱一分鐘」。[105]

1977 年 3 月 12 日上午 9 點，雙連教會舉行了紀念蔣介石逝世兩週年的籌備會，該籌備會由陳溪圳牧師主持，會議議決 4 月 5 日在國父紀念館舉行「中華民國基督教紀念蔣總統安息 2 週年禮拜」。[106] 基督教高雄同工會也自發性地在 4 月 3 日下午 2 點於大同國小舉行蔣介石逝世兩週年追思禮拜，該同工會是個超教派的團體，而這次追思禮拜的籌備亦有多位長老教會牧師參與。

同年 10 月 28 日晚間 7 點半，台灣各基督教會在國父紀念館聯合舉辦「中華民國基督教會紀念總統　蔣公九一誕辰聖樂演唱大會」，參加單位包括東海大學、台北基督書院（今台北基督學院）、台北兒童合唱團，隸屬長老教會的單位有馬偕護校（今馬偕醫護管理專科學校）、淡江中學、基隆安樂教會。據大會籌備處負責人吳玄仁表示：「總統　蔣公一生追隨基督，為全民所景仰，我們不因他離開我們而減少對他老人家的愛慕，追之念之之情反而與日俱增，今逢　蔣公九一誕辰，特舉辦千人合唱大賽，用以表達我基督教會對領袖之敬意。」[107] 這場「中華民國基督教會紀念總統　蔣公九一誕辰聖樂演唱大會」的兩個月前，長老教會總會常務委員會發表〈人權宣言〉，促請政府「使台灣成為一個新而獨立的國家」。[108]

---

104 〈紀念總統蔣公安息週年 全省各地舉行佈道大會〉，《台灣教會公報》，第 1257 期（1976 年 4 月 4 日），第 2 版。

105 《第 29 屆台灣基督長老教會北部大會通常會議手冊》（1975 年 4 月 6 日 -7 日），頁 1。

106 〈紀念總統蔣公安息 2 週年禮拜〉，《台灣教會公報》，第 1307 期（1977 年 3 月 20 日），第 7 版。

107 〈紀念總統　蔣公九一誕辰，中華民國基督教會發起「千人聖樂演唱大會」〉，《台灣教會公報》，第 1338 期（1977 年 10 月 23 日），第 1 版。

108 〈憑著基督徒信仰良心　關切國家與同胞前途　總會常置委員會發表人權宣言　主張台灣前途應由自己決定〉，《台灣教會公報》，第 1329 期（1977 年 8 月 21 日），第 1 版。

1978年3月，首屆國民大會代表第六次會議選出蔣經國與謝東閔為正、副總統，《台灣教會公報》在第1360期刊出選舉結果，除了恭賀外也替當選人向上帝祈禱。除了祈求賜與智慧和勇氣外，更期待延續「國父孫中山先生和蔣公的遺志和信仰力量，為主做美好見證。」[109] 隔一個月，長老教會高雄中會傳道部在前金教會舉行事工研討會，除了對教會人員進行講習之外，也舉辦了「蔣公逝世週年追思禮拜」。[110]

所以從〈國是聲明〉到〈人權宣言〉的發表之間，長老教會認為蔣介石是虔誠的基督徒，並為他的大壽舉辦「政躬康泰」感恩禮拜；1975年蔣介石離開人世，長老教會以特刊的方式與激情的文字向這位領袖致上懷念與哀悼之意，總會議長王南傑更通函各地教會追思這位偉大的領袖。另外各式的追思禮拜也沒有停歇，雙連教會擠得水洩不通，就連台灣神學院也沒有例外，院長甚至在禮拜中帶領全體師生朗讀「蔣公遺囑」，這對今日的長老教會來說是不可思議的事情。據《台灣教會公報》的記載，至少到1978年都還有地方教會以禮拜的方式追思「蔣公」，他都已經過世三年了。而這些對蔣介石的論述、祝壽與遍地開花的紀念追思，同樣也發生在〈國是聲明〉、〈我們的呼籲〉與〈人權宣言〉發表的時代，也就是一般認為政府與長老教會惡化的開始，就因為該教派公開追求台灣獨立。

二、解嚴後到首次政黨輪替的轉向：屠夫與二二八事件元兇

1975蔣介石逝世，經過三年的過渡期，其子蔣經國繼任中華民國的總統，最後在其任內宣布解嚴，有限度的鬆綁各種原本就屬於人民的權力，民間團體也在摸索與衝撞中不斷探討原本屬於禁忌的話題，並

109〈賀蔣經國、謝東閔當選第六任總統、副總統　祈國運昌隆・政躬康泰〉,《台灣教會公報》，第1360期（1978年3月26日），第1版。
110〈南市教會聯合晨光禮拜　屏中復活節音樂佈道會〉,《台灣教會公報》，第1360期（1978年3月26日），第5版。

且與黨外運動分進合擊。從《台灣教會公報》中的論述來看，二二八事件與白色恐怖是蔣介石從民族救星墜落不復深淵的「罩門」。從解嚴至1990年代初期，《台灣教會公報》對二二八事件的箭靶多半集中於時任行政長官公署長官的陳儀、國民黨政府、失言掉分的行政院長俞國華，以及蔣介石本人。

　　1987年2月，第1825期《台灣教會公報》的曠野之聲發表了〈和平日的祈願——為二二八事件四十週年祈願文〉，當中提到「陳儀等人之貪汙、殘忍、欺騙、壓榨，使心向『祖國』的台灣人，在二二八事變中清醒過來」、「殺人兇手也大官照做，這是什麼法律，什麼道德，什麼天下啊？」[111]隔年《台灣教會公報》第1878期，前廈門《中央日報》發行人李世傑撰文《蔣家寵信陳儀與「二二八」的關係》，其將二二八事件獨禍首歸咎於「軍閥餘孽陳儀以及依陳儀為股肱的國民黨蔣家王朝」。[112]而當年高屏區的「二二八公義與和平禁食禱告會」，會中不少人發言呼籲還原真相，不過蔣介石並未在此登場。[113]1988年12月31日，行政院長俞國華對到院來訪的學者表示，「民族與民族之間的紛爭，自古有之。當年滿州人入關殺了很多漢人，滿州皇帝也未向漢人道歉」[114]如此誇張言論《台灣教會公報》也以〈我們要俞國華道歉、下台〉回應，認為俞氏擔任首長是「全體台灣人的汙辱」。[115]

　　1989年3月20日，台灣教會公報社在總會事務所7樓舉辦了「讓台灣人民走出政治銅像陰影」座談會，牧師鄭仰恩日後撰文再論該次座

111　曠野之聲，〈和平日的祈願——為二二八四十週年追思〉，《台灣教會公報》，第1825期（1987年2月22日），第6版。

112　李世傑，《蔣家寵信陳儀與「二二八」的關係》，《台灣教會公報》，第1878期（1988年2月28日），第11版。

113　〈面對四十年夢魘　高屏區二二八禁食祈禱會〉，《台灣教會公報》，第1879期（1988年3月6日），第11版。

114　〈立委吳淑珍78、3、2於立法院質詢全文〉，《台灣教會公報》，第1932期（1989年3月12日），第3版。

115　社論，〈我們要俞國華道歉、下台〉，《台灣教會公報》，第1931期（1989年3月5日），第1版。

談會的目標，表示蔣介石在中國本土「禍國殃民」的事實與台灣的關係並不直接，但「自二二八以降，在他的主使下，無數的台灣人民或被屠殺、或失蹤、或被長期監禁；更有無數的台灣人民被迫遠離故鄉，流亡海外；年輕一代的台灣子弟則遠離政治，被洗腦、分化、利用而不自知。蔣介石的銅像象徵著極權陰狠的特務統治、軍人干政、封建心態等專制政治的『法統』。」[116] 1990 年 6 月 24 日，第 1999 期的窗口眺望談論台灣媒體被統治者控制的情況，謂「結果是屠夫如蔣介石也會變成『民族救星』，白色恐怖的執行者如蔣經國也會變為推行民主政治的偉人，真是叫人瞠目結舌不知好歹與是非！」[117]

1991 年 1 月，台灣史上首次的「二二八學術研討會」在臺灣大學法學院國際會議廳舉行。「二二八民間研究小組」的共同召集人，本身也是受難家屬的林宗義（其父為前台大文學院代理院長林茂生）在會中表示，即便許多受難家屬至今依舊有心靈創傷，但他們「仍希望知道當初遇難者的情況」。[118] 第 2087 期的《台灣教會公報》也呼籲國民黨政府應追查真相。[119] 不過當行政院轄下的「二二八研究小組」公布《二二八事件研究報告》之後，《台灣教會公報》的文章對這項研究普遍不買單，特別是不滿該報告認為蔣介石「允許」武力鎮壓在當下的時空具有正當性。[120] 第 2140 期《台灣教會公報》社論表示，「二二八事件的發生，蔣介石責任難逃，被逐出聯合國，他應負責任更大」。[121] 隔年

---

116 鄭仰恩，〈拆除政治銅像──象徵性的信仰行動〉，《台灣教會公報》，第 1948 期（1989 年 7 月 2 日），第 12 版。

117 窗口眺望，〈民主政治的重柱──輿論媒體〉，《台灣教會公報》，第 1999 期（1990 年 6 月 24 日），第 4 版。

118 〈首次二二八學術研討會盼能刺激官方研究〉，《台灣教會公報》，第 2079 期（1992 年 1 月 5 日），第 5 版「教會社會」。

119 社論，〈平反二二八 不要受迷惑〉，《台灣教會公報》，第 2087 期（1992 年 3 月 1 日），第 2 版「總會事工」。

120 陳芳明，〈初評行政院「二二八事件研究報告」〉，第 2087 期（1992 年 3 月 1 日），第 20 版「二二八特刊」。

121 社論，〈我們還能對他們期待什麼〉，《台灣教會公報》，第 2140 期（1993 年 3 月 7

第 2191 期《台灣教會公報》的社論，已經直接表態「就二二八的經驗
而言，對於蔣介石一家人的供奉就是對台灣人民的不敬。國民黨若想擺
脫二二八的夢魘，不是宣稱它和四十七年前歷史的悲劇性事件沒有直接
關係，藉以推卸責任，而是要勇敢地承認過失罪過、道歉，並以清除蔣
氏王朝遺毒之行動實際行動證明之」[122] 儘管李登輝在 1995 年，以總統
的身分向二二八事件受難家屬致歉，但呼籲公布真相的聲音並沒有因此
減少，《二二八事件研究報告》似乎並不讓人滿意，蔣介石也被直指為
「屠夫」、「主使」。

　　到了公元 2000 年初，當時長老教會主辦了不少二二八紀念活動，
並搭配著即將到來的總統大選，各地會場皆展現十足的人氣。[123] 大選結
果揭曉，由民主進步黨的陳水扁、呂秀蓮當選正、副總統，台灣準備進
入首次政黨輪替。[124] 陳水扁在 3 月 21 日拜會長老教會總會，強調選後
族群和解的重要，並感謝長老教會長年對民主與人權的貢獻。[125] 該期社
論也表示「只有長期以來被壓迫的多數人民開始當權作主且願意以包容
的心來化解歷史傷痕時，和解的工作才有可能，也才有意義」。[126] 新的
執政黨，新的意識形態，台灣也逐漸進入「轉型正義」的氛圍。

　　2003 年 6 月 28 日，二二八事件紀念基金會舉辦「二二八事件新
史料學術研討會」。總統陳水扁應邀前往致詞，並表示期待更多史料被
公布、研究與討論，讓歷史真相更加完整呈現，「確保一切過程都符合

　　　日），第 2 版「總會事工」。

[122] 社論，〈光道歉有用嗎？228 的省思〉，《台灣教會公報》，第 2191 期（1994 年 2
　　　月 27 日），第 2 版「總會事工」。

[123] 〈各地紀念二二八　不忘總統大選〉，《台灣教會公報》，第 2505 期（2000 年 3 月
　　　5 日），第 4 版「二二八關懷」。

[124] 薛化元，《戰後臺灣歷史閱覽》，頁 476。

[125] 〈陳水扁：要以信望愛面對將來〉，《台灣教會公報》，第 2508 期（2000 年 3 月 26
　　　日），第 1 版「重點消息」。

[126] 社論，〈站在歷史的轉折點上〉，《台灣教會公報》，第 2508 期（2000 年 3 月 26
　　　日），第 2 版「教會要聞」。

轉型正義的原則,並維護社會的和諧。」[127] 中央研究院近代史研究所副
研究員陳儀深在研討會上指出,蔣介石是「完全掌握二二八事件狀況
的人,但他採信陳儀、張鎮等人的誇大危情報告,派兵鎮壓。」[128] 關於
蔣介石的責任,二二八事件的元凶彷彿呼之欲出。2006 年 2 月 19 日,
二二八紀念紀念基金會發表《二二八事件責任歸屬研究報告》,報告中
直接指出「蔣介石是事件的元兇,應負最大責任」。[129]《台灣教會公報》
在第 2818 期刊載了該報告書的相關訊息,也毫不排斥地直接引述其
「元凶」的字彙了。[130] 2007 年 2 月,台南神學院出版期刊《神學與教
會》的二二八事件專號,從歷史、神學、國族記憶等不同角度來討論
二二八事件。[131]

　　其中有文章對於《二二八事件責任歸屬研究報告》的蔣介石元凶論
認為,「稍有關心二二八的人,都知道這根本不是新聞,幾乎所有的民
間論述、受難者家屬早就有這樣的定論,這次的研究不過是拿出更多證
據來確認。」[132]

　　《台灣教會公報》最初提及孫文時,通常會伴隨著基督徒認同與國
家制度,只是經過不同時代的演變,到最後僅基督徒認同存留了下來。
孫文身分的特殊性可作為觀察長老教會對國家認同(特別是制度)的

---

127 〈總統參加二二八事件新史料學術研討會閉幕儀式〉,中華民國總統府新聞稿,2003
　　年 6 月 28 日。總統府網站 http://www.president.gov.tw/Default.aspx?tabid=131&itemid=
　　188&rmid=514(2016 年 12 月 25 日檢索)。
128 〈還原二二八真相　揪出事件元凶〉,《台灣教會公報》,第 2679 期(2003 年 6 月
　　30 日 -7 月 6 日),第 9 版「台灣生命力」。
129 張炎憲等著,《二二八事件責任歸屬研究報告》(台北:財團法人二二八事件紀念
　　基金會,2006 年),頁 475。
130 〈回應二二八悲劇　華神發表新書〉,《台灣教會公報》,第 2818 期(2006 年 2 月
　　27 日 -3 月 5 日),第 3 版「教會消息」。
131 〈南神出版專刊　詮釋二二八事件〉,《台灣教會公報》,第 2867 期(2007 年 2 月 5
　　日 -11 日),第 4 版「教會消息」。
132 王昭文,〈二二八事件的原因、經過、影響及平反概述〉,《神學與教會》,第 32 卷
　　第 1 期(2007 年 2 月),頁 30。

觀察指標，大約在 1970 年代大致上是無條件地尊崇孫文的國父身分與其思想言行，1980 年代則是在尊崇之餘也順便藉此抨擊國民黨政府；1990 年代初期大約還可看到少數稱呼孫文國父的文章，但 1990 年代中後孫文的國父身分受到質疑，2000 年後幾乎可說是消失在《台灣教會公報》中，不過基本上算是「安全下莊」。

持平而論，《台灣教會公報》對孫文與其創造的三民主義並沒有太多負評。原因在於孫文本身與台灣沒有直接關聯，反而讓他在《台灣教會公報》評價歷史人物時可以全身而退，僅從「偉大的基督徒國父」變成一位「基督徒政治家」。孫文創立的三民主義的情形也很類似，正因為國民黨政府的「戒嚴」與「動員戡亂」，讓三民主義在台灣沒有確實得到實踐，所以也反倒讓該主義當《台灣教會公報》抨擊國民黨政府時大致上沒有遭到過多的為難。孫文與台灣關聯薄弱與三民主義的未落實，卻是兩者安全過關的最大因素，這點孫文應該也是始料未及。反觀蔣介石就沒有這麼幸運了，他實質統治台灣並得以使用國家機器打造個人神話，但日後反而崩盤得更嚴重，連基督徒認同亦不復存。蔣介石從「民族救星」、「世界偉人」，到「屠夫」與「二二八事件元凶」，這是長期以威權支配這座島嶼歷史發展所必須付出的代價，也是政黨輪替與轉型正義的必然結果，儘管其是否為「二二八事件元凶」至今仍有爭議。

只是孫文畢竟是具黨國圖騰形象的標的物，就觀察長老教會國家認同而言，其制度認同意義大過於文化認同。關於長老教會文化認同的問題，該教派是否有可能出現排斥中華民國卻擁抱中華文化的情況？也就是在文化認同未改變的情況下，長老教會便先行轉換了對國家的制度認同，這是下一章要回答的問題。

第六章
《台灣教會公報》上中國文化論述之流變

　　本章將處理三個問題。第一，《台灣教會公報》上有無曾經長期出現對中國的文化認同；第二，如果確實出現上述認同，那是否意味著長老教會也存在文化認同的轉向，並且可與該教派對中華民國的制度認同相互參考；第三，在文化認同轉向之後，長老教會如何看待以往所認同的「中國文化」，以及是否生產或建構何種替代品。上述問題將透過分析 1970 年代至 2000 年《台灣教會公報》上與「中國文化」論述之相關隻字片語，全面呈現長老教會文化認同轉向的過程。以 1970 年代為例，許多文章、報導的用字遣詞仍舊帶著濃濃的中國文化認同，不僅以中國人自居，也自豪於中國的歷史傳統。這難道都是因為威權、戒嚴、白色恐怖的壓迫？因為許多關於國家認同的自我表述都是無關政治敏感的話題，所以更能細膩觀察《台灣教會公報》所傳遞的文化氛圍，且看此一平台如何敘述一種日常生活所蘊含的國家認同。

第一節　1970 年代：普遍存在的中國文化與族群認同

　　在 1970 年代中，《台灣教會公報》散發出濃濃的中國味，除了在各種文章中表態自我中國人的身分之外，不僅將許多生活習慣歸納在民族性的脈絡下，也對博大精深的五千年歷史與智慧引以為傲。而長老教會就是在這樣濃濃中國味的 1970 年代中發表了〈國是聲明〉、〈我們的呼籲〉以及〈人權宣言〉，向執政的國民黨提出了對時局的建言，並且被其他的基督教派與國民黨政府扣上了台獨的大帽子。

一、中國族群認同

〈一〉過年習俗與養兒育女

　　1970 年 2 月，接近農曆新年的第 1053 期《台灣教會公報》藉著這個機會向大家談談福氣。光華女中校長許興仁在〈新春談福〉如此說：「按照我們中國人的習慣，新春總喜歡說說吉利的話，雖然事實與效果不一定如此，但是至少使人聽了，心裡總比較喜悅滿意。」另外也表示「我們中國人相逢便先問：『有幾個孩子了？』可見多子孫，這觀念還嵌在中國人的腦袋裡。」[1] 因此「我們」是中國人，過年愛聽吉利話，也希望可以兒孫滿堂。第 1055 期《台灣教會公報》一篇〈枕邊細語〉論述西方與東方教育的差異，認為西方父母看到兒女跌倒了雖然心痛，但是為了養成兒女的獨立精神，任憑他們自由發展。但「我們中國人就不一樣，父母親關心兒女，照顧得無微不至，台灣話說『放了，怕飛去；拿著，怕捏死。』以至中國人一般來說，都比較缺乏獨立性。」最後說美國人的教育法值得借鏡，希望能教育兒子更加獨立自主。[2] 雖然所謂的「東方」與「西方」只是一種簡要與不甚精準的化約，但這也是一位父親對兩歲兒子的獨白。

〈二〉台灣教會等於中國教會

　　1972 年，聖光神學院神學生王崇堯在第 1083 期《台灣教會公報》發表了〈神學生的呼喚〉，文章中談到中國教會的問題，如此問題引發的情緒令他只要在夜半思索便無不惆悵，擔心中國神學院的信仰偏差與求知冷淡，也檢討外來宣教士在宣教已無迫切需要時代下的角色定位。王氏也引述了「中國內地會」創辦人戴德生（James Hudson Taylor，1832-1905）的曾孫、中華福音神學院院長戴紹曾在〈誠懇的剖白——

1　顏德輝，〈新春談福〉，《台灣教會公報》，第 1053 期（1970 年 2 月），第 17-18 版。

2　蔡勝惠，〈枕邊細語〉，《台灣教會公報》，第 1055 期（1970 年 4 月），第 42 版。

向中國教會〉裡的呼喚，當中提到差會的錯誤，宣教士的缺陷，正待中國人自己來糾正、來彌補。因此王崇堯表示「但願，中國傳道人、神學生、你是屬於戴院長所提出來挑戰的中國人。」而論及神學院教授的陣容，更是感觸地說：「提筆到此，感慨又多，不得不再次對中國人呼喚！國外的回來，國內的別讓老問題再耽擱下去。」[3] 所以面對諸多中國教會的問題，王崇堯希望看這篇文章的傳道人、神學生是屬於敢於出來挑戰的中國人，但當時中華人民共和國早已不存在差會與外來宣教士，因此王崇堯文中的「中國教會」、「中國神學院」、「中國傳道人」、「中國人學生」、「中國人」的指涉應該就很清楚了。

〈三〉批判盲目出國留學的心態與解析中國人學習英文的習慣

托福（TOEFL，the Test of English as a Foreign Language）考試是許多欲前往美國留學的學生必須通過的關卡，即使在 1970 年代也不例外，當時留學美國被視為有光明未來且能夠賺大錢的機會。因此王明仁在 1973 年 6 月 3 日第 1111 期的《台灣教會公報》批評這樣的現象，因為有許多留學生頂不住壓力而跳樓自殺，或是為了打工賺錢不去上課而迷失自己，導致被「孤寂與落寞壓得無以喘息」。他希望每個人清楚了解自己的狀況適不適合赴美，不要讓人有機會在背後說「這傢伙去了真不知會不會丟盡我們中國人的臉，將來那個學校準不會再讓中國人申請了。」因為作者認為「這不僅是你的悲哀，也是全中國人的悲哀。」[4] 言下之意，從台灣到美國留學的學子同樣也是中國人，台灣人丟臉就是中國人丟臉。同期《台灣教會公報》恰巧也討論了英文考試，只是這回的主題換成了大學聯考，並貼心提醒考生英文科應考的細節。文中陳述台灣高中生在口語上無法順利使用英文的原因是「中國人學英

3　王崇堯，〈神學生的呼喚〉，《台灣教會公報》，第 1083 期（1972 年 8 月），第 23-24 版。

4　王明仁，〈留學夢　淘金潮　美國乎！美國乎！〉，《台灣教會公報》，第 1111 期（1973 年 6 月 3 日），第 3 版。

文，是先念文法，再學語言，以致在表達能力上，容易受到拘束，不像外國人先學語言，再念文法，因此，海闊天空，自然就能表達出自己的想法。」[5] 所以台灣高中生英文的問題根源之一，在於中國人學英文的順序有誤，該論述已不辨是身在蓬萊島嶼還是神州大陸。

〈四〉中國人應該如何脫離八字命運

1975 年 4 月 6 日，台灣神學院教授董芳苑在〈逃避命運的桎梏〉一文表示，「身為中國人的我們，自古以來相信命運。台灣民間俗語說：『落土時，八字命』，即相信人一生的命運由誕生時的年、月、日、時所排列的『甲子』八個字決定。」而要逃避命運的桎梏，「唯一個方法就是認識創造生命的主宰，與祂保持密切的關係。」[6] 因此董芳苑把相信八字命運的脈絡置於「中國人」的民族性之下，而從中解放則必須依靠基督教信仰，此時此刻他是一位中國人基督徒。董氏對台灣民間信仰有相當深入的研究，不過他在日後著作提到在台灣四處可見的「五營神軍」時表示，倘若這些神軍真的「有靈有聖」，那「祂們的新時代任務應該是驅除那些出賣台灣的妖魔政客，並且為『台灣共和國』的誕生而戰。」[7] 這位台神的教授從「身為中國人」到呼籲神明為「台灣共和國」而戰，其轉折值得思索。

〈五〉身在異鄉仍以中國人為傲

通常人出了國更能體會「他者」與「我群」的分別，就像有時候在國外看到國旗飄揚會特別感動，因此異鄉經驗也是表達自我認同的好契機。1976 年，李美智將旅遊日本的經驗投書在《台灣教會公報》上，分享她參觀位於水戶的弘道館的經歷，「身為中國人的我們，進入弘道

5　〈蔣院長參觀玉山神學院　對學院的規模讚許有加〉，《台灣教會公報》，第 1111 期（1973 年 6 月 3 日），第 5 版。
6　董芳苑，〈逃避命運的桎梏〉，《台灣教會公報》，第 1203 期（1975 年 4 月 6 日），第 4 版。
7　董芳苑，《台灣人的神明》（台北：前衛出版社，2008 年），頁 125。

館參觀，倍感光榮與驕傲，因為裡面陳列了我國的文學；詩經、論語等，一同進去的日本人看不懂，只有我們讀得通，而這些又是當時弘道館的學子所必須研修的。」接著再發懷古幽情，「想當年，中國人站在日本的頂頭上，我們暫時得到了無比的快感。」[8] 這位到異鄉旅遊的李女士見到日本人不會念中文寫成的詩經、論語，不僅以身為中國人而驕傲，也因過去中國文化征服日本的歷史而有快感。不過，本章另一處將會看到她不知自己是哪一國人的窘境。

〈六〉獲美研究機構院士頭銜是「中國人的榮譽」

1978 年 6 月 9 日，台北南門教會長老、長庚醫院副院長張錦文取得美國醫院行政學院院士，是亞洲獲該頭銜的第一人，《台灣教會公報》特別在第 1372 期刊登此項消息，標題是〈中國人的榮譽，台北南門張錦文長老獲美國醫院行政學院院士〉。[9] 陳偉殷（旅美職業棒球選手，現效力於美國職棒國家聯盟東區之邁阿密馬林魚隊）在當今美國職棒場上發光發熱，因此經常被稱為「台灣之光」；而近 40 年前位張長老獲得美國學院院士頭銜，則是成了「中國人的榮譽」。

二、中國文化認同

〈一〉五千年的悠久歷史

在反共抗俄的年代，屏東中會邀請服務於屏東客運的陳乃經長老蒞會專講，專講全文刊載於於 1970 年《台灣教會公報》第 1055 期上，題目為〈基督教對護教反共應有的體認〉。專講提到共產主義的無神論迫害宗教「共匪」，並且清算地主與鬥爭資產階級，甚至發動文化大革命

8　李美智，〈東瀛記趣 4〉，《台灣教會公報》，第 1265 期（1976 年 5 月 30 日），第 5 版。
9　〈中國人的榮譽，台北南門張錦文長老獲美國醫院行政學院院士〉，《台灣教會公報》，第 1372 期（1978 年 6 月 18 日），第 2 版。

與「中國五千年歷史文化為仇為敵」。[10] 因此共產黨不僅迫害基督徒，也破壞了中國五千年的歷史文化。1976 年 1 月，《台灣教會公報》第 1245 期社論〈培養新觀念建立新制度〉認為政府許多觀念上革新了，但制度面卻未見革新，因為「以我國五千年的帝王政治的背景要轉變為真正的民主社會，著實不是一件容易的事，尤其，我們需要長期的民主教育、培養民主精神，才能建立民主的政體。」[11] 另外，1978 年 8 月 13 日的社論〈人治、法治與拯救〉一文論述 19 世紀工業革命發生以前，世界各國皆處於人治的政治制度，一切按照人的欲望、情緒與意見來統治。例如「中國五千年來皇帝統治的政治史，可說是『人治』的歷史。」[12] 隔年 3 月 4 日的社論〈基督教信仰與孫文的「心理建設」──並論傳統道德和威權主義的危險〉，指陳孫文《建國方略》中的「心理建設」就是十字架的奉獻精神，這也是台灣目前最缺乏的。因為「漢民族數千年來道德主義的傳統仍然普遍流行，而無視於人類道德能力的『有限性』。」[13]

　　不管是共黨的破壞還是期望帝王政治轉型為民主、法治的社會，基本上都有一個共識，那就是「我們」擁有五千年的歷史。

〈二〉生活節慶與其意義

　　中秋節是民間三大節慶之一，1972 年 9 月的《台灣教會公報》就應景刊載了〈中秋節的由來、傳說、與應有的信仰〉，說明中秋自秦、唐、宋、清等朝代的變化，並引《廣博物誌》的記載「『秦始皇二年八

10　陳乃經，〈基督教對護教反共應有的體認〉，《台灣教會公報》，第 1055 期（1970 年 4 月），第 6-7 版。

11　社論，〈培養新觀念建立新制度〉，《台灣教會公報》，第 1245 期（1976 年 1 月 11 日），第 2 版。

12　社論，〈人治、法治與拯救〉，《台灣教會公報》，第 1380 期（1978 年 8 月 13 日），第 2 版。

13　社論，〈基督教信仰與孫文的「心理建設」──並論傳統道德主義和權威主義的危險〉，《台灣教會公報》，第 1245 期（1979 年 3 月 4 日），第 1、2 版。

月十五日，大會對人於武尻山，行酒命歌，眾皆欣喜。』這是我國史以來第一個中秋節。」[14] 所以中國史上秦朝的中秋節，就是「我國」史上第一個中秋節。1976 年 2 月 6 日下午 5 點半，台北雙連教會 10 樓舉辦北區「歡迎駐台宣教士新春交誼會」，會中有加拿大、美國、日本、菲律賓、德國的宣教士及其家屬出席，連同本地傳教士家眷共有 150 餘人共同歡度佳節。在感恩禮拜後，「所有與會者至九樓分享中國式的自助餐，藉此機會使外國宣教士明白中國農曆春節之習俗與來源，增加他們對我國社會民情更進一步之瞭解，也溝通了彼此間之感情。」[15] 招待遠離家鄉的外國宣教士歡度新年，而為了讓他們更了解中國春節，就連自助餐都是中國式的。

現行台灣的母親節與父親節在淵源上與傳統並無關聯，但是其意義在 1970 年代同樣連結中國傳統孝道的精神。1977 年第 1314 期之《台灣教會公報》為了紀念母親節而刊登了〈慶祝母親節〉一文，內容表示「中國人自古就崇尚孝道，並且奉為戒律。母親的偉大自古就被頌揚」、「古今多少偉人的成功，都是因為母親的慈愛所以影響的。例如孟子、奧古斯丁、蔣總統等，都是家傳戶曉的例子……」。[16]《台灣教會公報》第 1328 期，蘇慶輝在〈我要養你的老〉的講道中提到，「中國固有，幾千年來都是建立於『孝道』、『敬老尊賢』，以及『老吾老以及人之老，幼吾幼以及人之幼』的倫理哲學基礎上。」[17] 所以儘管父親節與母親節並非傳統節日，但在論述時同樣連結了「中國」的傳統道德。

---

14 〈中秋節的由來、傳說、與應有的信仰〉，《台灣教會公報》，第 1072 期（1971 年 9 月），第 11 版。

15 〈北區歡迎駐台宣教師 假雙連辦新春交誼會 內容豐富主客皆大歡喜〉，《台灣教會公報》，第 1250 期（1976 年 2 月 15 日），第 1 版。

16 先驅者，〈慶祝母親節〉，《台灣教會公報》，第 1314 期（1977 年 5 月 8 日），第 7 版。

17 蘇慶輝，〈我要養你的老〉，《台灣教會公報》，第 1328 期（1977 年 8 月 7 日），第 3 版。

〈三〉先秦諸子的教訓

　　孔子與孟子身為中國傳統文化的指標性人物，其言行或著作影響至今。賴政宏在《台灣教會公報》第 1074 期〈積極發展中——孤苦兒童的家庭扶助工作〉開頭便提到，「我國是以農立國的國家，人民的生活規範是傳統的『父慈子孝、兄友弟恭、夫義妻順』等孔孟禮教所約束，子女奉侍父母，父母扶養子女，兄弟姐娌聚居一堂，守望相助，疾病相扶，晨耕晚織，無衣食之虞，無飢寒之愁，和衷共濟，其樂融融。」[18] 可見孔孟禮教的傳統規範是如此的重要。

　　除了孔孟之外，孝順的曾子也登場了。蘇慶輝〈基督教喪禮的意義〉認為基督教的喪禮應該是禮拜，禮拜的對象是上帝而不是人，因為人已經離開了世界。所以向死者擺祭物與獻花都不妥，最重要的是生時之孝敬，而不是死後的祭祀，因為這些祭品最後也是進人的肚子。並且引曾子言「椎牛祭墓，不如雞豚之逮親存。」來支持他的論點。[19] 顯見作者認為曾子這番話與禮拜不獻祭品有類似的概念，也算是把中國傳統與基督教教義做比較與連結。

　　基督教強調博愛，教義中上帝甚至將自己的獨生愛子賜給世人，甚至被釘十字架上為人贖罪，如此博愛的概念居然中國某位聖賢的理念相似。陳慧昌〈廉價的愛〉一文便稱「我們中國也有墨子的兼愛，但兩者之中的相差只在是否有基督做中保者為基準。」[20] 所以兩種愛都很偉大，差別在於基督教上帝與人之間的愛有耶穌基督做為媒介，但中國墨子強調的兼愛卻沒有，但兩者之間的精神同樣有相似之處。

18　賴政宏，〈積極發展中——孤苦兒童的家庭扶助工作〉，《台灣教會公報》，第 1074 期（1971 年 11 月），第 7-9 版。
19　蘇慶輝，〈基督教喪禮的意義〉，《台灣教會公報》，第 1090 期（1973 年 1 月 7 日），第 6 版。
20　陳惠昌，〈廉價的愛〉，《台灣教會公報》，第 1260 期（1976 年 4 月 25 日），第 5 版「神學廣場」。

三、民族性與生活習慣表述

　　跨系或是跨校的聯誼基本上是臺灣大學生的共同經驗，活動一開始通常都會帶些破冰遊戲並簡的自我介紹，除了姓名、校系級別之外，同時也告訴大家自己的個性、喜好、優缺點等等。正如同《台灣教會公報》在談論到「我們中國人」的時候，不同的議題也可以觀察出這些作者是如何看待這份文化，有正面敘述自然也會有負面敘述，只是在1970年代基本上前者佔了絕大多數。

〈一〉「我們」中國人重識字

　　1970年2月，高集禮〈受教育的人〉談到接受知識只是受教育的方法，而不是受教育的目的。並且舉例「我們中國人很重識字，從幼稚園開始學識字，小學學識字，中學又學識字，甚至到大學還有人問他識幾個字。可是我們應該看清楚，識字並不是求學的目的，識字是讓我們藉著這些字表明他的意志，藉這些文字找到真理。」[21] 1971年10月陳中潔〈成熟和諧，寧靜致遠〉同樣也表達了「中國字句所表現的境界，所蘊含的精深博大，令人讚嘆。中國文字不僅肩負起固有文化流傳的重任，其本身更已成為文化的一部分，相輔相成。」[22]

〈二〉「我們」中國人富人情味

　　1971年7月，涂士貞牧師娘在第1070期的《台灣教會公報》，以〈八年南渡話悲歡〉一文分享了她與夫婿邱以正牧師在馬來西亞的牧會點滴，其中也比較了當地華人教會的種種習慣。她認為「人情方面我們中國人是很重感情的。平常要造訪便要帶點禮物，特別是年老的一輩，他們都承襲了古中國的風俗，頗富人情味。年輕的一代受了西洋文化的

21　高集禮，〈受過教育的人〉，《台灣教會公報》，第1053期（1970年2月），第23-24版。

22　陳中潔，〈成熟和諧，寧靜致遠〉，《台灣教會公報》，第1073期（1971年10月），第31版。

影響就不同了，甚之有被稱為『紅毛番的』。」[23] 在旅居海外時遇見同文同種的華僑時，人情味成為了彼此身為中國人的共同點。

〈三〉「我們」中國人重視孝道

周聯華牧師在第 1079 期的《台灣教會公報》論述孝道與傳統喪葬，他表示「中國人是注重孝道的民族，對於長輩逝世以後，慎終追遠的喪葬禮儀十分重視。」儘管工商業社會讓古代的傳統禮儀逐漸改變消失，但是「一般來說，還是自認中國人的喪葬禮儀是按照傳統古禮的。」另外周氏也討論了基督教的原則如何與傳統喪葬禮俗相互調和，也強調基督徒要拿出積極的主張，才能真正表達基督徒家庭有喪葬時的處理辦法。[24]

1973 年 9 月 23 日，台灣基督教福利會舉辦了「阿公阿婆遊台北」活動，招待了百餘位來自高雄、台南、嘉義等地的「阿公阿婆」們北上旅遊四天，共參觀了北門、中山堂、台北賓館、國父紀念館、榮星花園、松山機場、人人百貨（今已倒閉）、西門町、大同水上樂園（台灣第一座主題樂園，今業已歇業）等名勝與景點。25 日晚間台北市長張豐緒設宴招待，行政院長蔣經國特別蒞臨，並親自與這些長輩們握手問安。[25]《台灣教會公報》記者梁獻龍為此特別刊了一篇特稿〈從「阿公阿婆談起」〉，認為對於社會福利要解決「老」問題關鍵在於「我們民族故有的道德首重忠與孝，以孝於父母、忠於國家為等量視之，充分地表現對這個問題的高價值評估，於是傳統上解決『老』的問題，乃為孝道

23　涂士貞，〈八年南渡話悲歡〉，《台灣教會公報》，第 1070 期（1971 年 7 月），第 29-33 版。

24　周聯華，〈基督教喪禮儀式之商榷〉，《台灣教會公報》，第 1079 期（1972 年 4 月），第 10-11 版。

25　〈基督教的愛溫馨了老人孤寂心靈「阿公阿婆遊台北」各界響應熱烈　蔣院長親臨關懷老人備感難忘〉，《台灣教會公報》，第 1128 期（1973 年 9 月 30 日），第 1 版。

是賴了。」[26] 從這些「阿公阿婆」的台北遊歷來看，又說明了一次孝道是「我們民族的固有傳統」。

〈四〉「我們」中國人重視勤儉

1974 年 3 月 3 日，第 1150 期《台灣教會公報》談到了節約的問題，作者指陳「節約是一種美德，中國人素來重視勤儉之道。」並且引用荀子的話「足國之道，節用裕民，而善藏其餘。」文末說明奢侈足以亡身、敗家、毀國。接著再引《論語》一句「以約失之者鮮矣」，期待全體基督徒在能源缺乏的時代發揮勤儉美德以榮耀主名。[27] 這或許是呼應 1973 年發生的石油危機，希望信徒發揮「中國人」素來重視勤儉的美德，在這能源缺乏的年代榮耀主名。

〈五〉「我們」中國人重視飲食

1977 年 9 月，王明仁牧師前往東南亞訪問一個月，並將這趟旅行的心得分 5 次刊登在《台灣教會公報》。王牧師在第 1365 期的《台灣教會公報》介紹了香港與九龍市街，發現當地餐館特別多，因此結論是「只要提到中國人總是離不開『吃』」。[28] 無獨有偶，同年第 1388 期公報有篇〈民以食為天？——育嬰雜感〉，作者從餵嗷哭的嬰兒奶水引伸至物質與心靈生活的平衡。文中提到「中國以前經常缺乏糧食，『吃』成為一大問題。民間風俗互相問候常以『吃飽未』來彼此打招呼。」也因此有孟子「民以食為天」的說法。[29] 但作者要表達的卻是民主國家不應該以經濟為首，乃是要以人的尊嚴為立國根本。所以不論是來自東南亞或是育嬰的感想，中國人重視吃應該是這兩篇文章的共通點。

---

26 梁獻龍，〈從「阿公阿婆」談起〉，《台灣教會公報》，第 1130 期（1973 年 10 月 14 日），第 8 版。

27 漁人，〈談節約〉，《台灣教會公報》，第 1150 期（1974 年 3 月 3 日），第 6 版。

28 王明仁，〈東南亞行蹤——香港見聞（5）〉，《台灣教會公報》，第 1365 期（1978 年 4 月 30 日），第 5 版。

29 亞氏，〈民以食為天？——育嬰雜感（2）〉，《台灣教會公報》，第 1388 期（1978 年 10 月 8 日），第 6 版。

〈六〉「我們」中國人缺乏公德心

第 1223 期的社論〈教會與國民外交〉認為中華民國的邦交國逐漸減少，但由於有安定的政治、社會制度與財政經濟基礎，與多數自由民主國家的實質關係有增無減。不過又表示「我們經常稱呼中國是禮儀之邦，但是經常聽到外國友人說，中國人富有人情味，但缺少公德心。禮儀之邦的人，缺少公德心是一項可笑的情況，但事實卻是如此。」[30] 這篇社論從外交的角度切入國人的公德心，也算是一種時代脈絡下的檢討，希望能不負「中國禮儀之邦」的美名。

〈七〉「我們」中國人不守時

蔣中山在〈談「守時間」〉中引述他自己的另一篇文章〈中國人馬虎的宗教觀〉，其內容提到了「中國人對於『守時』這件事情真的是馬虎透了，例如有人宴客，請帖上註明六時入席，你千萬不可按時赴約，慢一個鐘頭去，正好享受第一道菜餚，或者宴席尚未開始，還要你等個半點鐘。」又說：「我本來雖然身為中國人，但『守時』習慣幾乎成了『過敏』。」最後呼籲大家從「守時間」使教會振作，也使社會繁榮。[31]

總結 1970 年代《台灣教會公報》上所呈現的文化認同，不管是自我身分表述、民族性特色、歷史淵源等方面，幾乎是直接呈現毫不掩飾的中國認同，並且對中國文化的描述大致上都是正面且引以為傲，樂於當一個「中國人」。

---

30 社論，〈教會與國民外交〉，《台灣教會公報》，第 1223 期（1975 年 8 月 10 日），第 2 版。
31 蔣中山，〈談「守時間」〉，《台灣教會公報》，第 1056 期（1970 年 5 月），第 17、20 版。

第二節　1980 年代：族群與文化認同的轉向

一、認同的交錯

　　長老教會在外交動盪與危機不斷的 1970 年代，大致上都保有濃郁的中國文化認同。不過 1979 年發生了美麗島事件，社會運動開始風起雲湧，鄉土意識也逐漸發酵，在這樣的時代背景下，《台灣教會公報》上的國家認同也開始轉向。1980 年代初期《台灣教會公報》還會出現以中國人表述作為自我認同的文章，但是到了 1980 中後便逐漸呈現不穩定的交錯，認為即便在血緣或文化上屬於中華民族，但是對台灣這片土地則應具有更多的認同。

〈一〉中國人翻譯給中國人看的「現代中文譯本聖經」

　　基督教經典的翻譯一直是文字事工的重點，20 世紀初期開始流傳的「官話和合本」到了 1980 年代也超過了半個世紀，因此配合時代需要的「現代中文譯本」就這樣問世了。施義勝在第 1492 期《台灣教會公報》發表〈現在中文譯本聖經的特色〉，文中說和合本主要是由外國人翻譯，對中華文化的背景難免有隔閡。而「『現代本』由中國學者專家主譯。由中國人主持的中文譯本，必能符合國人的要求。」[32] 台灣聖經公會也在 1980 年 11 月 2 日晚間 7 點半，假台南太平境長老教會舉行了「現代中文譯本聖經出版奉獻感恩禮拜」，周聯華在講道中提到「恭敬獻給上帝，以及每一位現代中國人這一本『現代中文譯本聖經』。」[33] 而《台灣教會公報》除了刊載該感恩禮拜消息之外，也介紹了「和合本」與「現在中文譯本」的異同，並且呼籲「如果我們想要新讀者，想要有更多的信徒，我們一定要為這一代的中國人譯一本『現代中文

32　施義勝，〈現代中文譯本聖經的特色〉，《台灣教會公報》，第 1492 期（1980 年 10 月 5 日），第 7 版。

33　〈現代中文譯本聖經〉，《台灣教會公報》，第 1497 期（1980 年 11 月 9 日），第 5 版。

譯本』。」[34] 所以不管是施義盛、周聯華還是《台灣教會公報》該文的主筆,「現代中文譯本」的問世都是這一代中國人的福氣。

〈二〉家和萬事興：中國夫妻相處之道

關於家庭和諧與夫妻之道,可以在 1981 年 11 月 8 日第 1549 期的《台灣教會公報》找到關聯。劉修吉在〈談夫婦相處之道〉表示,社會離婚的問題愈來愈嚴重,最大受害的是無辜的孩子,因此「我們中國自古以來就有這句話：『家和萬事興』,這些話都是在強調夫妻的調和（和諧）。」所以做妻子的要和顏悅色的對待丈夫,丈夫則要感謝太太,家中有溫暖,全家有幸福。[35] 也就是說如果家庭要幸福,也可以從「我們中國」自古以來的智慧尋找答案。

〈三〉使徒殉道非善終

耶穌自願被釘在十字架上,其他的十二門徒差不多也都是遭受迫害而殉道,這是基督教在初期發展上的血淚史。李鼎章認為「照我們中國人看來,都不是『善終』,都是『死無葬身之地』。」基督福音帶給人類無窮的希望,但這些都是基督徒用自己的骨頭堆砌與鮮血澆灌出來的。[36] 因此基督教初代信徒的殉道即便中國人視為「慘死」,「慘死」則與傳統的「善終」相違背,但為了信仰奉獻犧牲還是值得的。

〈四〉馬偕到台灣為中國人服務

1982 年 3 月 9 日晚間 7 點,淡江中學的大禮拜堂舉行了北部台灣基督長老教會慶祝設教 110 週年的感恩讚美禮拜,紀念長老教會在北台灣耕耘超過一世紀的歲月。北部大會議長蔡逸士以「忠心的管家」為證

34　〈現代中文譯本聖經〉,《台灣教會公報》,第 1497 期（1980 年 11 月 9 日）,第 5 版。

35　劉修吉,〈談夫婦相處之道〉,《台灣教會公報》,第 1549 期（1981 年 11 月 8 日）,第 8 版。

36　李鼎章,〈從哥倫比亞太空梭說起　基督教的成長與發展〉,《台灣教會公報》,第 1555 / 1556 期（1981 年 12 月 20 / 27 日）,第 7 版。

道題目，說到北台灣教會的開拓者馬偕博士（George Leslie Mackay，1844-1901）在 110 年前登陸淡水宣教，「寧願燒盡而不願銹壞」是他一生的標語，「如蠟燭『燃燒自己，照亮別人』，犧牲自己為我們中國人服務。」[37] 馬偕博士在 1872 年登上淡水河岸，但是對 1982 年的北部大會議長來說，他來是為中國人服務。雖然以歷史的角度來看，馬偕登陸時的台灣確實是清領時期中國疆域，蔡議長某種程度其實也沒說錯。

〈五〉蔣經國：我是中國人也是台灣人

1983 年 5 月 29 日，第 1630 期的《台灣教會公報》對近來東亞不穩定的外交表示擔憂，並且提出幾種台灣的選擇與後果。第一是為維持現狀，第二是與中共談和，第三是自救，盼政府能接受國際現實，使台灣成為有主權而自主的政治實體。因為「絕大部分台灣居民的祖先都是先後來自中國大陸，就血統種族而言，我們都是中國人，但正如蔣總統曾說過，我們也是台灣人……」、「就像絕大部分的新加坡人，他們在種族上也是中國人，而他們卻認同於新加坡的命運也自認是新加坡人一樣。」[38] 這篇社論緊扣蔣經國的自白，希望國民黨政府接受國際政治現實，認同台灣，儘管「我們」仍舊具有中國人的血統。

〈六〉中華傳統文化是台灣的基礎

1984 年 1 月 29 日，教會公報社主辦、總會青年事工委員會協辦的「文藝營」在豐原興農工商研究中心展開，羅榮光主持了開會禮拜，講道題目是「讓我們一起來做夢」。其中提到「台灣是個很奇妙的地方。他擁有中華民族傳統文化的基礎，受日本人統治的五十年當中，又接受了日本人建立的科學社會制度，在大和民族的精神影響下，也感染了那份獨特。光復以後，台灣重回祖國懷抱，這段期間深受西方文化的衝

---

37 莊淑珍，〈記北部台灣基督長老教會慶祝　設教一百十週年感恩讚美禮拜〉，《台灣教會公報》，第 1569 期（1982 年 3 月 28 日），第 5 版。
38 窗口眺望，〈台北・漢城・平壤・東京・北平〉，《台灣教會公報》，第 1630 期（1983 年 5 月 29 日），第 4 版。

擊，通過教會、通過資本家，西方文明開始進入台灣社會。」[39] 所以羅榮光認為台灣的文化相當多元，而中華民族傳統文化就是基礎，戰後歷史則為回歸「祖國」的懷抱。

〈七〉台灣人具中國血統但缺乏自我認同

1985 年 1 月 15 日，立法委員張俊雄受邀在雙連教會舉辦的「信徒訓練事工研討會」，演講題目為「由政治、經濟、文化和社會的觀點來探討台灣教會的處境與趨向」。在討論社會與文化問題時，張俊雄認為這非常複雜，因為「在亞洲當中以中國人為主要的人口結構的，有新加坡、香港、台灣……」、「有一位新加坡大學的學生說他身上有幾分是中國人的血統，但是他說：『我是新加坡人』。」張俊雄至此表示新加坡人認同自己的國家，因此不會有人才與資金外流的問題。比較起新加坡人的自我認同，台灣人沒有安全感，缺乏堅定的信仰，也就是缺乏自我的認同。[40] 所以張俊雄認為台灣是以中國人為主的國家，但是人民缺乏認同，其實這或許也說明了 1980 年代台灣國家認同的轉向與曖昧。

〈八〉飛機上說不出來自何處的窘境

曾經於 1976 年旅遊日本，並且因為日本人看不懂中文而以中國人為傲的李美智，1986 年在飛機上被鄰座的紐西蘭夫婦問起她是哪一國人，竟然令她不知該如何回答。她先說來自 Chinese Taipei，但夫婦倆只認得 Chinese，因此以為她是從中國來的，並指隔壁的白人表示他剛剛也從中國上海回來。接著她又說 Taiwan，但說完後左顧右盼，深怕有特務在身邊而被冠以「台獨」罪名，到最後她只希望別再問她類似的

---

39 〈「文藝營」圓滿結束盼運用上帝所賜智慧共同建立「藝文王國」〉，《台灣教會公報》，第 1667 期（1984 年 2 月 12 日），第 12 版。

40 張俊雄講、本報資料室整理，〈由政治、經濟、文化、和社會的觀點來探討台灣教會的處境與趨向〉，《台灣教會公報》，第 1719 期（1985 年 2 月 10 日），第 10-11 版。

問題了。[41] 10 年前以身為中國人為榮，如今卻不知該回答什麼，差異耐人尋味。

〈九〉說「咱中國人」是思想中毒

1988 年第 1872 期的「窗口眺望」專欄回顧了 1987 年南韓修憲與總統大選，並感嘆在野黨分裂而使得執政黨勝選，這樣的消息也震撼了台灣。因此呼籲「國民黨是否能放棄空幻的國會結構，真正認同台灣的住民，讓我等拭目以待台灣 1988 年。」並且「強烈的要求國會改選」。[42] 隔年 5 月 14 日的窗口眺望更是直接表明「……受國民黨教育長大的人動不動就說『咱中國人』同是思想中毒。請大家視『我是台灣人』為珍貴。」[43] 這篇文章明顯的將「中國人」與「台灣人」區分開來，並把「咱中國人」的思想毒素歸咎於國民黨身上，當時已解嚴近一年了。

二、歷史敘事：從「中國五千年」到「台灣史四百年」

1980 年代《台灣教會公報》上的文字對歷史的認同大致上還是停留在「五千年」這個數字，但內容逐漸呈現負面評價，並以此作為批評時政的素材。值得注意的是，「中國史觀」與「台灣史觀」在這段時期出現交錯的情況。

〈一〉打小孩與中國刑罰

父母管教小孩總是難免會使用體罰，體罰方式之一就是「打」，工具可能是自己的手，也可能是藤條或是枯竹枝，1980 年《台灣教會公

41 李美智，〈紮根於鄉土，伸根至普世——從一九八八年 WCC 大會談起〉，《台灣教會公報》，第 1771 / 1772 期（1986 年 2 月 9 / 16 日），第 7 版。

42 東方星，〈願人民意願如大水滾滾使民主如江河滔滔——回顧與展望〉，《台灣教會公報》，第 1872 期（1988 年 1 月 17 日），第 4 版。

43 東方星，〈別讓「台灣」迷失在「中國」的聲浪中〉，《台灣教會公報》，第 1941 期（1989 年 5 月 14 日），第 4 版。

報》第 1469 期刊載一位阿姨的經驗。她看到外甥哭著朝自己跑來，一看之下發現外甥的身上有她的母親留下的指甲痕與藤條鞭打的痕跡，看得眼淚也留了下來，接著抒發對「刑」的聯想。她認為「據說中國傳承了五千年的道統，也是以仁、愛為基礎的」、「中國歷代的統治者，亦以此為維繫國脈的根本。」、「統治者若秉持著這中國文化的精髓，必被尊以仁君，其國運必然昌隆，內憂外患必自然消褪。」但是中國史上仍舊有各種殘酷的刑罰，而這些酷刑「永遠難逃中國文化的審判」。[44] 這或許是在暗指當時國民黨政府的不當作為，但有待更進一步的查證。

〈二〉晚清史與中國史也是我國史

出生於晚清的學者蔣廷黻曾經提到：「自九一八事件發生之後，我常和外國朋友講笑話，說：『上帝造日本的時候，原只造了一個三等國，日本人擅改為一個一等國；上帝造中國的時候，原造了一個一等國，中國人自改為一個三等國，但我還是相信上帝。』」[45] 李鼎章在 1981 年第 1525 期的《台灣教會公報》引述了這段話，並將介紹蔣氏為「我國晚近著名學者」，依舊將國家的歷史放在中國五千年的脈絡之下。

〈三〉瑞士經驗令五千年文化反省

杜英助在 1982 年第 1559 期的《台灣教會公報》記述了他在瑞士旅遊的體會，他看到即使公車司機不驗票但乘客依然誠實購票，也引用在瑞士的商店丟了包包，過幾天再回去也都找得到的傳聞，這些都令其反思台灣的一切。認為如果台灣日漸惡化的風氣應從改革人性做起，如果政府只從事「有形」建設而任「無形」的心理建設腐化下去，「最後怎

44　林不了，〈「刑」的聯想〉，《台灣教會公報》，第 1469 期（1980 年 4 月 27 日），第 6 版。

45　李鼎章，〈基督福音與中國文化〉，《台灣教會公報》，第 1525 期（1981 年 5 月 24 日），第 6 版。

不會使我們這個擁有五千年文化的文明人變成『呆民』呢?」[46] 就文章脈絡來看,對作者依舊自認是擁有五千年文化的文明人,這五千年的文化顯然並不是指台灣文化。

〈四〉國民黨驅逐艾琳達違反中國五倫

1985 年 6 月 9 日,《台灣教會公報》第 1736 期的「國內新聞摘評」評論了外交部拒絕讓美麗島事件受刑人施明德的美籍妻子艾琳達(Linda Gail Arrigo,1949-)入境的做法。該論認為「中國人自稱擁有五千年文化,而且這些文化中,自稱最精彩、最珍貴、最重要的,就是講五倫,夫妻即是其一。」並且抨擊國民黨政府在高雄事件後把「作為中國人妻子的艾琳達」驅逐出境,之後又不准她入境探視絕食兩個月的施明德,一個政府根本無權欺壓一位弱女子,只因為艾琳達支持其夫婿的理念。[47] 因此國民黨將艾琳達驅除出境,《台灣教會公報》認為此項決定違反了中國五千年文化中的五倫觀,因為艾琳達是「中國人的妻子」。

〈五〉五千年帝制之毒

1986 年底,第 1 屆立法委員第 5 次增額選舉即將登場。選舉期間反對派以冷嘲熱諷的方式消遣執政當局,此舉卻經常被扣上「侮辱元首」、「大逆不道」等封建名詞,第 1813 期《台灣教會公報》的窗口眺望對此相當不以為,認為「這些人若不是心存拍馬屁,那就是受中國五千年帝制之中毒太深。」、「期待我們的社會早日走出『侮辱元首情節』的陰影,建立一個貨真價實的民主社會。」[48]

---

46 杜英助,〈樂土瑞士〉,《台灣教會公報》,第 1559 期(1982 年 1 月 17 日),第 7 版。

47 〈國內新聞摘評〉,《台灣教會公報》,第 1736 期(1985 年 6 月 9 日),第 7 版。

48 江慕義,〈不准「背後罵皇帝」?——從「侮辱元首」之「罪名」談起〉,《台灣教會公報》,第 1813 期(1986 年 11 月 30 日),第 4 版。

〈六〉本國史五千年與四百年的交會

1987 年 4 月 3 日，牧師鄭仰恩在行政院前的東埔挖墓事件請願活動追思禮拜中講道，他以沉重的心情抗議有關當局在東埔所作的不人道也不尊重生命的行為，抗議 17 位先人的墓被濫挖。另外也提到「特別台灣歷史正是一段先民奮鬥開拓的歷史。這四百年來，由大陸移民來台的漢人和原先就住在此的原住民雖然曾經有利益上、資源上、土地上的衝突，但他們都流血流汗，共同開拓了這塊土地。」[49] 8 月 23 日，第 1851 期的曠野之聲表達香菸危害人體健康的憂慮，以及進口香菸大舉入侵台灣市場的憂慮，認為菸之於人，百害無一利。所以「近代國史上，喪權辱國的條約中，即有一條因菸而起，由此產生『六三』禁菸節。」[50]

到了年底，《台灣教會公報》第 1861 期一篇〈荒謬的台灣經驗〉，其指陳不管是以基督教的信仰還是一般的常識，自決都是天經地義的，但在台灣卻成為奢望與絕響。接著說：「由歷史的角度來看，四百多年的台灣歷史中，這被稱為『美麗之島』的台灣，經歷荷蘭、西班牙、日本等異族，以及明朝遺臣鄭成功，清朝及現在的國民政府等由中國撤離統治或轉進的政權所統治，台灣人民從來沒有機會對這些統治他們的政權表示意見，或行使同意權，就在一夕之間承受了事實。」[51] 不管這樣的歷史敘述是否符合史實，但很明顯的是站在以台灣為本位的「四百年史觀」。晚清近代國史觀與台灣史四百年史觀同時出現在 1987 年的《台灣教會公報》上，可見從歷史敘事與國家認同之間存在微妙且曖昧的轉向。

49　泉源，〈認錯與悔改〉，《台灣教會公報》，第 1833 期（1987 年 4 月 19 日），第 10 版。

50　曠野之聲，〈如此「長壽」太「夭壽」！！〉，《台灣教會公報》，第 1851 期（1987 年 8 月 23 日），第 6 版。

51　碧河，〈荒謬的台灣經驗〉，《台灣教會公報》，第 1861 期（1987 年 11 月 1 日），第 5 版。

　　1989 年中，《台灣教會公報》第 1936 期刊載了「二二八公義和平運動」發起人之一的陳永興〈台灣前途與展望（上）〉專文，內容以台灣為主體回顧歷史，並且把中華民國戰後的歷史置於台灣史的脈絡中，而不同於以往將台灣史放在中國近代史的舊習。[52] 因此在進入 1990 年代之前，《台灣教會公報》對國家的歷史敘事仍然呈現交錯的樣貌，但已經可以清晰看到台灣史觀的出現。

三、中國與中國文化漸轉為負評

　　儘管從中國到台灣的國家認同在轉換上顯得緩慢與曖昧，但是中國文化卻大量且快速地成為負面的代名詞，進而藉此批判執政的國民黨。不過以中國文化之負評作為批判工具的同時，字裡行間尚未提出新的替代文化，似乎僅止於自我反省的層面，因此文化認同大致上還是以中國為依歸。

〈一〉中國文化不重視勞力

　　1982 年 6 月 6 日，《台灣教會公報》第 1579 期的社論如此提到，「在中國人的文化觀念中，多少帶有『士大夫』的意識，以為『勞心者治人，勞力者治於人』」，認為工作服務別人，是被統治者的事，於是為別人工作，就帶有自卑感、羞愧心態，被壓迫感的痛苦。」但基督徒應該「獻力」於社會大眾，共同參與而享有上帝國的福祉。[53] 所以基督徒要擺脫士大夫「勞心不勞力」的中國文化負面心態，但是文章也沒有說明所謂的「獻力」指的是否僅止於勞力。

52　陳永興，〈台灣前途的展望〉，《台灣教會公報》，第 1936 期（1989 年 4 月 9 日），第 12 版。
53　社論，〈為榮神益人「獻力」服務〉，《台灣教會公報》，第 1579 期（1982 年 6 月 6 日），第 2 版。

〈二〉中國歷代帝王壓制言論自由

　　1984 年 7 月 15 日是長老教會的「文字傳道事工紀念主日」，第 1689 期《台灣教會公報》社論表示基督的福音透過教會傳承與普世，其中不曾間斷文字的使用，但是世上也有壟斷文字來達到私欲的事。例如「中國歷代帝王壓制人民的言論、思想，以期達到統治、奴役的目的，其中最惡名昭彰就是秦始皇的焚書坑儒。其肅殺人民生機，殘害民族百代，乃為人類萬惡不赦之公敵。」[54]《台灣教會公報》曾在 1969 年遭政府禁止發刊，原因是該報以羅馬字刊行；而 1970 年代至解嚴的 1987 年之間，《台灣教會公報》時常遭郵局查扣，連委託快遞公司也會遺失，不知是否藉此文向政府當局抗議。當然，當時的國民黨政府對言論自由的打壓並不只針對《台灣教會公報》，因此該社論也有可能是替全台灣受打壓的言論自由發聲。

〈三〉中國文化不重視婦權

　　1985 年婦女節前夕，《台灣教會公報》第 1722 期的社論表達了對婦女人權的看法，認為「中國古代文化中，要求婦女要『三從』，即是在家從父；出嫁從夫；夫亡從子，一生中都是附從在男人的配屬地位。」如此受到「權威」所壓制，沒有給婦女應有的自我主體角色，不僅剝奪人格，也違反上帝賦予人類具有人性尊嚴的尊重。[55] 中國對婦權的傳統概念牴觸了基督教中上帝賦予人類尊嚴的教義，當教義與文化相互衝突時，《台灣教會公報》自然選擇了教義。

54　社論，〈致力文字傳道，使生命更豐富〉，《台灣教會公報》，第 1669 期（1984 年 7 月 15 日），第 1 版。

55　社論，〈真理叫人得以自由——國際婦女節感言〉，《台灣教會公報》，第 1722 期（1985 年 3 月 3 日），第 1 版。

〈四〉中國士大夫的做官心態

1986 年 9 月初，這是各級學校陸續開學的時候。《台灣教會公報》第 1801 期社論〈關懷校園，對當今教育的省思〉一文批評了功利導向的升學主義，並指出「在中國政治的士大夫觀念中，常常有著讀書為求做官，做了官就利用『特權』謀求發財。」、「這種人並不認同於大眾的利益，更不能期待他們為社會的公義而有所貢獻。」[56]

〈五〉中國人的假面具

1987 年第 1821／1822 期《台灣教會公報》刊載南韓總統全斗煥為了一位被警察刑求致死的學生向國人道歉的消息，向韓國人表示敬佩。接著話鋒一轉，「反觀國民黨政府把整個大陸丟掉了，從來不曾向國人公開道歉，老是怪共產黨、民主人士、智識分子、學生運動等等。」、「中國人的面子就是一付假面具，它遮住了罪惡，卻混亂了是非真假，而使倫理道德淪喪殆盡。執政者民主人權公義滿嘴，骨子裡卻是獨霸專權官僚。」、「希望大官們及時悔改，為『國安法』和過去戒嚴令下的錯誤公開道歉，台灣才能有真平安！」[57]

〈六〉中國政治集權專制

1988 年 4 月 10 日的《台灣教會公報》的「窗口眺望」表示「中國統治者往往以『人君』與『聖人』之二位一體自居；而被統治者在儒家的教化影響下，更助長『聖王』的形象」，這樣的傳統也造就了海峽兩岸「偉大的導師」、「英明的領袖」、「一代偉人」、「民族救星」等盲目遵從的形象。反觀南韓總統盧泰愚向 1980 年光州事件的死傷者與家屬道歉，但國民黨政府迄今仍舊無視民間團體對二二八事件的要求做出負責

---

56 社論，〈關懷校園，對當今教育的省思〉，《台灣教會公報》，第 1801 期（1986 年 9月 7 日），第 1 版。
57 洪見虹，〈總統的道歉〉，《台灣教會公報》，第 1821／1822 期（1987 年 1 月 25 日／2 月 1 日），第 6 版。

任的回應，希望南韓總統的道歉可以給國民黨政府參考。[58]

〈七〉中國政治殘暴

1989 年 6 月 4 日，中華人民共和國發生「天安門事件」，震驚國際社會。《台灣教會公報》第 1946 期刊出了一篇〈斬斷中國政治的殘暴劣根性〉，稱「中國政府對學運的無情鎮壓，再度暴露出中國政治的殘暴本質。一個酷嗜權力的政權，根本不在意區區幾千人民的生命。」另外也舉了手刃至親的「玄武門之變」、與屠殺台灣人的「二二八事件」這兩個例子，說明「殘暴的政權不值得台灣人欽羨，況且歷史告訴我們，中國政治中仍不斷流著殘暴本質的劣根性。台灣人要建立一個新國家，則必須把這種劣根性如同嬰孩與母體間的臍帶切斷，重新成為一個新而獨立的人。」[59]

第三節　1990 年代之後：脫去中國惡質羈絆重建台灣文化

從「我們中國人」到「我是台灣人」，1980 年代確實是長老教會國家認同轉向的關鍵年代。初期還會出現對中國人的族群認同、或是認同中國血緣但呼籲認同台灣本土的敘述，到末期已然直接高呼台灣獨立。1990 年 5 月 5 日與 6 月 28 日，長老教會分別發表了〈台灣住民國是會議聲明〉與〈台灣國是會議研討會呼籲文〉，1991 年 8 月 20 日再發表〈台灣主權獨立宣言〉，從總會的高度不斷確定台灣本土的國家認同，表達制定新憲法與以台灣名義進入聯合國的立場，對台灣人的身分認同大致底定。而在確定身分認同之後，除了持續呼籲認同台灣之外，也開始進一步探討到底台灣人失落了什麼？為什麼失落？以及該如何重建台

58　東方星，〈強人・翻案・認錯〉，《台灣教會公報》，第 1884 期（1988 年 4 月 10 日），第 4 版。

59　許迪凡，〈激情過後，民主仍是一片空白──聲援中國學運下的台灣人民〉，《台灣教會公報》，第 1946 期（1989 年 6 月 18 日），第 4 版。

灣人的性格。

　　而對於中國、中國歷史或中國文化的論述，除了絕大多數的負評、並且依舊集中在對政府的批判之外，更認為若干台灣人的陋習與政治腐敗就是中國文化遺留的結果，把中國文化當成一種外來的產物。即便出現正面的描繪，多半也是諷刺這些都不存在於國民黨政權。

一、對中國文化與中國國民黨的批判

〈一〉國民黨與儒家仁恕背道而馳

　　1990 年 1 月 21 日，《台灣教會公報》第 1977 期對國民黨政府宣布「台灣獨立建國聯盟」是叛亂組織表達不滿，認為帶有「政治報復主義」的色彩，也是當局智慧的倒退。另外表示：「中國儒家口口聲聲講的是『仁』、『恕』，政治的理想也是一種『仁政』，但反映在現實政治上的，卻是背道而馳，這是多麼諷刺的事。」接著又說國民黨政權無法用「仁」去撫平「二二八」的傷痛，又製造「叛亂犯」，現在又宣布叛亂組織，顯然是政治報復，質疑難道台灣人民還不能澈底看穿國民黨政權的虛偽？[60]

〈二〉國民黨利用孔子與中華文化

　　《台灣教會公報》第 2032 期的副刊抨擊了國民黨在台灣進行的教育。賴貫一在〈是該全面掃毒了〉一文中認為，「國民黨政權在台灣四十餘年的教育，可以『奴化教育』與『黨化教育』來形容。」、「……以復興中華文化為口號，以孔老夫子為招牌，教的卻是為了穩固政權，忠黨愛國（君），不懂得思考批判的順民，背的是與生活實況脫節的古文明。」並表示這樣的教育打擊了本土與自我的意識。[61] 所以中華文化

60　雅博，〈政治報復主義〉，《台灣教會公報》，第 1977 期（1990 年 1 月 21 日），第 7 版。
61　賴貫一，〈是該全面掃毒了！〉，《台灣教會公報》，第 2032 期（1991 年 2 月 10 日），第 12 版「副刊」。

與孔老夫子只是國民黨的幌子，只是欺騙台灣人的口號。

〈三〉中國人貪汙腐敗成性

　　1992 年，第 2 屆新科國民大會代表聯署表明只領車馬費，但是國大秘書處卻仍舊編列酬勞，林弘宣認為這「曝露了中國人社會幾千年以來，尤其是官場貪汙，拿紅包、巧立名目、賄賂、種種腐化陋習的冰山一角罷了」、「中國式的官員整天腦子裡想的都是這些，所有時間都耗費在揣摩上意與貪汙上面。怎麼可能為民服務呢？」、「中國人社會這種貪汙腐化之風，雖已風行千年，卻始終不公開化，始終必須以清廉公平以及嚴格懲罰貪汙來掩飾。」[62] 因此台灣政壇的貪汙風氣就是來自於中國千年的腐化之風，其來有自。

〈四〉違背孔子不語怪力亂神理念的國民黨

　　1994 年 4 月 11 日，國民黨將位於總統府對面的中央黨部連夜拆除，林瑞隆為此在《台灣教會公報》發表〈從國民黨的風水看台灣被扭曲的宗教心靈〉一文。該文認為外傳國民黨拆除黨部除了免被指定為古蹟而無法利用之外，就是要尋找一個風水更好的地方。而且國民黨的大官上任之初，總不忘聘請看風水的地理師代為指導其辦公室、住宅、庭園與飾物擺飾等等。因此劈頭就說「國民黨是一個講求怪力亂神的政權，雖然國民黨許多政黨要員常常公開宣稱自己是不語怪力亂神的孔子信徒。」[63] 所以儘管孔子不語怪力亂神，但國民黨卻非常迷信。

〈五〉國民黨是推動低級漢文化的幫兇

　　1996 年 10 月 27 日，柯志明在〈惡魔天空下的小丑和騙子〉一文中表示，「其實，台灣的宗教根本上即是反映著台灣文化的體質，而台

62　林弘宣，〈怪哉！國代酬勞問題〉，《台灣教會公報》，第 2082 期（1992 年 1 月 26
　　日），第 7 版「普世教會」。
63　林瑞隆，〈從國民黨的風水看台灣被扭曲的宗教心靈〉，《台灣教會公報》，第 2204
　　期（1994 年 5 月 29 日），第 7 版「普世教會」。

灣文化的體質則只是作為中國漢文化的延續。絕大多數的台灣漢人依然
活在一套低俗的漢文化系統中，依然信仰著過去唐山帶來的那種昏昧的
宗教；再加上，中國國民黨這個以繼承漢文化自居的野蠻政治集團，以
其強大政治力有系統地把台灣中國化，使得台灣人更難有擺脫或批判漢
文化的可能」、「台灣人就是在這種裡裡外外漢化、中國化的文化處境中
成長，叫他不當小丑與騙子可能嗎？」[64] 這篇文章是在批評某黃姓藝人
在節目上大談佛理，但卻設法阻止其胞妹在中台禪寺削髮為尼，認為台
灣此類的宗教亂象即根植於低俗漢文化的延續，而國民黨就是幫兇。這
位大談佛理的黃姓藝人曾以一首〈新鴛鴦蝴蝶夢〉走紅港台，但近年來
積極投奔「祖國」，並且不時向「祖國」舉報所謂的「台獨人士」，言行
舉止備受爭議。

〈六〉中國文化為世界泛政治化文化之首

1998 年 7 月底，高雄市議員林滴娟命喪中國，新黨指責民進黨將
林案泛政治化，對此陳進益卻投書《台灣教會公報》表示，中國文化就
是全世界最泛政治化的文化。他舉例「在台灣遭遇白色恐怖統治時期，
多少無心的言行，被『泛政治化』而被抓去坐牢、處死的人成千上萬，
那時，新黨人士及其父祖豈曾挺身仗義直言，反對泛政治化！」[65] 對於
新黨批評民進黨將林案泛政治化，《台灣教會公報》的讀者回敬中國文
化才是泛政治化之首，言之有物。

二、長老教會官方對台灣文化的討論

當過往所依恃中國文化與族群認同已無法滿足當下需求，《台灣教
會公報》上的各項文字也開始討論何謂「台灣文化」，並且試圖尋找此

---

64 柯志明，〈惡魔天空下的小丑與騙子〉，《台灣教會公報》，第 2330 期（1996 年 10
月 27 日），第 3 版「教會消息」。

65 陳進益，〈從林滴娟遇害談中台兩國關係〉，《台灣教會公報》，第 2424 期（1998
年 8 月 16 日），第 14 版「公報廣場」。

一文化的位置。這些相關的文字或是報導來自四面八方，儘管難有絕對一致的論述，但相對的也呈現了豐富的多樣性。因此當《台灣教會公報》批判惡質中國文化的同時，長老教會也開始透過研討會進行對「台灣文化」的討論，並且在會後發表結論式的文告。

　　1988年12月26日，總會事務所公布了「新而獨立的國家」的詮釋文，當中「新」包含「新人民」、「新文化」、「新國會」、「新憲法」，以及「獨立」的意義與其完成「方式」。「新文化」指除去陋習，揉合各種文化之優點以建立新的台灣文化。[66] 1990年5月3日至5日，台南神學院所屬之台灣社會研究所與台南基督教互談會在假台北市基督教青年會會館舉辦「台灣住民國是會議」，5月5日中午會議結束後即刻發表了〈台灣住民國是會議聲明〉，其中表示：「台灣係由多元文化、語言所構成的國家」。[67] 同年11月5、6日，長老教會總會在新竹聖經學院舉辦「台灣前途研討會」，從聖經、歷史來看台灣的前途以及和中國（中華人民共和國）之間關係。楊啟壽則就「台灣基督長老教會的角色」對會眾專講，他希望全體教會要以具體的行動參與蔡同榮所推動的公民投票，並從政治關懷層面擴大到各種環境層次，尤其是「本土語言、文化的重建、維護」。[68]

　　1995年10月20至21日，教會與社會委員會、台灣獨立安全基督徒促進會、台南神學院基督教社會研究所在新竹聖經學院舉辦研討會，就「建立新而獨立的國家」進行深入的探討。該研討會分成三大重點，分別就「新」的意涵、「獨立」之意義以及「建立新政治文化」，由鄭兒玉、黃昭堂、許慶雄提出見解。研討會結束後，主辦單位移往台北總會

---

66 〈何謂新而獨立　長老教會詮釋闡明〉，《台灣教會公報》，第1916期（1988年11月20日），第1版。

67 〈台灣住民國是會議閉幕　強調台灣乃一獨立實體〉，《台灣教會公報》，第1993期（1990年5月13日），第1版「總會事工」。

68 〈台灣人民必須自覺起來　建設獨立自新家園〉，《台灣教會公報》，第2019期（1990年11月11日），第1版「總會事工」。

事務所，發表了〈新而獨立的台灣聲明〉。其中「新」的意涵是「新國家建立」、「新國家領域」、「新國家主權」、「新國家理念」、「新國家國民」、「新國家文化」、「新國家語言」，其「國家新文化」為「海洋國家之獨特文化」。[69]

1996 年 10 月 11 至 12 日，總會教會與社會委員會、台南神學院基督教社會研究所與台灣獨立安全基督徒促進會在新竹聖經學院共同舉辦了「建立新而獨立的台灣」研討會，並以「台灣總統」、「台灣國號」、「台灣魂」為演講主題，並於研討會結束後發表〈建立新而獨立的台灣研討會呼籲文〉。關於新文化的論述，「台灣要培養新國民的意識與氣質，並建立台灣特有的海洋文化，來塑造現代化國家的氣象。」[70]

從上述會議文告可以發現，長老教會在 1980 年代末期逐漸聚焦所謂的「新文化」，但是相較於國家主權、國家認同、建立新憲、正名入聯等議題，長老教會對台灣文化並沒有出現非常具體的定義。例如 1988 年「新而獨立的國家」詮釋文指出，新文化為除去陋習，揉合各種文化之優點以建立新的台灣文化；1990 年〈台灣住民國是會議聲明〉提到，「台灣係由多元文化、語言所構成的國家」；1995 年〈新而獨立的台灣聲明〉對「新國家文化」的定義是「海洋國家之獨特文化」，隔年〈建立新而獨立的台灣研討會呼籲文〉同樣認為「台灣要培養新國民的意識與氣質，並建立台灣特有的海洋文化，來塑造現代化國家的氣象。」這些文告首先表示台灣文化需要去除「陋習」與「革新」，此處可參照前述 1980、1990 年代《台灣教會公報》對中國文化的負評；第二是強調多元，最後則發展為做為島嶼國家的「海洋文化」。儘管有這些進程與共識，但是長老教會官方並沒有進一步說明新文化的意涵為何，但卻可從《台灣教會公報》上的各家言論窺知一二。

---

69 周克修，〈建構新而獨立的國家藍圖 總會教社等團體舉行研討會並發表聲明〉，《台灣教會公報》，第 2278 期（1995 年 10 月 29 日），第 1 版「重點新聞」。

70 廖承恩，〈長老教會再度呼籲：以台灣之名加入國際組織〉，《台灣教會公報》，第 2329 期（1996 年 10 月 20 日），第 2 版「教會要聞」。

三、台灣文化的本質論述

　　1990 年 3 月 4 日，《台灣教會公報》刊載了一篇林雙不（本名黃燕德）的演講，其內容或許可作為 1990 年代之後《台灣教會公報》上台灣文化論述的典型，即假設了一個台灣文化或是台灣人原先具備了某些優點與特質，卻受到後天的改變與扭曲。林雙不認為數百年前台灣人的祖先飄洋來台開墾並且經歷不同的統治者，但是台灣人卻未被消滅、同化，因此「背後必定有一個優秀的文化傳承在支撐」、「台灣文化本來是有尊嚴的」，但是今日的台灣文化卻充滿「自私」、「不負責任」、「粗俗投機」、「一味忍耐而不敢抗爭」、「蠻橫、霸道、不講理」的缺點。林雙不追根究柢認為這是政治因素扭曲了台灣本來的文化，而兇手就是國民黨政府。林雙不提到荷蘭、西班牙、日本萬一統治失敗，其仍舊可以回到自己的國家，但是：「國民黨政府早已失去後退之路，所以，他們只有更殘暴地鎮壓台灣人，唯有控制台灣的土地、資源、人力，他們才能生存。」、「而這些控制的手段，便造成台灣文化的墮落，也扭曲了台灣人的心靈。」國民黨扭曲台灣文化的手段有「屠殺」、「警、軍、特的高壓統治」、「醜化台灣本土文化」、「使社會物質化」，因此唯有台灣人當家作主才能恢復台灣文化的內涵。[71]

　　林雙不這篇演講是 1990 年代《台灣教會公報》上台灣文化論述的開端，之後的相關文章亦與其基本論述相去不遠。例如第 2039 期《台灣教會公報》副刊刊載了對李筱峰的專訪，標題是「一齣持續四十四年的『歷史悲劇』」，他認為二二八事件是「文化衝突」。由於經過日本殖民 50 年，歷史已經走向不同的軌跡，儘管台灣人在殖民統治下權利不平等，「但是過去承襲自古老中國文化的陋規舊習已不復見」。[72] 可見李

71　林雙不，〈現階段的台灣文化〉，《台灣教會公報》，第 1983 期（1990 年 3 月 4 日），第 13 版。

72　吳信如〈一齣持續四十四年的「歷史悲劇」：二二八與台灣前途・訪李筱峰老師〉，《台灣教會公報》，第 2039 期（1991 年 3 月 31 日），第 16 版「副刊」。

氏認為古老的中國文化帶給台灣陋規舊習，給日本殖民後方不復見。如此，受到中國文化或是國民黨改變前的台灣人的性格是什麼？台灣文化「本質」又是什麼？

〈一〉台灣話：從「方言」到「國語」

　　1978 年 12 月 10 日，《台灣教會公報》第 1397 期的「宗玉集」討論政府准許發行「台灣話」聖經的謠傳，文章提到「台灣話是中國語言很重要的一支，也是海外多數華僑重要的通用語言之一。目前台灣話在島內受壓制的情形下面，台灣話聖經成為台灣話唯一的標準本教科書。」、「為了攏總華人和整個中國文化，有關當局實在不通隨便要用政治來打擊或是限制台灣話。」[73] 第 1389 期的宗玉集也稱「台灣話是中國話的一種，和北京語的地位相同，台灣話若在台灣受歧視，這樣，咱在自由、民主、人權的立場上，並不通與別人比並。」[74] 宗玉集將台語地位、重要性的辯護置於「中國語言」與「中國文化」的脈絡之下，但是1990 年代長老教會同樣為了台語在台灣的處境打抱不平，但卻已不見「中國語言」與「中國文化」影子。

　　1988 年 12 月 29 日，長老教會總會議決，今後各項會議以「福佬話、北京話」作為通用語言。並規定若有需要，必須先用上述兩種語言宣告完畢，主席才可以付諸表決，希望減少會議中的語言障礙。[75] 因為這項規定，因此該年 4 月舉行的總會通常年會「北京話」一詞的使用率增加了，不過亦有地方教會的牧師認為「北京話」還是應該稱為「國語」，並詢問議長是誰將「國語」及「台語」改為「北京話」與「福佬話」。總會社會服務發展委員會的主委則回應，「只有經過全民投票通

73　宗玉集，〈台灣話聖經〉，《台灣教會公報》，第 1397 期（1978 年 12 月 10 日），第 7 版。

74　宗玉集，〈華僑的心聲〉，《台灣教會公報》，第 1389 期（1978 年 10 月 15 日），第 7 版。

75　〈解決語言糾紛〉，《台灣教會公報》，第 1925 期（1989 年 1 月 22 日），第 2 版。

過的語言，才是所謂的『國語』。」[76]1992 年的羅榮光牧師則更往前一步，他認為「北京話也是中國北京地區的方言」，而根據台灣的族群人口比例，「台語」應該才是「國語」，更期待未來客語、原住民語、台語等所有的「台灣話」，都定為「國語」來促進族群和諧。[77]

　　1990 年 11 月 11 日，台南中會教育部為了喚起信徒重視台灣文化以及美又有價值的「父母話」，特別於舉辦「台灣之夜」，當中請牧師蕭福道專講「台語的美與價值」，闡述台語的優美、變化與價值。一位與會者表示今後將珍惜祖先留下來的文化。[78] 不過祖先留下來的台語似乎面臨斷層，第 2010 期《台灣教會公報》的窗口眺望的作者講述到一回與老朋友的聚會，結果對方的三位孩子都不會講母語（即台語），對此表示「母語是文化傳承的靈魂。百年來，我們的母語，一再遭受外來統治者的無情打擊，因為他們知道要消滅台灣文化，必須先從消滅台灣母語下手。」最後強調大家應該保衛母語，並且以母語訴說上帝的作為，化危機為轉機。[79] 1991 年 7 月，牧師顏信星透過長老教會教育委員會出版了《念鄉》詩集，以羅馬拼音寫成的台語白話字書寫台灣先民的生活、民間傳奇、童詩等等，希望「讓在北京話裡成長的下一代，透過這本詩集，了解歷代先祖開荒墾地的血淚歷史，也重溫台灣民間童話、童謠的優美。」[80] 同年 8 月 3 至 5 日，台南東寧、富強、後甲及萬榮華四間教會合辦「我愛府城」兒童夏令營，安排國小學童學習聖經故事、台

76　〈台灣基督長老教會第卅六屆總會通常年會實況〉，《台灣教會公報》，第 1936 期（1989 年 4 月 6 日），第 3 版。

77　〈台語不是「方言」是國語〉，《台灣教會公報》，第 2102 期（1992 年 6 月 14 日），第 19 版「台語特刊」。

78　施翠鎔，〈傳承文化遺產，人人有責 台南台灣之夜獲迴響〉，《台灣教會公報》，第 2021 期（1990 年 11 月 25 日），第 5 版「中會活動」。

79　陳双又，〈用母語訴說上帝的作為〉，《台灣教會公報》，第 2010 期（1990 年 9 月 9 日），第 4 版「普世教會」。

80　吳信如，〈教育事工委員會出版《念鄉》詩集〉，《台灣教會公報》，第 2054 期（1991 年 7 月 14 日），第 7 版「地方教會」。

灣童謠、童玩以及台語,了解鄉土以及增加親子感情。[81]

　　「台灣話」從「中國語言」變成「父母話」、「母語」、「國語」,也成為長老教會致力推廣台灣文化著力明顯與至深之處。「台語」即「國語」在 1990 年代逐漸成為一種普遍的看法,認為「是台灣人就要說國語」,不過亦有人呼籲當心「台灣話」一詞的使用可能也是對其它族群語言的壓迫。[82]

〈二〉台灣人的性格:樸實與俠氣

　　1992 年 7 月 26 日,台北縣新莊市(今新北市新莊區)將無法負荷的垃圾偷偷地運到了彰化縣與苗栗縣,引發社會喧然大波。宋信樂在〈台灣──咱兜的代誌〉認為「中國社會留給我們台灣人很多的遺毒,譬如『各人自掃門前雪,不管他人瓦上霜』的觀念,這是我們從本位主義很直接的反應,看這樣的思想是對還是錯?」[83] 可見台灣人的自私來自中國社會的遺毒。同年 12 月 6 日,舒珊在〈反賄選與改造台灣人的貪婪性格〉一文告訴讀者台灣人原本的性格是什麼。他認為:「台灣人的性格原本涵蘊著冒險、苦幹、樸實及『相疼惜』的精神,唯光復之初,先有二二八事件,菁英盡遭屠殺,遂產生了明哲保身,不過問公眾事務(政治)的自私性格;繼之,國府為掌控政權,勾結地方派系,訴之以利、誘之以財,買票賄選因而橫行鄉里,遂產生了近利投機的貪婪性格。」最後的結論是期望教會能發揮宗教精神,在行動與祈禱中喚醒台灣人的良知,重建台灣人的心靈。[84] 因此前述作者認為在國民黨改變

81　林志明,〈以認識本土文化來宣揚福音〉,《台灣教會公報》,第 2060 期(1991 年 8 月 25 日),第 7 版「地方教會」。

82　〈從「台灣話」的聯想〉,《台灣教會公報》,第 2109 期(1992 年 8 月 2 日),第 22 版「社會,文化」。

83　宋信樂,〈台灣──咱兜的代誌〉,《台灣教會公報》,第 2117 期(1992 年 9 月 27 日),第 14 版「社會‧文化」。

84　舒珊,〈反賄選與改造台灣人的貪婪性格〉,《台灣教會公報》,第 2127 期(1992 年 12 月 6 日),第 13 版「社會‧文化」。

台灣人之前，台灣人的性格是愛冒險、苦幹、樸實的。牧師張學章同樣認為「台灣魂」的本質就是「古意」、「俠氣」。[85]

〈三〉中國文化讓台灣人喪失自信與自尊

　　1993 年 8 月 3 日至 20 日，第 5 屆「信仰與教制普世研討會」在西班牙召開，鄭仰恩以教會公報社特派記者的身分前往參加。會議期間鄭仰恩觀察了西班牙人的性格，認為充滿文化自信與民族自尊，而這樣的自信與自尊是台灣人最欠缺，也是最需要重建的。由於台灣人受外來政權統治數百年，缺乏自信與自尊到極點，「許多人欣慕美日文化，許多人樂於浸泡在中國文化的醬缸裡，卻只有極少數人願意為台灣民族的主體文化盡一點心力。」[86]柏楊以醬缸來形容中國文化，鄭仰恩則認為外來政權的統治使人民樂於沉浸此醬缸中，導致缺乏文化自信與民族自尊。也有讀者借用日本明治維新的經驗反省台灣文化，認為針對當前台灣文化危機所開出的「藥方」就是要「脫中入台」、「脫華入世」、「脫漢入洋」，成為第一流國家的第一流民族。[87]簡言之，只要脫離「中」、「華」、「漢」，台灣文化的危機就可以解除。

〈四〉台灣文化是惡質中國文化的沉澱

　　1995 年年底，曾昌發在第 2286 / 2287 期的《台灣教會公報》發表了一篇〈重建？或重構台灣人的心靈？〉，內容指出台灣有文字以來的四百年史，擁有的只是漢人的奸詐、自私，以及彼此的互相殘殺。接著認為「這樣的過去，難怪陳玉峰教授會認定台灣文化是中國惡質文化的沉澱。也因此，李喬先生會堅決反對『重建』，而提出『建構台灣文

85　張學章，〈由台灣魂談「光照台灣，重建心靈」〉，《台灣教會公報》，第 2324 期（1996 年 9 月 15 日），第 11 版「重建心靈專題」。
86　鄭仰恩，〈個人的朝聖之旅及感想〉，《台灣教會公報》，第 2173 期（1993 年 10 月 24 日），第 8 版「普世教會」。
87　阿樹，〈明治維新對台灣文化前程的啟示〉，《台灣教會公報》，第 2266 期（1994 年 10 月 30 日），第 11 版「父母話特刊」。

化』，也就是在根除中國惡質文化後，從零開始建構一個健康、積極、熱情、浪漫、開闊的海洋文化。」[88] 可見作者認為台灣文化並不需要重建，而是要在去除中國惡質文化後再建立新的文化。也有人表示要用「上帝國的文化」與「耶穌的信息」建立台灣的新文化。[89]

〈五〉台灣文化多元

第 2096 期的《台灣教會公報》刊載一篇文章，當中表示台灣民族是一個形成中的民族，綜合了原住民、福建人、客家人與戰後來的中國人，成為一個新的民族。因此台灣文化也是一個形成中的文化，有日本的海洋文化、中國的大陸文化、荷蘭等歐美的西方文化，充滿活力與變數。[90]

1996 年《台灣教會公報》第 2304 期，羅榮光在〈上帝國宣教與建立台灣新文化〉中引述了戴寶村對台灣史與台灣文化的看法，認為「台灣原本是一個海島國，有多元族群，多元文化的特質，但是在國民黨的大中國中原文化霸權宰制下，國民黨利用對教育內容的控制與大眾媒體的壟斷，採取一切可能的手段，將台灣本土文化邊陲化、卑賤化、工具化，不但各族群的語言被貶抑、文化被鄙視、歷史被忽略……」羅榮光並且認為教會必須與本土的文化、與社運團體緊密地連結起來，多方提倡根植於本土的新文化，培養台灣意識。[91] 對此時的羅榮光來說，台灣不再需要中華民族傳統文化當作基礎了。

---

88 曾昌發，〈重建？或重構台灣人的心靈〉，《台灣教會公報》，第 2286 / 2287 期（1995 年 12 月 24 / 31 日），第 4 版「普世教會」。

89 郭宴弮，〈台灣文化的再思與重現〉，《台灣教會公報》，第 2192 期（1994 年 3 月 6 日），第 14 版「社會・文化」。

90 思英，〈台灣文化的特色〉，《台灣教會公報》，第 2096 期（1992 年 5 月 3 日），第 19 版「台語特刊」。

91 羅榮光，〈上帝國宣教與建立台灣新文化〉，《台灣教會公報》，第 2304 期（1996 年 4 月 28 日），第 11 版「專題」。

〈六〉中國文化害台灣人變現實

　　另外台灣人重現實利益也是中國文化造成的。1998 年 3 月 29 日，林瑞隆〈靈命深度、信仰實踐、與信徒的靈修閱聽文化〉刊載於《台灣教會公報》第 2404 期，內容批判台灣的現實文化。他認為台灣文化的主要成分實際上仍然是漢文化，而幾千年來中國文化呈現的就是重現實利益而輕思考，重於實際而拙於抽象思考。因此「受中國文化遺毒太深的台灣人，未能意識到自己其實是處於得天獨厚的寬闊、開放之海洋環境中……反倒頑固地保守著傳統自大的『中原』心態，而視異文化為『蕃種文化』，這是十分可惜的一件事。」[92]

〈七〉中華文化使台灣人喪失族群意識與缺乏反省精神

　　2000 年 2 月 27 日，第 2504 期的《台灣教會公報》刊載了〈融合、共榮？——族群關係的再思〉的讀者投書，內容敘述台灣社會的「融合」脫離不了一元化的觀點。而戰後台灣的文化內容換成中國文化，結果在政治族群的操弄下，台灣人因而喪失了族群意識，或是因為受到中國文化的影響而自我汙名化，直到近十年才開始重新認識自己，建立新的族群認同。[93] 同年 3 月 12 日總統大選前夕，第 2506 期的《台灣教會公報》一篇〈是非黑白與政治〉則認為「台灣的政治，長期在國民黨政府的掌控和操作下，以及在中國政治權術的思想控制下，早就烏煙瘴氣，政治建設千瘡百孔。」[94] 到了年末，剛卸下總統職位的李登輝於 10 月 31 日在國父紀念館就任長老教會松年大學名譽校長，並且對現場兩千多位牧長同學致詞。李登輝在致詞中表示「中國文化缺乏反省的精神，不會思考罪的課題。他希望透過宗教，讓人思考如何在短暫的

92　林瑞隆，〈靈命深度、信仰實踐、與信徒的靈修閱聽文化〉，《台灣教會公報》，第 2404 期（1998 年 3 月 29 日），第 10 版「台灣神學」。

93　吳理真，〈融合？共榮？——族群關係的再思〉，《台灣教會公報》，第 2504 期（2000 年 2 月 27 日），第 16 版「公報廣場」。

94　林瑞隆，〈是非黑白與政治〉，《台灣教會公報》，第 2506 期（2000 年 3 月 12 日），第 12 版「公報廣場」。

生涯中，發揮人生的意義，即舊我已死，要讓基督的心，在人的裡面復活。」[95]

　　不管是對國民黨的批判，還是認為中國文化遺害台灣，相關的社論、專文在 1990 年代族繁不及備載，本章僅能列舉部分以免成為史料堆砌的綴文。這些文章有些是對時事的反映，有些則只是作者單純表達自己的看法，或是在文中引述他人的意見。姑且不論文章內容符不符合實際的情況，中國文化幾乎成為負面的代名詞，許多人更認為台灣人當下許多陋俗皆來自於漢文化的糟粕，連原本多元、苦幹、樸實等性格都被破壞殆盡，儘管這些與漢文化或是其糟粕未必互為因果。

　　長老教會對台灣國家認同提供了一套非常完整的神學論述，也直接表態於實際的政治場域。[96] 即便如此，該教派同樣確實曾經存在濃厚的中國文化認同，之後再隨著時代脈動逐漸轉向為台灣認同，而不是自始至終皆獨立於國民黨長期壟斷教育與大眾媒體的影響之外。當「我是中國人」變成「我是台灣人」的時候，《台灣教會公報》上的諸多論述亦開始思考、反省到底什麼是「台灣文化」，甚至是書寫所謂的「台灣人性格」與重置「台灣話」的位置，以此做為不同於以往「中國性」的選項。

95　傅恩平，〈李登輝就任松年大學名譽校長〉，《台灣教會公報》，第 2540 期（2000年 11 月 5 日），第 2 版「教會消息」。
96　郭承天，〈宗教與台灣認同〉，《台灣民主季刊》，第 1 卷第 1 期（2004 年），頁171-176。

第七章
結論

　　長老教會普遍認知的台獨形象並非起始於該教派的自我宣告，而是來自教會外部的書寫，特別是對在制度、文化與族群上高度認同中華民國的報刊。這些報刊在〈人權宣言〉發表後不僅製造了長老教會的台獨形象，也越俎代庖地分析長老教會的台獨本質與淵源，成為一種煞有介事的論述。而在台灣民主發展的微妙安排下，長老教會用實際的行動與言論（如中泰賓館事件、美麗島事件與其大審、聲援蔡許案、鄭南榕自焚）「證實」了外界長年的部分論述，至少在台獨立場上是「正確」的。而在公開宣告台獨立場後，長老教會也開始建構〈人權宣言〉的台獨意涵，不僅成為今日被廣為接受的定論，當初發表宣言時所澄清的「誤解」也不再是「誤解」了。

　　儘管長老教會熱衷政治與台獨的形象在 1970 年代晚期大致成形，但是長老教會官方在國家認同立場上的轉移卻有著自己的步調。在發表三大宣言的 1970 年代中，總會年會的議決、文告、活動、《台灣教會公報》的社論等，皆傳達了「反共護教」與「愛國（中華民國）」的論述。在黨國的體制下，支持政府也等於是支持國民黨，兩者沒有太大的分別與動搖。但是在 1977 年〈人權宣言〉發表後，或許再加上「鄉土文學論戰」熱烈討論，「鄉土」、「認同」等名詞開始較頻繁地出現在《台灣教會公報》，諸多的研討會、協議會等也逐漸以「鄉土」、「認同」、「出頭天」等作為討論的主軸，有意或無意地展開了長老教會國家認同的論述工程。例如《台灣教會公報》不時出現要求國民黨政府要認同「鄉土」的呼聲，長老教會也透過諸多會議來討論台灣的現況與未

來，並且將諸多問題的矛頭指向國民黨，以及該政黨長久以來所帶來的影響，慢慢地將「中華民國」與「台灣」區分開來。

　　此外，也不能忽視宗教信仰或神學思想產生的社會處境（social context），社會處境如何決定神學的方向（social determinants），也要留意神學在社會衍生出來的意義（significance）。[1] 因此從政教關係的角度進行觀察，1977 年〈人權宣言〉帶動「鄉土」、「認同」、「出頭天」等論述後，1980 年代「信仰本色化」、「信仰本土化」、「實況神學」、「認同神學」、「鄉土神學」、「出頭天神學」等神學詞彙也應運而生或廣為使用。經過諸多會議討論，1994 年總會通過壽山中會提議的「獨立建國案」，1995 年總會發表〈新而獨立的台灣聲明〉，中間經過了將近 20 年。顯見長老教會官方所呈現出的國家認同立場，在轉移上亦非一朝一夕。

　　蕭阿勤於〈威權統治下的國族認同：隱蔽與公開、連續與斷裂〉一文中提到了 James Scott 所謂的「公開腳本」與「隱蔽腳本」的概念，認為那些處在被宰制關係中的弱勢者，並非完全接受擁有權力的宰制者之意識型態，因此不能單以弱勢者的公開言行舉止來理解其真實立場。[2] 或者是挪用聖經中的形象或典故來描述現實的現況，如美國的黑奴使用摩西、約書亞等角色暗喻對解放的期待。[3] 因此長老教會在 1970 年代的「中國」認同與對蔣介石的讚許未必全然發自內心，也不能完全排除威權時代的無奈，包含事後澄清〈人權宣言〉與台獨無關的聲明當然也有可能出自同樣的原因。但是這樣的邏輯並不能夠全然解釋長老教會在 1970 年代在《台灣教會公報》上所有關於國家與元首認同的「公

1　邢福增，《當代中國政教關係》（香港：建道神學院基督教與中國文化研究中心，2005 年），頁 5-6。

2　蕭阿勤，〈威權統治下的國族認同：隱蔽與公開、連續與斷裂〉，《思想 4，台灣的七十年代》，頁 149-157。

3　James C. Scott, *Domination and the Arts of Resistance*. (New Haven and London: Yale University Press, 1990), p. 158.

開腳本」，那些因為中華民國被逐出聯合國而感到憤怒的文字、那些前往參加蔣介石祝壽大會的人們，以及因為蔣介石逝世而哀哭、進入追思禮拜的信徒，不應該被簡單化約為不能盡信的「公開腳本」，更何況部分〈人權宣言〉的起草人，他們也都參與在這些「腳本」當中。因此〈人權宣言〉發表的當下，長老教會是否能清楚地將制度認同與文化認同、族群認同等論述切割開來處理，也就是「左手擁抱中華，右手支持台獨」？本書的答案偏向否定。儘管〈人權宣言〉帶動了認同鄉土的熱潮，但是認同鄉土與主張台獨未必能畫上等號。[4]

　　一般在論述長老教會與台灣民主的發展淵源上，相較於高俊明、蔡有全等長老教會人士，鄭南榕其實是被忽略的。這並非意指長老教會忽略鄭南榕的自焚，當時不僅嘉義中會曾率牧師團關懷其遺族，《台灣教會公報》也花了不少期數與篇幅刊登相關的消息。但是因為鄭南榕並未受洗，所以長老教會似乎是站在「他者」的角度看待鄭氏的自焚，視之為自身以外的台灣社會事件。但檢視《台灣教會公報》上的論述，鄭南榕的離世是〈人權宣言〉中「新而獨立的國家」的詮釋從「自決」加值為「台獨」的關鍵，甚至改口當初〈人權宣言〉發表的目的就是支持台灣獨立，相關言論更是如潰堤般四處奔流。事實上，〈人權宣言〉從 1977 年發表後就再也沒有人更動過它的內容，「新而獨立的國家」這句話也同樣經過了 1970、80、90 等年代，至今也進入了 21 世紀。文本的最大特色就是任何人都可以用自己的角度加以解讀，甚至在作者脫手後連自己本身也無法駕馭。所以如果從這一點來看，〈人權宣言〉確實是活生生的文本。就各方的解讀而言，國民黨政府對此感到不安、大中國意識較強烈的團體認為〈人權宣言〉就是主張台灣獨立，黨外人士因此將長老教會視為盟友；國際團體如西德教會也致函長老教會，表

4　王昭文，〈喊台獨之外——長老教會的政治關懷演變〉，《新使者雜誌》，第 75 期（2003 年 4 月），頁 55-58。

示支持宣言，呼籲強權認清台灣人民祈求獨立的願望；[5] 來自中國的出版品則表示〈人權宣言〉借用了台獨派的理論，暴露了「長老教會狹隘『本土化』的極端發展——『台獨』走向」。[6] 而身為作者群的長老教會，同樣也出現對〈人權宣言〉前後解釋不一的情況，而這樣的改變取自於〈人權宣言〉與台灣社會的雙向互動。簡言之，〈人權宣言〉確實影響台灣社會，但是台灣社會同樣也會反過來影響〈人權宣言〉。「新而獨立的國家」不斷進出各種時空及場域，不僅豐富了台灣的民主，同時也豐富了自己的內容。本書的焦點不在討論〈人權宣言〉對台灣民主的貢獻程度，也不是否定長老教會向國家建言而遭受的際遇，而是關懷「現在」的長老教會對於〈人權宣言〉與其歷史背景的詮釋方向。筆者認為〈人權宣言〉發表的當下，長老教會整體國家認同並未轉向，其台獨成分並不高。而這裡可以再延伸一個問題，即長老教會總委會、總會與北部大會接納〈人權宣言〉的理由是因為「理解」該宣言並非要求台灣獨立，而是基於愛國、愛鄉土而向政府提出真實的建言。既然接納的理由是因為愛鄉、愛國而非台獨，那麼總委會、總會與北部大會在議事邏輯上根本就是否定了〈人權宣言〉的台獨意涵，並且將如此議決公諸於世。除非在場投票的議員與廣大信眾皆心知肚明，「否認台獨」為了「日後台獨」而暫且隱忍，但筆者並不傾向如此解釋，只是長老教會迄今似乎較少注意這個矛盾。

　　此外，有一批公認較為傾向國民黨政府立場的牧師（如陳溪圳等），他們曾經主導著長老教會的政治走向，但今日已被定位成長老教會追求民主與獨立的「反動者」。高俊明曾表示，長老教會裡面也有不少人反對〈國是聲明〉，「因為當時我們教會內的菁英有很多都是加入國民黨的人；因為那時候是國民黨一黨專制的時代，你要做公務員，或

5　宋泉盛，《出頭天：台灣人民自決運動史料》（台南：人光出版社，1998 年），頁160-161。

6　林國平主編，《當代台灣宗教信仰與政治關係》（福州：福建人民出版社，2006年），頁 285-286。

做什麼事業，假若沒有得到國民黨的同意或肯定，根本沒有辦法做什麼事。所以在教會內就有人加入國民黨，我們非常瞭解、同情他們的處境。」[7] 而在〈人權宣言〉發表前夕，國民黨「加緊利用比較親近國民黨的牧長先發制人，又自行批評總會，要求禁止牧師不可做某些事情，或要求某些長執遠離總會。」[8] 這似乎是在說明，反對〈國是聲明〉與〈人權宣言〉是基於專制時代的無奈，但這樣的看法依舊跳脫了當代黨國不分的國家認同脈絡。而或許這一些牧師們樂於與政府保持親密的關係（與其在日治時期的言行如出一轍），但他們同樣也是長老教會的成員，只能說長老教會並非鐵板一塊。何況在《台灣教會公報》中對中華民國制度與文化與認同的言論，以及哀哭於蔣介石紀念禮拜的信眾，這並非「哪一群」牧師能夠運作的。這些牧師或許可以主辦紀念禮拜，但信徒掉下的眼淚則是黨國長期壟斷教育資源與大眾媒體下的教化產物，雖有爭議但也代表其當下的國家認同。

不過長老教會確實因為 1970 年代的三個宣言受到執政當局的刁難與恐嚇，例如情治單位的關切、牧師出國受阻、台語聖經被沒收、《台灣教會公報》郵遞後卻經常遺失等等。[9] 不過事實上，國民黨政府在戒嚴時期對人民或團體的打壓未必只有台獨一條罪名，長老教會跟政府的摩擦未必與台獨存在絕對的因果關係，甚至早在 1960 年代就因為普世教協「容共」與否而埋下伏筆。

離開具高度政治敏感的〈人權宣言〉，《台灣教會公報》視角下的孫文可以從基督徒認同、國家認同與時事評論等三個角度切入討論。暫且不論基督教信仰對孫文的影響，但至少《台灣教會公報》對孫文的基

7　杜英助，《熱愛台灣行義路：高俊明牧師訪談錄》（台北：台灣基督長老教會總會，2012 年），頁 136。
8　杜英助，《熱愛台灣行義路：高俊明牧師訪談錄》，頁 138。
9　例如高俊明表示王昇常主動到各軍隊抹黑長老教會是叛亂團體，直指高俊明是最壞的叛徒，因此曾有受王昇在軍中言論影響的弟兄在退伍前表示：「退伍後我們一定要把高俊明暗殺掉」。參見杜英助，《熱愛台灣行義路：高俊明牧師訪談錄》，頁 135-136。

督教信仰很是歡喜，因為大致上都會連結其基督徒身分，甚至是強調三
民主義就是源自於基督教信仰的啟發。如果孫文是位佛教或回教徒，那
孫文在《台灣教會公報》應該就不會有這麼多篇幅了。這樣的認同橫跨
了 1970、1980 與 1990 年代及 2000 年之後等多個世代，差別只在於用
字遣詞的不同與出現次數的多寡而已，可見信仰是《台灣教會公報》對
孫文最主要的認同處。不過基督信仰認同並不僅限於孫文，只要是基督
徒的名人都有機會，哪怕是蔣介石也一樣。例如 1974 年 10 月 27 日，
《台灣教會公報》在頭版向蔣介石祝壽，該版一處「按」稱蔣介石與
其夫人都是虔誠的基督徒，在危難中也不忘讀經禱告，因此「願我們
以誠心為這位精誠的基督徒祝壽，也為我們多難的國家禱告，求主幫
助。」[10] 如果認為政治太嚴肅，那換個議題同樣可以找到類似的情況。
2010 年 6 月，台灣網球好手盧彥勳打進了英國溫布頓網球錦標賽（The
Championships, Wimbledon）的八強賽，在歸國後的隔天（7 月 3 日）
召開記者會，藉著媒體強調今日的殊榮都要感謝上帝。基督教信仰對盧
彥勳的幫助是一回事，而第 3045 期的《台灣教會公報》將這消息放在
第 2 版，或許正是他身為長老教會的青年而更值得報導。[11] 因此長老教
會身為基督教團體，有一位獨一無二的基督徒「國父」，不論國家認同
怎麼轉換，對其基督徒的認同或多或少依舊存在。

　　在評論時事方面，《台灣教會公報》自 1973 年改版後不僅對台灣的
時事有更敏銳的觀察，1979 年起更以「時代的米該雅」自我期許。由
於 1970 年代台灣尚處於威權時代，不少時事評論的作者採取筆名或不
署名的方式在《台灣教會公報》發表文章，1978 年 6 月起開始的曠野
之聲即為一例。[12] 曠野之聲的主要作者是當時任教於台南神學院的王憲

10　〈欣逢 總統八秩晉七華誕 三千基督徒齊集祝壽 恭祝 總統政躬康態萬壽無疆〉，
　　《台灣教會公報》，第 1183 期（1973 年 11 月 4 日），第 1 版。
11　邱國榮，〈盧彥勳堅持夢想 榮耀歸上帝〉，《台灣教會公報》，第 3045 期（2010 年
　　7 月 5 日 -11 日），第 2 版「教會消息」。
12　高俊明等著，《台灣新而獨立的國家：台灣基督長老教會人權宣言聖經與神學論

治牧師，其經常引用孫文來評論時事，其中以 1980 年代為最。這或許可以理解為以「孫文之矛攻國民黨之盾」的策略，因為孫文身為國民黨的「神主牌」，因此不管是政治、經濟、外交、教育等等，都在「孫文之矛」的「使用範圍」內。以事後的角度來看，這樣的策略似乎是成功的，因為長老教會與《台灣教會公報》從來就沒有因為「對國父言行的引用失當」而遭國民黨政府騷擾或查扣，王憲治應可被推論為「孫文之矛」主要且戰鬥力十足的「持矛攻擊手」。

1987 年台灣解嚴，孫文在《台灣教會公報》出現的次數便開始減少，到了 2000 年以降幾乎消聲匿跡，其原因大致有二。第一，解嚴後台灣的言論自由逐漸開展，已不需要藉著孫文拐彎抹角地批評國民黨政府；第二，長老教會的國家認同已逐漸轉向，孫文不再是「國父」，只是一位逝世的基督徒政治人物，因此也降低了連結的動機。況且日後長老教會連高喊台灣獨立都不懼怕，也難怪《台灣教會公報》不需要孫文做先鋒了。在國家制度認同論述方面，1970 與 1980 年代《台灣教會公報》還是普遍稱呼孫文為「國父」，大致上要到 1990 年代之後該尊號才逐漸被拿掉，甚至開始質疑其「國父身分」對台灣的正當性，並且呼籲除去孫文與蔣介石的政治銅像。

由於國家認同存在緩慢的建構過程，長老教會也不例外，但重點在於轉換的過程並不絕對清晰，也很難畫下一條清楚的分界線。事實上連所謂的外省族群，在 1980 年代末期開始也逐漸出現了「外省人的台灣趨向性」，即使有些外省人不容易承認他們的國家認同已經有台灣這個部分。[13] 從統計數據來看，自認是台灣人的比例在 1992 年是 19.7%，到了 2000 年則上升至 45%；自認是中國人的比例則由 44% 下降到 13.9%。[14] 或許 1970、1980 年代《台灣教會公報》尚稱孫文為國父是由

述》（台北：台灣基督長老教會總會信仰與教制委員會，2007 年），頁 64。

13　高格孚，《風和日暖：台灣外省人與國家認同轉變》（台北：允晨文化，2004 年），頁 143。

14　施正鋒，《台灣人的民族認同》，（台北：前衛出版社，2000 年），頁 4。

於威權時代的統治，但依舊不能迴避國民黨政府長期教化下的國家認同，因此「國父」稱號的消失應是言論自由進步與國家認同轉變兩者共同產生的現象，但至少孫文在《台灣教會公報》上「安全下莊」。反觀蔣介石就沒這麼幸運了，隨著威權時代的過去，人民開始公開檢視蔣介石在台灣的所作所為。1975 年 4 月 5 日蔣介石逝世，長老教會總會議長王南傑發函各教會追思這位偉大的領袖，但 1990 年 6 月的《台灣教會公報》已經形容蔣介石是「屠夫」了。[15] 蔣介石對台灣的功過並不在本書的討論範圍內，但他確實需要面對他在台灣歷史上的作為，其與孫文之間的落差值得省思。

　　再論《台灣教會公報》上的文化、族群認同論述的轉向，盧建榮在《分裂的國族認同：1975-1997》一書中以小說作為分析文本，並輔以報紙時事，細膩剖析了 1975 年至 1997 年台灣的國族認同演變。盧建榮認為文化菁英往往透過「歷史代現」（historical representation）的方式宣揚他們的歷史理念，小說則是這類菁英呈現歷史建構、從而表達族群認同最有效的文本之一。[16] 小說是作者所建構出來的世界，讀者得以藉此窺視作者的內心，因此許多學者（特別是文學）皆從小說作者的論述中去尋找作者的自我認同。但長老教會是一個龐大的群體，少數人的訪談口述與自傳難以一窺整體教會國家認同的轉換過程，況且口述歷史與自傳較難脫離後設敘述的影響。因此本研究著重於論述的「當下」，任何作者表達「我們中國人」以及告訴讀者「我們中國人的歷史」、「我們中國人的特色」的時候，其同時就是在進行「歸屬」的敘述。而當面對外國人或是異地旅遊時，則發揮了「確認」的敘事功能。蕭阿勤從 Karl Mannheim（1893-1947）的世代研究角度切入戰後受國民黨完整黨國教育的知識分子，指出台灣在二次大戰結束後出生的世代，其深受中國民

15　〈故總統 蔣公崩殂 議長通告教會追思〉,《台灣教會公報》，第 1206 期（1975 年 4 月 13 日），第 1 版；窗口眺望，〈民主政治的重柱──輿論媒體〉,《台灣教會公報》，第 1999 期（1990 年 6 月 24 日），第 4 版。

16　盧建榮，《分裂的國族認同：1975-1997》（台北：麥田出版：1999 年），頁 18。

族主義取向的歷史敘事影響，懷抱著相當程度的中國國族認同。因此該世代的公開言論一定程度上足以反映某種真實情感與認同，不然無法將活躍於 1970 年代知識分子的世代認同、政治投入，及其誠懇、激情的歷史敘事聯繫起來。[17] 王甫昌則引用了美國 1920 年代移民經驗，說明國民黨政府以單向的「教化」方式，使「台省民眾」至少在認同上，先接受中國為自己的祖國，以及能以「國語」進行溝通為目標。而站在執政者的立場，認同及文化上的同化乃是中國化的主要內容。[18]

　　因此綜合蕭阿勤與王甫昌的研究，以及筆者從敘事認同理論切入《台灣教會公報》中的國家認同敘事，本文列舉的「中國人」、「中國文化」似乎不是「威權」與「工具論」可以解釋的。但是長老教會不是忽略了黨國教育對國家認同的積極作用，就是將自己描繪成精明的工具論者，有著兩套面對政府與真實自我的不同腳本。如此論述在《台灣新而獨立的國家：台灣基督長老教會人權宣言聖經與神學論述》一書中再次表露無疑，忽略了 Karl Mannheim 所強調，任何意識型態都會受到特殊的時代背景制約。[19] 儘管不能否認威權統治對言論自由的壓迫，但是本書列舉 1970 年代許多族群與文化的自我論述，多與生活有關而無涉敏感的政治。例如年節習俗、異鄉的經驗或生活表述，當中都可以感受到對中國族群與文化的直接認同。所以將〈人權宣言〉的台獨呼籲置於 1970 年代這一片濃厚的中國族群與文化認同中，等於是斷裂了其與制度認同的脈絡，衝突、矛盾且難以令人信服。

　　《台灣教會公報》的中國味進入 1980 年代之後逐漸呈現曖昧且交錯的轉變，文化與族群認同開始移位，國史也從「五千年」縮水至「四百年」。不過這樣的轉向並沒有一個明確的時間轉捩點，在 1987 年

17　蕭阿勤，〈威權統治下的國族認同：隱蔽與公開、連續與斷裂〉，《思想 4，台灣的七十年代》，頁 149-157。
18　張茂桂等著，《族群關係與國家認同》（台北：業強出版社，1993 年），頁 65-71。
19　黃瑞祺著，《曼海姆：從意識型態論到知識社會學詮釋學》（台北：巨流圖書，2000 年），頁 99。

的《台灣教會公報》中也曾出現從台灣本位史觀與中國近代史觀進行自我表述的兩種不同立場。鄭欽仁在 1983 年提出「台灣主體性」的歷史概念，認為關鍵在於以台灣人民的觀點敘述台灣史，同時使其回歸世界史的進程內。[20] 但究竟這樣的說法何時發酵於台灣社會，並且進入《台灣教會公報》的論述中，這是相當難追蹤的。不過關於台灣史「四百年」這個數字或許有較明確的來源，畢竟史明的《台灣人四百年史》不僅出版甚早，書名亦具有一定程度的代表性，儘管這也只是推測。

到了 1990 年代，長老教會官方的國家認同立場大致底定，《台灣教會公報》上所論述的中國文化不僅變「外來文化」，更晉升遺害台灣的罪魁禍首，並且將國民黨視為台灣「中國化」的幫兇，該黨也等同於負面中國文化的總代表。於是乎時下台灣社會的陋規、政治風氣的敗壞、甚至是社會案件都可以算在中國文化的帳上，彷彿只要脫去中國文化的遺毒，台灣社會就可以脫胎換骨。類似這樣的說法自然也不只是出現在《台灣教會公報》上，例如《台灣新生報》發行人連根藤在 1993 年《中國人的真面目》一書，從其自我觀察與旅日的經驗道盡中華文化的的缺陷，甚至說中華思想就是中國（中華人民共和國）的病根。雖然主要的討論對象是對岸，但在最後一章也提到「台灣因為鄭王朝與蔣介石國民黨政權的統治，帶來極深的漢化。」也表示台灣在經濟、民主等方面的成就是台灣民眾自己的努力成果，而不是由「中華思想化身的國民黨政權所帶來的」。[21] 鄉土文學作家楊青矗（本名楊和雄）也在 2012 年出版了《殨屎中國文化——消除骨灰罈魔咒》，以個人的生活感受評論中國文化的落伍與野蠻、中華民族的劣根性、中國統治的專制。[22] 由於《台灣教會公報》在 1990 年代後對中國文化持負面的論述，學者也將

20　莫達明著，郭亮廷、周伶芝譯，〈台灣本土史學的建構與發展（1972-2004）〉，《思想》，第 16 期「台灣史：焦慮與自信」（2010 年），頁 61。

21　連根藤，《中國人的真面目》（台北：前衛出版社，1995 年），頁 201-202。

22　楊青矗，《殨屎中國文化——消除骨灰罈魔咒》（台北：敦理出版社，2012 年），頁 11-15。

長老教會歸於戰後堅持己見，尖銳批判中華文化的案例。[23]

戰後壟斷性的政治權力既然是建立在殖民與威權的相互支持上，那麼對國民黨統治的反抗就必然要反威權同時也反殖民。因此在反威權中，國民黨集團首先被視為要反的對象，反殖民則是以台灣文化的重建來取代中國或中華文化。[24] 因此當中國文化被當成外來文化之後，也啟動了對台灣文化本質與其重建的討論。正如同張茂桂借用 Clifford Geertz（1926-2006）對民族主義兩難的理解，一是強調本質的內容、區域性與共同體的內聚力，比如傳統文化、語言的復振與執著，因此較容易產生排它性；二則重視創新，也就是站在歷史向前發展的立場，聚焦於整合與泛區域性的公民教育與國家意識。[25] 而不論是前者與後者，都可以在 1990 年代的《台灣教會公報》上找到相關的論述，只是前者基本上多於後者，也就是認為台灣社會或台灣人具有一定程度的「原始性格」。顯然「本質論」似乎佔了上風，這應該也是在「本質化」了中國文化後，再「本質化」屬於自己的台灣文化，並以此進行「追尋」或是「打造」的工程。

總地來說，長老教會確實存在著一段制度、文化、族群認同從「大中華」出走至「台灣國」的過程，但是這樣的過程並未廣泛引起研究者的注意，多半是僅以歷史的後設觀點來詮釋，停留在 1977 年〈人權宣言〉的台獨肇始論。傅柯（Michel Foucault，1926-1984）在《詞與物》一書對西方文化進行「考古」，從各種「知識」的根基處試圖找到令其得以可能的條件與脈絡，以及「知識」在特定時代中的建構規則。[26] 因此後現代歷史學不僅展現對後設敘述的懷疑，也認為過去是可以無限地

---

23 黃俊傑，《戰後台灣的轉型及其展望》（台北：中正書局，1995 年），頁 29。

24 施正鋒，《台灣國家認同》（台北：國家展望文教基金會，2005 年），頁 45。

25 張茂桂等著，《族群關係與國家認同》，頁 22。

26 費德希克・哲霍著，何乏筆等譯，《傅科考》（台北：麥田出版，2006 年），頁 70-73。

被重新描述的，並且強調歷史是一種可以被解構的文字論述。[27] 李維史陀（Claude Lévi-Strauss，1908-2009）藉由人類學家處理原始部落神話的經驗，認為神話與歷史之間絕非涇渭分明，兩者之間還存在著一個中介的層次，正如同生活當中需要面對不同的歷史學家所書寫之不同的歷史敘事。[28] 就後現代歷史學的角度或是人類學家的研究成果來看，長老教會在台獨立場與國家認同的自我建構存在過多的後設敘事，但建構出來的結果至今仍廣為該教派與學界所接受。

長老教會長期以來對台灣宣教、醫療、教育與民主的貢獻有目共睹，而〈人權宣言〉也確實豐富了當代的鄉土論述，「新而獨立」一詞更成為台灣民主發展史上的重要文本。但該教派解讀歷史的後見之明不僅失去了解自我的空間，更讓歷史事實逐漸被建構為政治神話，無意間築起一道區分「本省」與「外省」、「獨立」與「統一」之間的大牆。倘若長老教會能正視本身曾經存著中國（或中華民國）在「制度」、「文化」與「族群」上的認同，進而與社會大眾分享其轉換過程與心靈點滴，相信更能促進外界甚至是對岸對長老教會的了解，對發展宣教事工與促進族群和解亦有所助益，繼續宣揚上帝的福音。

---

27 凱斯・詹京斯著，賈士蘅譯，《歷史的再思考》（台北：麥田出版，2006 年），頁 178-192。

28 李維史陀著，楊德瑞譯，《神話與意義》（台北：麥田出版，2010 年），頁 62-74。

附錄一
台灣基督長老教會對國是的聲明與建議

　　台灣基督長老教會總會常置委員會，鑑於可能嚴重地威脅台灣地區全民生存的當前國際局勢表示深切的關懷。秉著耶穌基督是全地的主宰，公義的審判者，也是全人類的救主之信仰，我們代表廿萬基督徒也願意代表我們同胞的心聲作如下的聲明與建議：

一、向國際的聲明

　　現居台灣的人民，其祖先有的遠自幾千年前已定居於此，大部分於兩三百年前移入，有些是第二次世界大戰後遷來的。雖然我們的背景與見解有所差異，可是我們卻擁有堅決的共同信念與熱望——我們愛這島嶼，以此為家鄉；我們希望在和平、自由及公義之中生活；我們絕不願在共產極權下度日。

　　我們對尼克森總統即將訪問中國大陸的事甚為警惕。有些國家主張將台灣歸併中共政權，也有國家主張讓台北與北平直接談判。我們認為這些主張的本意無異於出賣台灣地區的人民。

　　我們反對任何國家罔顧台灣地區一千五百萬人民的人權與意志，只顧私利而作出任何違反人權的決定。人權既是上帝所賜予，人民自有權利決定他們自己的命運。

二、向國內的建議

　　最近我中華民國在聯合國成為國際間政治交易的犧牲品是有目共睹

的，依此情勢繼續發展，我們恐難免於像東歐諸國被共產極權壓迫的悲慘遭遇。為此我們呼籲政府與人民更加把握機會伸張正義與自由並澈底革新內政以維護我國在國際間的聲譽與地位。

　　最近政府一再強調起用新人，所以我們切望政府於全國統一之前，能在自由地區（台、澎、金、馬）作中央民意代表的全面改選，以接替二十餘年前在大陸所產生的現任代表。例如德國目前雖未完成全國統一，但因西德臨時制憲使自由地區人民得以選出代表組成國會，此例可供我政府之參考。該國雖未成為聯合國會員卻因這種革新政體而贏得國際上的敬重。

　　我們相信這種革新與改進必能使國際人士及本國人民感到確有公義的保證和內在的和諧。

台灣基督長老教會
總會議長　劉華義
總幹事　高俊明
一九七一年十二月廿九日

附錄二
我們的呼籲

本文由總會常置委員會於一九七五年十一月十八日議決通過，接納為我教會的立場。

自從一九七一年台灣基督長老教會發表國是聲明後，曾引起國內外人士之重視與熱烈的反應。國是聲明之發表乃基於我教會對國家命運之關心。儘管有部分人士對國是聲明加以誤解與抨擊，然而我教會仍憑信仰良心以告白教會之堅定信仰。幾年來，我教會一直堅持國是聲明的原則與信念，一再主張任何世界強權不得宰制我國家之命運。唯有我們自己的人民才有權利決定自己之命運。我教會也迄未曾改變初衷，深信唯有澈底實施憲法，革新政治才能建立符合民主精神的政府。我教會從不鬆懈為達此目標而努力。

時局變化莫測，我國家正陷於外交孤立，面臨世界經濟危機之際，教會不該苟且偷安，放棄先知的職責。我們知道若只有歌功頌德，實不足以表達教會的愛國心，也無法協助政府解除當前之困難。惟有以愛心說誠實話，積極關心我國政治前途，才能協助建立開放、民主、公正、廉能之政府。

鑒於國家正處危急存亡之秋，教會更應擔負起國家存亡之責任，坦誠地向政府表明我教會的立場，提出對國是之意見，同時呼籲教會摒棄本位主義的心理及祇重視個人得救的觀念。為了挽救國家的危機應精誠團結，成全教會為維護公義、自由、和平的任務，使教會堪稱時代的基督忠僕。

　　因此，我們呼籲政府重視下列幾項與國家命運息息相關的問題，並促請政府接納我們之建議：

一、維護憲法所賦予人民宗教信仰之自由

　　在自由世界各國的人民都享有充分的信仰自由。尤其每一個人應享有自由使用自己的言語去敬拜上帝，以表達個人的宗教信仰。

　　不幸，聖經公會所印行之地方語言之聖經竟遭查扣取締，此事件發生後震驚海內外。有關當局以方言聖經構成違反推行國語政策為由加以取締。然而，一國之政策絕不能抵觸憲法之基本精神。如今，雖經數度交涉已發還舊版白話字聖經，然而我們陳情政府為維護憲法上的信仰自由，發還新譯白話字聖經，並准予繼續出版任何語言之聖經。

二、突破外交孤立困境

　　自從我政府退出聯合國之後，我國外交突陷孤立困境。現在政府正鼓勵民間各界積極推展國民外交，以促進文化、經濟的交流。故我政府應該准許教會自由參加普世教協等國際性教會組織，我們不能因世界教會組織中少數不同之意見，而放棄參與國際性教會組織的機會。

三、建立政府與教會間之互信互賴

　　不可否認的教會是協助國家進步安定的一股強大力量。政府與教會之間應保有互信、互賴之精神。互信與互賴之關係乃建立在彼此尊重之基礎上。

　　我們建議政府應與教會當局取得直接關係，彼此坦誠就國家前途與社會的改革交換意見，才能促進教會與政府間之互信與互賴。

四、促進居住在台灣人民的和諧與團結

此時此地，不應有省籍黨籍之分別，分黨結派，破壞團結，導致不幸與分裂。面臨當前困難局勢，只有同舟共濟，才能挽回危機。為了消除省籍黨籍之差異不應存有彼此之優越感。國民應享有權利與義務平等之機會。我們畢竟是同住在這一塊土地上生活之同胞，所以應以互諒互助及互相接納的態度對待。

五、保障人民的安全與福利

台灣經濟快速成長發展，固然帶來了社會繁榮，也帶來了人性墮落，道德頹廢，公害猖獗，貧富懸殊，治安問題益形嚴重。教會基於保護人權與維護人性尊嚴之使命，呼籲政府加強社會發展，針對社會風氣之敗壞、貧窮、貪汙、治安及公害諸問題，採取有效措施以保障人民之安全與福利。

為了負起教會的時代使命，我們也呼籲教會注視當前所面臨之問題，我們祈求聖靈幫助我們，引領我們，使教會真實發揮先知與祭司的角色。

一、發揚誠實與公義之精神

教會身處困境，常常失去了誠實的良心，極力避免得罪別人，怕惹麻煩，因此對社會公義的問題缺乏敏感，只是企圖顧全自己利益。教會最感痛苦的一件事是昧著良心說謊話，教會如果缺乏誠實與公義將導致癱瘓。基督的精神無時無刻成為我教會反省之原則。

二、促進教會內部的團結與堅守教會立場

近幾年來教會的不斷分裂威脅到教會整體的生存，分裂主義的思想

深深地滲透教會，嚴重危害教會團結。教會針對內部紊亂的實際問題，必須重視秩序的遵守及法規的維護。我們主張任何破壞教會秩序與團結之行為必須受到嚴厲制裁。

造成教會混亂的現象乃由於教會失去了正確的信仰立場。我教會的傳道人與信徒由於信仰立場不堅，對自己教會失去認識，常常受到其他團體擺布，這種任人擺布的結果往往是由貪小便宜之心理所造成的。教派間之互助合作是理所當然的。但是我們必須先認清自己的原則，顧及教會的秩序與法規。而且教會之合作必須基於互相的尊重才能達成。

三、謀求教會的自立與自主

教會經過一百十年的歷史，雖然在地方教會已達到自立的成果，但整個總會來說，我們仍然是「接受的教會」。今後我們應努力從接受的教會轉變為「給予之教會」。教會的自立不僅限於經濟，尤其在宣教上我教會應從依賴差會的時期進入到自立互助的時期，藉著互助的關係我教會始能體驗分擔世界教會的責任。教會必須把握其應有之自主性，站在超然的立場，宏揚上帝的公義並維護自由與平等。

四、建立與全世界教會密切的關係

教會之所以分裂，乃是由於缺乏普世教會之信念，按我教會信仰告白我們相信教會是聖而公的教會，全世界教會應該尊重異己，彼此接納，達成合一的理想。

近年來有某些教會人士從事破壞我教會與世界教會之關係。我們呼籲教會嚴密注意這種破壞教會合一的行為。同時對於這種破壞行動應加以阻止與譴責。

今後我教會為達成與世界教會之關係更應計劃促進與世界教會在各方面交流之工作，增進教會彼此間之了解與互助。

五、關心社會的公義問題與世界問題

　　教會必須成為公義、真理的僕人，教會存在的目的也是為達成傳達上帝愛的信息，因此，教會必須憑著赤誠的愛心進入到社會現實生活，藉服務改變社會的現況。

　　今天的世界充滿著不義及戰爭的恐怖。由於人類的自私造成世界人類莫大的痛苦。世界飢餓問題、人口問題及人權問題仍急待關心與解決。我教會與全體教會站在同一線上伸手相助，使上帝的愛真正普及於世。

　　在此時代，教會無法保持緘默，坐視世界之沈淪，教會除了參與傳揚福音使人悔改信主之外，必須表達對整個國家社會及全世界人類的關懷，才不辜負上帝所交託之使命。

台灣基督長老教會

總會議長　王南傑

總幹事　高俊明

一九七五年十一月十八日

附錄三
台灣基督長老教會人權宣言

　　本教會根據告白耶穌基督為全人類的主，且確信人權與鄉土是上帝所賜，鑑於現今台灣一千七百萬住民面臨的危機，發表本宣言。

　　卡特先生就任美國總統以來，一貫採取「人權」為外交原則，實具外交史上劃時代之意義。我們要求卡特總統繼續本著人權道義之精神，在與中共關係正常化時，堅持「保全台灣人民的安全、獨立與自由」。

　　面臨中共企圖併吞台灣之際，基於我們的信仰及聯合國人權宣言，我們堅決主張：「台灣的將來應由台灣一千七百萬住民決定。」我們向有關國家，特別向美國國民及政府，並全世界教會緊急呼籲，採取最有效的步驟，支持我們的呼聲。

　　為達成台灣人民獨立及自由的願望，我們促請政府於此國際情勢危急之際，面對現實，採取有效措施，使台灣成為一個新而獨立的國家。

　　我們懇求上帝，使台灣和全世界成為「慈愛和誠實彼此相遇，公義和平安彼此相親，誠實從地而生，公義從天而現的地方。」（聖經詩篇八五篇十至十一節）

台灣基督長老教會

總會議長　趙信愨（出國中）

總會副議長　翁修恭（代　行）

總會總幹事 高俊明

一九七七年八月十六日

附錄四

祖國的模樣：戰後初期台灣基督長老教會的中國論述 *

一、引言

　　台灣基督長老教會（以下簡稱長老教會）在今日依舊高舉獨立建國的大旗，不僅自認是台灣島內首先公開台獨立場的團體，更以「自始至終」堅持本土的立場為傲。但受限威權的高壓統治，至 1970 年代晚期長老教會方能揭露其本土與台獨的立場，這是學界與社會大眾目前所接受的觀念。[1] 簡言之，1949 年後威權統治的出現是長老教會被迫隱藏其本土立場的主要因素，但是當 1945 年台灣「光復」之際，長老教會同樣歡迎的「祖國」的到來，喜迎中華的立場與今日大相逕庭。本文主要探討 1945 到 1949 年，長老教會對「祖國」的論述與體驗，還原該教派當下對於「光復」的理解，提供研究戰後長老教會之另一參考面向。

二、喜迎新時代

（一）長老教會的「光復頌歌」

　　1945 年 8 月 15 日，昭和天皇透過廣播宣佈無條件投降，第二次

---

*　本文初稿曾於 2017 年 6 月 17 日在香港浸會大學舉辦之「第 10 屆近代中國基督教史國際學術研討會『內戰時期的中國教會』」中宣讀。

1　高俊明等著，《台灣新而獨立的國家：台灣基督長老教會人權宣言聖經與神學論述》（台北：台灣基督長老教會總會信仰與教制委員會，2007 年），頁 177、292。

世界大戰結束，日本也失去了統治台灣的正當基礎性。[2] 1945 年 9 月 2
日，盟軍統帥麥克阿瑟（Douglas MacArthur，1880-1964）頒布《一般
命令第一號》（General Order No. 1），裡頭「舉凡在中國（滿州除外）、
台灣及法屬印度支那（中南半島）北緯十六度以北部分的前日軍指揮官
與一切海、陸、空及後備部隊，均應向蔣介石總統投降。」該指令成
為中國政府進駐台灣的依據，同年 9 月 22 日也公布的《台灣省行政長
官公署組織條例》，確定接收台灣的態勢。[3]1945 年 10 月 17 日，國民
政府的軍隊與行政長官公署的官員抵達台灣，在人民的歡呼聲中進駐以
台北為首的各地機關，10 月 25 日在台北公會堂（今中山堂）舉行受降
典禮，正式宣布台灣編入中華民國。[4]而早在接收人員尚未正式進駐之
前，時任台南師範學校的教師陳保宗就做了一首〈歡迎歌〉，並由該校
音樂教師周慶淵譜曲，迅速紅遍全台。

> 台灣今日慶昇平，仰首青天白日清，六百萬民同快樂，
> 壺漿簞食表歡迎，哈哈！到處歡聲，哈哈！
> 到處歡聲，六百萬民同快樂，壺漿簞食表歡迎。

當時由嘉義教會「疏開」至路麻產（位於今嘉義縣竹崎鄉）教會的黃武
東牧師，他目睹附近一位鄉居不時地將小孩集合起來，由他彈琴讓孩
子高唱〈歡迎歌〉，完全無視站在一旁、當時尚未被遣送回國的日本軍
人，這不過是鄉下一景罷了。[5]而當全台灣都唱著〈歡迎歌〉時，長老
教會也有自己版本的光復頌歌。台中烏日教會牧師吳德元在《台灣教會
公報》（以下簡稱教會公報）第 688 期寫了一篇〈禧年光復〉，並且在文

2　薛化元，《戰後臺灣歷史閱覽》（台北：五南出版社，2010 年），頁 21。
3　戴天昭著、李明峻譯，《台灣國際政治史》（台北：前衛出版社，2002 年），頁 304-306。
4　若林正丈著，《戰後台灣政治史：中華民國台灣化的歷程》（台北：臺大出版中心，2014 年），頁 50。
5　黃武東著，《黃武東回憶錄》（台北：前衛出版社，1988 年），頁 153。

未附上一首沒有標題的詩詞，並且特別註明「英國國歌的調」。

救主佑阮中華，施恩伨阮國家，救阮百姓。

政治無偏無頗，人攏行好去惡，萬民攏大喜樂，

得福無盡。阿門。[6]

目前沒有研究指出歌曲實際流傳的情形，但大致可確定是戰後《教會公報》對新時代最早的「頌歌」，以大英帝國的旋律歌唱民主中華，充滿對「光復」的期盼。

（二）向蔣委員長致敬

　　1945 年 10 月 4 日，原北部大會議長陳溪圳牧師在雙連教會召開常置委員會，議決「台灣已經光復祖國，教團也已經解散，北部大會當然復活，並通告北部大會所屬各機關均須復活，活動前進。」[7] 1946 年 3 月 13 日，戰後「復活」的台灣基督長老教會北部大會在中山北路上的台北神學校（台灣神學院前身，今已遷往陽明山），召開一連三天的會議，這也是「光復」後的首屆北部大會。該大會第 5 堂（3 月 15 日上午）的會議中通過第 37 條議案，內容是「向蔣委員長呈致敬，向馮玉祥將軍，熊裕成先生，崔憲祥先生等所代表三教會團體及南大請安之建議滿場一致贊同，並令常置委員會設法。」[8] 在台灣社會一致歡迎國民政府的氛圍中，北部長老教會是以議決的方式，不僅致敬蔣委員長，並且向「祖國」諸多團體與南部長老教會請安。而長老教會在戰後「復活」的機關甚多，例如一度關閉的台南神學校、被日本接收的淡水中學（今

6　吳德元，〈禧年光復〉，《台灣教會公報》，第 688 期（1946 年 4 月），第 6 版。

7　徐謙信等編，《台灣基督長老教會百年史》（台南：台灣教會公報社，1984 年），頁 277。）

8　黃六點主編，《台灣基督長老教會北部教會大觀：1872-1972》（臺北：北部設教百週年籌備會，1972 年），頁 142。

淡江中學），以及發行全台灣第一份報紙的教會公報社。

三、對現實面的期待：從「奴才」到「一等公民」

　　1942 年 3 月，《台灣教會公報》發行第 684 號後在日本政府的壓迫下停刊，中斷了連續 77 年發刊的紀錄。日本投降後，前台南神學校（今台南神學院）教師高金聲牧師申請借用教會公報社之設備成立「光復印書局」，並於 1945 年 12 月再度發行《教會公報》第 685 期。高牧師持續經營印書局至 1948 年 1 月，接著無償歸還長老教會，堪稱延續《教會公報》的靈魂人物。[9]

　　1945 年年底復刊的《教會公報》抵擋不住「光復」的喜悅，並且在聖誕節期的歡愉中刊登了〈聖誕歡喜的原因〉。該文稱「列位親愛的兄弟姊妹恭喜，50 年來咱（按：我們）教會受日本的壓迫，不時被注意監視咱教會全體的行動，導致教會失落根本的活命，就是傳福音的事。感謝上帝，有照咱所信顯出伊的權能來審判世界，打倒不義，不正，侮慢上帝的日本，讓咱臺灣得到光復，教會攏得到自由來傳福音。當恁這個歡喜的時，咱攏一擺（按：再一次）迎接聖誕，我確信咱大家真歡喜，也今年各教會的祝聖誕穩當真盛豐，來表咱的歡喜才對。」[10] 文章感謝上帝打倒對其不敬的日本，讓教會可以重新「自由來傳福音」。

　　同期的《教會公報》亦慶賀新年到來，強調這是「臺灣光復後，頭一個正月」，再次一吐過去被殖民的壓迫與不平等：

> 「就知去年是奴才正月。日本人對咱，人權剝奪，看咱做無資格的百姓。教育節制，內定臺灣孩子受教示不能跟他們平。經濟束綁，甘蔗咱種，樟腦咱激，價數個定，只有就賣個。最

9　徐謙信等編，《台灣基督長老教會百年史》，頁 291。

10　阮德輝，〈聖誕歡喜的原因〉，《台灣教會公報》，第 685 期（1945 年 12 月），第 1版。

近，物資統制，設組合，配給物件；生意衰微，店直直倒，稅
卻更重，才會悽慘，今攏無去。日本倒地，台灣人脫出拘束。
就歡歡喜喜，門口貼紅聯，天賜平安福，人迎富貴春。這是咱
臺灣在自由的正月。恭喜！

今咱被日本管 50 年，已經攏歸中華民國，咱才會是一等公
民，佇這個正月所遇到，自然就恭喜！恭喜！」[11]

該文提到了過去台灣人與「內地人」（按：指日本人）教育資源長
期不平等、總督府透過資本家與專賣制度剝削農民、戰時實施經濟配給
等等。然而現在「光復」了，因此期待未來的生活能告別受殖民時「二
等公民」的身分，另外也提到現在「人人熱心在學國語、國文」，人民
也歡迎「國軍」的到來。[12]

四、就信仰面的理解：上帝揀選蔣介石

吳德元除了做詩詞慶賀「光復」之外，他在〈禧年光復〉一文中則
是以信仰與歷史的角度來理解「光復」的意義。

就像信仰層面來說，該文指：「台灣光復不是偶遇然（按：偶然）
的事件，實在是獨獨照全能的上帝造化天地的計議，『阮起頭上帝造化
天與地』。祂實在是世界的主權者。『地與其中所充滿的，世界及踮在
他中間的攏屬耶和華。』」、「所以要知上帝是人類，歷史，國度的主
權主。給各民族保守個的特色，給順天的留存，給逆天的滅無。『有真
理，邦國就興旺，若無，國就見笑。』因為『行正直的，的確得到久
遠。』」前段強調台灣的「光復」並非偶然，是上帝的旨意，而後段或
許是暗指日本「逆天」因此「滅無」吧。

至於是誰帶領台灣脫離「逆天」國度的控制呢？，文章提到：「咱

---

11 不著撰人，〈謹賀新年〉，《台灣教會公報》，第 685 期（1945 年 12 月），第 5 版。
12 不著撰人，〈時事〉，《台灣教會公報》，第 685 期（1945 年 12 月），第 7-8 版。

佇 50 前，在馬關條約李鴻章這人的雕印，就奴隸的情形遍遍到佇台灣同胞。但是 50 年後的今仔日，上帝用蔣委員長幫助咱中華民國復興。咱的民族有那麼多的英儀，義人的血和聖徒的祈禱，喉叫到天。上主將空前的成功和民族的自由平等予咱。『不是佇彼款奴才的心性又在驚慌』，是已經做孩子的信心」、「為得保守光復，榮光的名份，要緊就放棄魔鬼的疼，就踮在基督來得到拯救。這個信仰的路，永遠保守光復的歡喜的第一要緊的路。」最後引述蔣介石在湖南聖經學校的講詞：「救國的方法自然很多…我看就是聖經學校所說的耶穌；能做救國的標準。耶穌救人本是對他的博愛犧牲，不顧一切，沒想自己的危難，後來有達成他的目的。咱現在要救中國，就用耶穌的精神，耶穌的犧牲。」最後呼籲讀者以基督的精神來立國，這是「光復後根本的工作」。[13]

　　蔣介石帶領「中華民國復興」，除了上帝的使用之外，日後《教會公報》也特別介紹了當年他所提倡的「新生活運動」。

> 「13 年前，蔣主席看到我們國的衰弱，創設「新生運動」，盼望會通振興中國。今年 2 月 18 暗，在南京舉行新生運動 13 周年紀念。蔣主席對廣播電台，放送他的訓詞，大約親像下面：要負責任。咱要守秩序，尊重規矩法度，來做成咱國做有秩序，有規矩的國家。奢華是亡國的根源。節約是建國的根本。就出力求簡單樸素，從中節儉。就出力做工，加添生產：國力充足，資本合作。」[14]

　　雖然該期的《教會公報》並沒有就「新生活運動」與「中華民國復興」之關聯多加論述，但至少也向讀者宣傳了「蔣主席」在戰時對國家的用心。

13　吳德元，〈禧年光復〉，《台灣教會公報》，第 688 期（1946 年 4 月），第 5-6 版。
14　不著撰人，〈時事〉，《台灣教會公報》，第 699 期（1947 年 3 月），第 10 版。

五、「祖國」二三事

（一）過往拾遺

從 1895 年到 1945 年，台灣脫離大清的版圖已有半世紀之久，期間接受著日本帝國帶來的教育，將「炎黃子孫」轉化為「天皇臣民」。或許是擔心這 50 餘年的分隔帶來一定程度的陌生，《教會公報》一系列的介紹了中國的歷史、歷代名人，以及不時報導「祖國」的現況，彷彿試圖拉近讀者與「祖國」之間的距離。

1.「國父」的故事

首先登場的是孫文。從 1945 年 12 月至 1946 年 3 月，《教會公報》一連刊出 4 期〈孫文先生的略歷〉，鉅細靡遺介紹了孫文的一生，並且開宗明義的說：「有孫文先生，才有中華民國，就是先生一生 60 年的中間，為著中國四萬萬受壓逼做奴隸的民族來獻身努力，掐倒清朝的皇帝，排除對外國的不平等條約，創設中華民國。」並且使用了「民國起源前 44 年（78 年前）」來說明他的出生年分。[15]

首篇〈孫文先生的略歷〉從孫文的家庭背景開始說起，經歷了故鄉廣東與夏威夷的求學過程，接著因為受洗的問題而被兄長「趕回到中國」。[16] 第二篇則是從進入香港的醫學院開始談，期間接觸了革命的思想、畢業後在澳門與廣東開業、創立興中會，並在文末以「倫敦蒙難」的起始做結尾。[17] 第三篇全部都在敘述「倫敦蒙難」，第四篇則先是完結「倫敦蒙難」，再接下去提到了同盟會、黃花崗、擔任臨時大總統、袁

---

15 吳天錫，〈孫文先生的略歷〉，《台灣教會公報》，第 685 期（1945 年 12 月），第 8 版。

16 吳天錫，〈孫文先生的略歷〉，《台灣教會公報》，第 686 期（1945 年 2 月），第 8 版。）

17 吳天錫，〈孫文先生的略歷〉，《台灣教會公報》，第 686 期（1946 年 3 月），第 8 版。

世凱與清帝退位、「護法運動」與病逝北京。[18] 文章最後是「沒留半項家伙，只有將要離開世間的這日前，有自己見證說：『我本是基督徒，和魔鬼奮鬥 40 多年，恁這者，也著按呢奮鬥。擱得信上帝。』只有遺言，是他的兒子孫科先生的手所寫的話，孫科先生是現世國民政府的要人。」簡言之，沒有基督信仰就沒有後來的孫文，當然也就不會有現在的中華民國了。

2. 歷朝歷代

　　從 1946 年到 1948 年，《教會公報》連續 24 期接力刊登中國歷史介紹，一路從先秦寫到隋朝。其書寫方向大致上可分為「人物」與「朝代」，但也經常以具代表性的人物訴說一個朝代的故事，時序也未必完全按照先後。例如孫文的故事結束後便由孔子打頭陣，接著便是孟子、老子與荀子等先賢，然後再回過頭來敘述黃帝、堯舜、夏禹、商湯、商紂與周武、周幽等；朝代則是從秦、西漢、東漢、三國、西晉、東晉與南北朝，最後停在隋朝的建立。

　　在諸多的歷史文章中，其中一篇〈韓文公的佛骨表〉甚為有趣，作者是胡文池牧師。胡牧師表示由於教會公報社的漢字字體不夠多，因此無法將韓愈的〈諫迎佛骨表〉如實上印，所以特別將部分文章翻譯成白話字以饗讀者，文末也有著基督教本位色彩甚濃的評論。受限於篇幅，胡文池只選擇〈諫迎佛骨表〉的頭兩段，也就是從「伏以，佛者，夷狄之一法耳。」直到「佛不足信，亦可知矣。」並且將「夷狄」翻譯成「番仔」，也算符合清領以降台灣漢人對原住民的慣習稱呼。文章的最後是胡文池的評論，他寫著：「今仔日咱中國會常常遇著天災，人災濟濟的悽慘，設使若韓文公猶佇在，伊豈毋是會責備中國人在拜佛嗎？」接著引〈耶利米書〉第 44 章第 4 到 6 節的經文做結尾：「我從早起來差遣我的僕人眾先知去說，你們切不要行我所厭惡這可憎之事。他

們卻不聽從，不側耳而聽，不轉離惡事，仍向別神燒香。因此，我的怒氣和忿怒都倒出來，在猶大城邑中和耶路撒冷的街市上，如火著起，以致都荒廢淒涼，正如今日一樣。」[19] 儘管宗教信仰不同，但文字邏輯卻相似之處，韓愈與胡牧師成了穿越千年的反佛戰友。

然而，歷史版為何只停在隋代，《教會公報》並沒有說明原因，目前也無從考察起，但應也足以讓讀者對「祖國」的往昔有一定程度的了解。

（二）時事現況

相較於〈孫文先生的略歷〉與歷史介紹，「時事」版的「祖國資訊」就顯得隨機與零散，內容多半集於時事或解釋現況，節錄部分如下。

1. 雙十節

「10 月 10 日，在台灣很多地方有舉行雙十節。這個節，本底咱這沒人守，今因為台灣擱迴返來歸中華民國，咱隨母國的樣守節。明朝尾，李闖（李自成）造反，吳三桂請滿州人來打李闖。大清平定，滿人佔中國，順治做王，號做清朝。滿人也給中國人沒勢力，他們掌兵權，文官才給人做。國內很多盜賊買，莊社與莊社之間相殺。外交沒研究，常常被欺負。卻有人革命若是欲成。孫文先生有起革命，翻倒清朝，自10 月 10 日，中華民國成立，所以年年在這日有守節來紀念。」[20]

2. 還都南京

「中華民國的政府，在 8 年前受日本的侵略，退去重慶。今有決定

19　胡文池，〈韓文公的佛骨表〉，《台灣教會公報》，第 704 期（1947 年 8 月），第 11-12 版。

20　不著撰人，〈時事〉，《台灣教會公報》，第 685 期（1945 年 12 月），第 7 版。

在 4 月初 8 返回南京。辦事的機關已經有一部分遷回來這。」[21]

3. 汪精衛被掘墳與國民大會召開

「汪精衛死，埋葬近孫中山總理的墓，近來被人偷掘無去，因為人看他是漢奸。」「咱國的國民大會，本是 5 月 5 日要召集，今有延期。因為各方面代表的名單還沒提出，又閣政府改組還沒實現」。[22]

4. 疆域與人口

「現時中華民國的百姓 4 億 7 千萬；攏總有 35 省，比間得（按：比較之後）山東省人最多，興安省人最少。」[23]

5. 聖誕與行憲

「中華民國的憲法，在 12 月 24 日出世，相同一日國民大會閉會。就等到明年 12 月 25 日，才要實行。」「在 12 月 25 日，台灣省的百姓，擺放蔣委員長的銅像在台北公署門口，來紀念他的功德。早時袁世凱，搶權要做中華民國的皇帝，在民國 12 年 12 月 25 日，雲南省出兵反對，百姓也相跟，後來袁世凱取消帝制。所以年年國定這日做祝福民國復興的日攏是萬國祝福基督降生的日。自這樣，台南的監獄休息，然後舉行救主聖誕節在他們那裏，有太平境的聖歌隊吟詩，也看高金聲去講演。題目：基督聖誕關係全世界。聽眾有 1000 多人；希望福音的果子在那會大結實。」[24]

因此這方面的文章有時像是「祖國小常識」，有時則是當下的時事報導，與歷朝歷代的介紹相輔相成。

21　不著撰人，〈時事〉，《台灣教會公報》，第 688 期（1946 年 4 月），第 7 版。
22　不著撰人，〈時事〉，《台灣教會公報》，第 689 期（1946 年 5 月），第 8 版。
23　不著撰人，〈時事〉，《台灣教會公報》，第 697 期（1947 年 1 月），第 11 版。
24　不著撰人，〈時事〉，《台灣教會公報》，第 697 期（1947 年 1 月），第 11 版。

六、中華基督教會是什麼？

　　除了歷史與現況介紹之外，長老教會也開始較為密集與「祖國」的教會組織接觸。根據南部大會於第九屆大會（1948 年）第 69 條之議決，該大會將連繫對岸之中華基督教會。[25] 中華基督教會全國總會成立於 1927 年，是為中國境內最大的基督教派聯合組織，與台灣長老教會關係緊密的閩南大會亦隸屬之。1948 年 3 月，閩南大會派議長莊瀚波牧師、王宗誠牧師等人來台問安，同年 4 月南部大會則差議長黃武東至廈門參加閩南大會的年會。[26] 為了讓台灣的信徒更加認識中華基督教會，黃武東特別在第 715 期《教會公報》頭版撰文〈中華基督教會是什麼？〉，鉅細靡遺介紹該會的歷史與現況。文章先是說明了中華基督教會的沿革、演進、組織、宗旨與信仰大綱，接著切入問題的核心，即是否要加入此一龐大卻又陌生的組織。黃武東更是整理了近日相關的輿論，就「信仰」、「教會行政」、「經濟」與「政教關係」等四項目進行分析，希望作為日後投票是否加入的參考依據。

（一）關於信仰

　　這一點黃武東認為不能怪台灣方面會躊躇或是猶豫，因為中華基督教會確實包容著太多不同的教派，但也引用該會的規章說明，指出加入後事實上不用擔心長老教會的信仰原則會受影響。

（二）關於行政

　　對於有些人擔心加入之後，總會將有干涉教會內部行政的空間。對

25　黃武東，〈中華基督教會是什麼？〉，《台灣教會公報》，第 715 期（1948 年 7月），第 1-3 版。）

26　黃武東著，《黃武東回憶錄》，頁 190。

於如此的疑慮，黃武東同樣引述中華基督教會的章程，認為該組織與台灣長老教會的組織「大同小異」，其堂會、區會（相當於台灣的中會）的權責區分也十分類似，總會也沒有加以介入，因此亦無須多慮。

（三）經濟問題

至於加入後要交多少「會費」，這個問題由於當時中國戰後整體經濟狀況尚未穩定，所以並沒有一定的數目。黃武東 1948 年 3 月前往參加閩南大會時，曾在廈門與中華基督教全國總會總幹事崔憲祥討論過相關事宜。崔憲祥表示繳納會費是心意而不是義務，還說閩南大會交的會費似乎「也不夠多少」，因此黃武東向讀者表示不用想太多。據崔氏與黃氏的對話，只能說閩南大會「躺著也中槍」。

（四）政教關係

或許是長老教會在殖民末期走過了一段受政府壓迫的陰影，因此有人擔憂中華基督教會是否已向政府立案？倘若確已立案，那麼是否會重演「日本時代受政府監督管制」。關於這樣的疑慮，黃武東則回應中華基督教會立案是事實，其目的是促進中國基督教會之「本色化」，而現在的政府對教會「沒有拘束和監督」，所以不用煩惱會在遇到「日政時代的遭遇」。

黃武東在文末再次強調，他寫這些是因為這關乎教會的將來，希望大家對此議題持續討論與研究，一起走上「合一的路」。[27]

27　黃武東，〈中華基督教會是什麼？〉，《台灣教會公報》，第 715 期（1948 年 7月），第 1-3 版。

七、功虧一簣的「合一」

1948 年 10 月，中華基督教會全國總會在蘇州召開第五屆總議會，來函邀請南部大會以觀察員身份與會。[28] 南部大會即委託議長黃武東與蘇振輝長老前往蘇州，中華基督教全國總會也在年底派員回訪，有意鼓勵台灣的南、北兩大會參加中華基督教會全國總會。[29] 1948 年 10 月 15 日下午 4 點 40 分，黃武東一行人的班機自松山機場起飛，抵上海後轉車前往蘇州參加中華基督教全國總會，得到大會相當熱情的款待。[30] 台灣的代表們在會後亦走訪了無錫、太湖、南京、杭州、上海等地，但觀後感似乎有些複雜。黃武東眼見的西湖毫無詩詞中之美景，只是一攤臭水，且秦檜夫妻的雕像還真有人在上面撒尿；到了南京，黃武東認為中國人是「人力破天工」，除了中山陵之外的景點皆髒亂不堪，亦隨處可見「某某到此一遊」的刻字；而大家抵達上海時正值物價飛漲的窘境，眾人在麵攤吃麵是完食後才議價；而當要從上海返台之際，由於時局緊張已經無法買到飛機票，幸好在全國總會與青年會的奔走下總算買到三張船票，脫離這黃武東眼中「漫天烽火的人間地獄」。[31]

1948 年底，中華基督教全國總會幹事蔡志澄受中華基督教會全國總會的委派，短短三週內訪問了台北、淡水、彰化、北港、台南、高雄、花蓮港和宜蘭。1949 年 1 月 17 日，蔡志澄修書台灣南、北兩大會的議長陳溪圳與黃武東，對這段時間的接待表示感謝，也說明全國總會的總幹事崔憲祥因「國內的情形急轉直下」而必須留在上海，其特別委託蔡志澄傳達他的歉意。[32] 信中蔡志澄對長老教會能夠挺住殖民時代的

28　徐謙信等編，《台灣基督長老教會百年史》，頁 297。
29　黃武東著，《黃武東回憶錄》，頁 153。
30　南部大會代表報告，〈中華督教會全國總會：第五屆總議會〉，《台灣教會公報》，第 719 期（1948 年 1 月），第 2-3 版。
31　黃武東著，《黃武東回憶錄》，頁 191-194。
32　不著撰人，〈中華基督教會的信〉，《台灣教會公報》，第 722 期（1949 年 2 月），第 2-3 版。

壓迫與戰爭的損害表示敬佩，也感謝黃武東與蘇振輝親訪第五屆的中華基督教會全國總會，相信未來雙方會有更密切聯繫，「同心協力促進天國實現在人間」。最後，蔡志澄引用保羅的話語做結尾：「凡事謙虛、溫柔、忍耐，用愛心互相寬容。用和平彼此聯絡，竭力保守聖靈所賜合而為一的心。」[33] 不論是實際的交流還是文字的往返，彼此之間的互動和樂融洽，接下來似乎就要談更具體的事項了。

只是後續發展並未讓如此「合一」成真，這問題不出在對「信仰」、「經濟」或是「行政」上的憂慮，而是「祖國」竟然「轉進」到了自己的家門口了。1949 年 12 月 7 日，時任國民黨總裁的蔣介石決定將中央政府遷往台北，在「法統」上宣稱繼續代表全中國，也形成了主要統治領域只有台灣，但卻讓此地擁有全國規模的政府與民意代表組織。[34] 因此對 1949 年之後的台灣來說，這個「祖國」的有效統治範圍與生活場域完全重疊，台灣進入長達數十年的威權統治，在「反攻基地」的長老教會自然也沒有必要（或能力）與「匪區」的任何教派進行合一了，何況不少原屬「祖國」的基督教派也同樣跟著政府來到了台灣。

八、1945 年，國家認同的新起點

總而言之，當蔣介石率領中華民國在 1945 年「光復」台灣後，長老教會所流露出的歡愉與一般台灣民眾並無二致，不僅有著專屬的「頌歌」，甚至是以信仰的角度來詮釋或是理解「祖國」到來的意義。而《教會公報》筆下的「祖國」歷史悠久且民主自由，並在上帝揀選的蔣介石之領導下得到復興，我等信徒們應該以基督的精神走上建國的道路，這是「光復後根本的工作」。儘管 1947 年台灣爆發「二二八事

33　不著撰人，〈中華基督教會的信〉，《台灣教會公報》，第 722 期（1949 年 2 月），第 3 版。
34　薛化元，《戰後臺灣歷史閱覽》，頁 66。

件」，但從長期的文化、族群與制度等三方面來看，長老教會的整體國家認同並未因此出現續劇性的轉向。因此 1945 年的「光復」應可被視為敘述長老教會國家認同的新起點，而不需要等到日後國家機器對台灣人民鋪天蓋地的單向教化，也就是 1949 年之後所謂的威權時代。

徵引書目

一、史料
〈一〉《台灣教會月刊》，1945 年 12 月。
〈二〉《台灣教會公報》，1945 至 1949 年、1970 年至 2013 年。

二、報章雜誌
〈一〉《中華雜誌》
第 102 期，1972 年 1 月。
第 112 期，1972 年 11 月。
第 175 期，1978 年 2 月。
第 176 期，1978 年 3 月。
第 178 期，1978 年 5 月。
第 183 期，1978 年 10 月。
第 195 期，1979 年 10 月。
第 198 期，1980 年 1 月。
第 199 期，1980 年 2 月。
第 200 期，1980 年 3 月。
〈二〉《中國憲政》
第 15 卷第 1 期，1980 年 1 月。
第 15 卷第 4 期，1980 年 4 月。
第 15 卷第 8 期，1980 年 8 月。
第 15 卷第 9 期，1980 年 9 月。
〈三〉《政治評論》
第 28 卷第 2 期，1972 年 3 月 25 日。
第 36 卷第 3 期，1978 年 4 月 25 日。
第 37 卷第 10 期，1979 年 11 月 25 日。
第 32 卷第 7 期，1980 年 8 月 25 日。

〈四〉《綜合月刊》

第 111 期，1978 年 2 月。

第 113 期，1978 年 4 月。

〈六〉《夏潮》

第 3 卷第 4 期，1977 年 10 月。

第 3 卷第 5 期，1977 年 11 月。

第 6 卷第 4 期，1978 年 6 月。

〈七〉《疾風》

第 1 卷第 2 期，1979 年 9 月。

第 1 卷第 3 期，1979 年 10 月。

第 1 卷第 4 期，1979 年 11 月。

第 1 卷第 7 期，1980 年 2 月。

〈八〉《龍旗》

第 4 期，1981 年 6 月。

第 7 期，1981 年 9 月。

第 9 期，1981 年 11 月。

第 33 期，1983 年 9 月。

第 34 期，1983 年 10 月。

第 35 期，1984 年 1 月。

第 37 期，1984 年 3 月。

第 38 期，1985 年 4 月。

第 39 期，1985 年 5 月。

第 78 期，1987 年 8 月。

第 83 期，1988 年 1 月。

第 93 期，1988 年 11 月。

〈九〉《聯合報》

1979 年 9 月 17 日，第 2 版。

1979 年 9 月 18 日，第 2 版。

1979 年 12 月 22 日，第 3 版。

1980 年 1 月 11 日，第 3 版。

1980 年 3 月 20 日，第 3 版。

1980 年 4 月 30 日，第 3 版。

〈十〉《中國時報》
1980 年 3 月 20 日，第 2 版。
1980 年 4 月 18 日，第 3 版。
1980 年 11 月 18 日，第 3 版。

三、專書
〈一〉中文
中央日報編印，《「臺獨」想幹什麼》，台北：中央日報社，1983 年。
王崇堯，《臺灣本土情境中的聖餐》，台南：復文出版社，2006 年。
王崇堯，《臺灣鄉土神學》，台南：復文出版社，2007 年。
王崇堯，《臺灣本土神學對話──為台灣教會把脈》，台南：教會公報社，
　　2011 年。
王成勉主編，《十字架前的思索──文本解讀與經典詮釋》，台北：黎明文
　　化，2010 年。
王爾敏，《思想創造時代：孫中山與中華民國》，台北：秀威資訊，2011
　　年。
台灣基督長老教會總會歷史委員會編，《台灣基督長老教會百年史》，台
　　南：新樓書房，1984 年。
台灣基督長老教會年鑑編輯小組編，《台灣基督長老教會年鑑》，台南：新
　　樓書房，1985 年。
江宜樺，《自由主義、民族主義與國家認同》，台北：揚智文化，1998 年。
江詩菁，《宰制與反抗：中時、聯合兩大報系對黨外雜誌之文化爭奪》，台
　　北：稻鄉出版社，2007 年。
李筱峰，《台灣史 100 件大事（下），戰後篇》，台北：玉山社，2002 年。
李筱峰，《台灣全志・卷首・戰後台灣變遷史略》，南投：台灣文獻館，
　　2004 年。
李維史陀著，楊德瑞譯，《神話與意義》，台北：麥田出版，2010 年。
余如雲編著，《耶穌在哭泣──台灣基督長老教會政治活動秘史》，台北：
　　龍旗出版社，1983 年。
呂秀蓮，《重審美麗島》，台北：聯合文學，2008 年。
宋泉盛，《出頭天：台灣人民自決運動史料》，台南：人光出版社，1998
　　年。

吳學明，《台灣基督長老教會研究》，台北：宇宙光全人關懷，2006年。

杜英助，《熱愛台灣行義路：高俊明牧師訪談錄》，台北：台灣基督長老教會總會，2012年。

邢福增，《當代中國政教關係》，香港：建道神學院中國文化研究中心，1999年。

林本炫，《台灣的政教衝突》，台北：稻鄉出版社，1990年。

林央敏，《台語文學運動史論》，台北：前衛出版社，1996年。

林志雄，《顯微鏡下的「台獨」》，紐約：世界日報社，1979年。

林國平主編，《當代台灣宗教信仰與政治關係》，福州：福建人民出版社，2006年。

柯文著，杜繼東譯，《歷史三調：作為事件、經歷與神話的義和團》，南京：江蘇人民出版社，2005年。

胡紹嘉，《敘事、自我與認同：從文本考察到課程研究》，台北：秀威資訊，2008年。

高俊明著，高李麗珍輯，《獄中書簡》，台南：人光出版社，1997年。

高俊明、高李麗珍口述，胡慧玲撰文，《十字架之路──高俊明回憶錄》，台北：望春風文化事業，2001年。

高俊明等著，《台灣新而獨立的國家：台灣基督長老教會人權宣言聖經與神學論述》，台北：台灣基督長老教會總會信仰與教制委員會，2007年。

高李麗珍口述，謝大立採訪撰述，《見證時代的恩典足跡──高李麗貞女士口述實錄》，台北：台灣神學院，2010年。

高格孚，《風和日暖：台灣外省人與國家認同轉變》，台北：允晨文化，2004年。

施正鋒，《台灣人的民族認同》，台北：前衛出版社，2000年。

施正鋒，《台灣國家認同》，台北：國家展望文教基金會，2005年。

徐信德、施瑞雲等編，《台灣基督長老教會1971-1992總會社會關懷文獻》，台北：台灣基督長老教會總會資料中心，1992年。

海外出版社編，《透視台獨》，台北：海外出版社，1980年。

陳錫祺主編，《孫中山年譜長編（上冊）》，北京：中華書局，1991年。

陳南州，《台灣基督長老教會的社會、政治倫理》，台北：永望文化，1996年。

陳佳宏，《台灣獨立運動史》，台北：玉山社，2006年。

陳蘊茜,《崇拜與記憶：孫中山符號的建構與傳播》,南京：南京大學出版
　　社,2009 年。

曾慶豹,《約瑟和他的弟兄們：護教反共、黨國基督徒與台灣基要派的形
　　成》,台南：教會公報社,2016 年。

彭明輝,《中文報業王國的興起：王惕吾與聯合報》,台北：稻鄉出版社,
　　2001 年。

張富忠、邱萬興編著,《綠色年代 1975-2000：台灣民主運動 25 年》,上
　　冊,台北：印刻出版社,2005 年。

楊青矗,《殘屎中國文化──消除骨灰罈魔咒》,台北：敦理出版社,2012
　　年。

凱斯・詹京斯著,賈士蘅譯,《歷史的再思考》,台北：麥田出版,2006
　　年。

連根藤,《中國人的真面目》,台北：前衛出版社,1995 年。

費德希克・哲霍著,何乏筆等譯,《傅科考》,台北：麥田出版,2006 年。

黃武東,《黃武東回憶錄》,台北：前衛出版社,1988 年。

黃伯和,《宗教與自決──台灣本土宣教初探》,台北：稻鄉出版社,1990
　　年。

黃伯和,《奔向出頭天的子民》,台北：稻鄉出版社,1991 年。

黃俊傑,《戰後台灣的轉型及其展望》,台北：中正書局,1995 年。

黃瑞祺,《曼海姆：從意識型態論到知識社會學詮釋學》,台北：巨流圖
　　書,2000 年。

新台灣研究文教基金會美麗島事件口述歷史編輯小組總策畫,《走向美麗
　　島：戰後反對意識的萌芽》,台北：時報文化,1999 年。

新台灣研究文教基金會美麗島事件口述歷史編輯小組總策畫,《暴力與詩
　　歌：高雄事件與美麗島大審》,台北：時報文化,1999 年。

認識台灣基督長老教會編輯小組編,《認識台灣基督長老教會》,台南：教
　　會公報出版社,2004 年。

莊政編著,《孫文革命思想發展史論》,台北：國立編譯館,2007 年。

蔡維民,《基督漫步於福爾摩沙：基督教在台灣》,台北：五南出版社,
　　2009 年。

劉文斌,《台灣國家認同變遷下的兩岸關係》,台北：問津堂,2005 年。

劉雅菁,《種植認同：台灣基督長老教會之關懷流轉》,台南：教會公報

社，2013 年。

潘光哲，《華盛頓在中國──製作「國父」》，台北：三民書局，2006 年。

盧建榮，《分裂的國族認同：1975-1997》，台北：麥田出版：1999 年。

鄭仰恩，《定根本土的台灣基督教》，台南：人光出版社，2005 年。

鄭仰恩主編，《信仰與記憶的傳承：台灣教會人物檔案（一）》，台南：人光
　　出版社，2009 年。

薛化元，《戰後臺灣歷史閱覽》，台北：五南出版社，2010 年。

蕭阿勤，《回歸現實：台灣 1970 年代的戰後世代與文化政治變遷》，台北：
　　中央研究院社會研究所，2008 年。

台灣歷史學會編輯委員會編，《國家認同論文集》，台北：稻鄉出版社，
　　2001 年。

Burke, Peter 著，江政寬譯，《歷史學與社會理論》，台北：麥田出版，2002
　　年。

Becker, Carl L. 著，彭剛譯，《論獨立宣言：政治思想史的研究》，台北，左
　　岸文化，2002 年。

Geoffroy, Claude 著，黃發點譯，《台灣獨立運動》，台北：前衛出版社，
　　1997 年。

Lieblich , Amia 等著，吳芝儀譯，《敘事研究：閱讀、分析與詮釋》，嘉義：
　　濤石文化，2008 年。

Scott, James C. 著，鄭廣懷等譯，《弱者的武器》，南京：譯林出版社，2007
　　年。

〈二〉英文

Cheng, Tun-Jen, ed., *Religious Organizations and Democratization: Case Studies from Contemporary Asia*. New York: M. E. Sharpe Inc,. Press, 2005.

Goossaert, Vincent, and David A. Palmer, *The Religious Question in Modern China*. Chicago: University of Chicago Press, 2011.

Katz, Paul R., and Murray A Rubinstein ed., *Religion and the Formation of Taiwanese Identities*. New York: Palgrave Macmillan Press, 2003.

Rubinstein, Murray A., *The Protestant Community on Modern Taiwan*. New York: M. E. Sharpe Inc,. Press, 1991.

Rubinstein, Murray A. ed., *The Other Taiwan: 1945 to the Present*. New York: M. E. Sharpe Inc,. Press, 1993.

Scott, James C., *Domination and the Arts of Resistance*. New Haven and London: Yale University Press, 1990.

Scott, James C., *The Art of Not Being Governed*. New Haven and London: Yale University Press, 2009.

Tsang, Steve Yui-Sang, ed., *In the Shadow of China: Political Developments in Taiwan Since 1949*. Hong Kong: University of Hong Kong Press, 1993.

Wu, Xiaoxin, ed., *China and Christianity: Burdened Past, Hopeful Future*. New York: M. E. Sharpe Inc., 2001.

三、單篇論文

王甫昌,〈省籍融合的本質──一個理論與經驗的探討〉,張茂桂等著,《族群關係與國家認同》,台北,業強,1993 年,頁 53-100。

王昭文,〈喊台獨之外──長老教會的政治關懷演變〉,《新使者雜誌》,第 75 期(2003 年 4 月),頁 55-58。

王昭文,〈二二八事件的原因、經過、影響其平反概述〉,《神學與教會》,第 32 卷第 1 期(2007 年 2 月),頁 12-33。

沈松僑,〈我以我血薦軒轅〉,盧建榮主編,《性別、政治與集體心態:中國新文化史》,台北:麥田出版,2001 年,頁 281-364。

陳儀深,〈臺獨主張的起源與流變〉,《臺灣史研究》,第 17 卷第 2 期(2010 年 6 月),頁 131-169。

莫達明著,郭亮廷、周伶芝譯,〈台灣本土史學的建構與發展(1972-2004)〉,《思想 16,台灣史:焦慮與自信》,台北:聯經出版社,2010 年,頁 55-70。

郭承天,〈宗教與台灣認同〉,《台灣民主季刊》,第 1 卷第 1 期(2004 年),頁 171-176。

黃秀端,〈政治權力與集體記憶的競逐──從報紙之報導來看對二二八的詮釋〉,《台灣民主季刊》,第 5 卷第 4 期(2008 年),頁 129-179。

鄭志明,〈台灣解嚴後的政教關係〉,林煌洲等著,《亞洲政教關係》(台北:韋伯文化,2004 年),頁 3-26。

薛化元,〈長老教會與國家認同〉,胡健國主編,《二十世紀台灣民主發

展：第七屆中華民國史專題論文集》，台北：國史館，2004 年，頁
　　851-870。

薛化元，〈長老教會與台灣主體性的追求——以 1970 年代為中心〉，《當
　　代》，第 237 期（2007 年 8 月），頁 64-79。

蕭阿勤，〈威權統治下的國族認同：隱蔽與公開、連續與斷裂〉，《思想 4，
　　台灣的七十年代》，台北：聯經出版社，2007 年，頁 149-157。

四、學位論文

李偉誠，〈台灣基督長老教會與戰後台灣民族主義〉，新竹：國立清華大學
　　社會學研究所碩士論文，2009 年。

汪偉瑞，〈台灣基督長老教會之政治參與——以台南區長老教會為例〉，台
　　北：銘傳大學公共事務學研究所碩士論文，2003 年。

沈游振，〈台灣基督長老教會政治論述之分析〉，台北：國立臺灣大學國家
　　發展研究所博士論文，2010 年。

吳慶武，〈台灣基督長老教會信仰的本土化與台灣認同〉，台東：國立臺東
　　大學社會科教學研究所碩士論文，2007。

周學慧，〈戰後台南神學院本土神學教育的發展〉，台南：國立成功大學歷
　　史研究所在職專班碩士論文，2009 年。

周晏鋒，〈台灣基督長老教會倍加運動研究〉，南投：國立暨南國際大學歷
　　史研究所碩士論文，2009 年。

洪辭惠，〈台灣政教關係之研究——以台灣基督長老教會三大宣言為中
　　心〉，桃園：國立中央大學歷史研究所碩士論文，2009 年。

許銘閎，〈台灣基督長老教會政教關係之研究〉，台北：東吳大學政治研究
　　所碩士論文，2008 年。

張兆林，〈台灣基督長老教會政教關係之演變〉，台北：真理大學宗教研究
　　所碩士論文，2005 年。

陳玉梅，〈長老教會的政治參與〉，台北：國立臺灣大學社會研究所碩士論
　　文，1995 年。

蘇芳玉，〈清末洋人在臺醫療史——以長老教會、海關為中心〉，桃園：國
　　立中央大學歷史研究所碩士論文，2002 年。

Amae, Yoshihisa, "Taiwan's Exodus: The Presbyterian Church in Taiwanese
　　Nationalism, 1945-1992," unpublished doctoral dissertation, University of
　　Hawai'i, 2007.